深圳大学传播学院
媒介环境学译丛 | 第三辑

个人数字孪生体

东西方人机融合的社会心理影响

［意大利］罗伯托·萨拉科
Roberto Saracco

著

［加拿大］德里克·德克霍夫
Derrick de Kerckhove

何道宽　译

中国大百科全书出版社

图字：01-2022-6758

图书在版编目（CIP）数据

个人数字孪生体：东西方人机融合的社会心理影响 /
（意）罗伯托·萨拉科，（加）德里克·德克霍夫著；何
道宽译 . -- 北京：中国大百科全书出版社，2023.4
（媒介环境学译丛）
书名原文：The Personal Digital Twin
ISBN 978-7-5202-1319-6

I . ①个… II . ①罗… ②德… ③何… III . ①数字技
术—影响—社会心理—研究 IV . ① C912.63

中国国家版本馆 CIP 数据核字（2023）第 053953 号

Copyright © Roberto Saracco and Derrick de Kerckhove

出 版 人　刘祚臣
策 划 人　曾　辉
出版统筹　王　廓
责任编辑　王　廓　李　瑶
责任印制　魏　婷
封面设计　乔智炜
出版发行　中国大百科全书出版社
地　　址　北京市阜成门北大街 17 号　　邮政编码　100037
电　　话　010-88390969
网　　址　http://www.ecph.com.cn
印　　刷　北京市白帆印务有限公司
开　　本　710 毫米 ×1000 毫米　1/16
印　　张　22.25
字　　数　297 千字
印　　次　2023 年 4 月第 1 版　2023 年 4 月第 1 次印刷
书　　号　ISBN 978-7-5202-1319-6
定　　价　79.00 元

总 序

20世纪50年代初，哈罗德·伊尼斯的《帝国与传播》《传播的偏向》和《变化中的时间观念》问世。1951年，马歇尔·麦克卢汉的《机器新娘》出版。20世纪60年代，麦克卢汉又推出《谷登堡星汉》和《理解媒介》，传播学多伦多学派形成。

20世纪80至90年代，尼尔·波斯曼的传播批判三部曲《童年的消逝》《娱乐至死》《技术垄断》陆续问世，传播学媒介环境学派形成。

1998年，媒介环境学会成立，以麦克卢汉为代表的传播学第三学派开始问鼎北美传播学的主流圈子。

2007年，以何道宽和吴予敏为主编、何道宽主译的媒介环境学译丛由北京大学出版社推出，印行四种，为中国的媒介环境学研究奠基。

2011年，以麦克卢汉百年诞辰为契机，世界范围的麦克卢汉学和媒介环境学进一步发展，进入人文社科的辉煌殿堂。中国学者不遑多让，崭露头角。

2018年，深圳大学传播学院与中国大百科全书出版社达成战略合作协议，推出媒介环境学译丛，计划在三年内印行十余种传播学经典名著，旨在为传播学修建一座崔巍的大厦。

我们重视并推崇媒介环境学派。它主张泛技术论、泛媒介论、泛环境论、泛文化论。换言之，凡是人类创造的一切、凡是人类加工的一切、凡是经过人为干扰的一切都是技术、环境、媒介和文化。质言之，技术、环境、媒介、文化是近义词，甚至是等值词。这是媒介环境学派有别于其他传播学派的最重要的理念。

它的显著特点是：（1）深厚的历史视野，关注技术、环境、媒介、知识、传播、文明的演进，跨度大；（2）主张泛技术论、泛媒介论、泛环境论，关注重点是媒介而不是狭隘的媒体；（3）重视媒介长效而深层的社会、文化和心理影响；（4）深切的人文关怀和现实关怀，带有强烈的批判色彩。

从哲学高度俯瞰传播学的三大学派，其基本轮廓是：经验学派埋头实用问题和短期效应，重器而不重道；批判学派固守意识形态批判，重道而不重器；媒介环境学着重媒介的长效影响，偏重宏观的分析、描绘和批评，缺少微观的务实和个案研究。

21 世纪，新媒体浩浩荡荡，人人卷入，世界一体，万物皆媒介。这一切雄辩地证明：媒介环境学的泛媒介论思想是多么超前。媒介环境学和新媒体的研究已融为一体。

在互联网时代和后互联网时代，媒介环境学的预测力和洞察力日益彰显，它自身的研究和学界对它的研究都在加快步伐。吾人当竭尽绵力。

译丛编委会

2019 年 9 月

译者前言：琢磨新"三国演义"，打造跨学科精品

一、半年琢磨，最后定名

2021 年 10 月，中国大百科全书出版社接受《个人数字孪生体》选题，并很快与作者签订版权合同。彼时，认定此书的依据仅仅是作者提供的书稿设计框架和几个样章。之所以破格超前定题，那是出于对作者之一的德克霍夫教授的绝对信赖和尊重（2021 年 7 月 9 日隆重特聘他为媒介环境学译丛首席顾问）。2022 年 6 月 6 日，我着手翻译两位作者提供的部分书稿后，很快就发现了一些问题，其中之一就是书名。于是 8 月 27 日致信两人，建议加一个副标题。理由是："个人数字孪生体"（Personal Digital Twin）太单薄，无论字面和内涵都不足以点明作品的追求、主旨和亮点，我们需要一个画龙点睛的副标题。于是我建议用："Socio-Psychological Impact of Human-Machine Convergence"（人机融合的社会心理影响）或"Future of Human-Machine Convergence"（人机融合之未来）。2022 年 10 月 1 日我们的国庆节时，终于收到作者的定稿和书名决定。他们的回复是：英文书名定为"The Personal Digital Twin: Socio-Psychological Impact of Human-Machine Convergence East and West"（个人数字孪生体：东西方人机融合的

1

社会心理影响）。终于定下书名，道出了主要内容：数字孪生和数字化转型；隐含了三个主题：人机融合，技术影响，比较文化视角。

二、异乎寻常、密切合作

1. 超前准生之书。这本书先出中文版，可能的英文版只能尾随其后。2021 年 9 月，出于对何道宽（本丛书策划兼主译）和德克霍夫（本丛书首席顾问）的绝对信赖，在只凭英文版初步策划、书名、目录、样章片段、作者简介的情况下，中国大百科全书出版社就完成了定题和版权的交割，决定出版这本《个人数字孪生体》。

2. 救急之书。针对当下大流行病对社会经济文化的冲击，针对数字技术、数字化转型的社会伦理问题，既是急就章，又是救急书。

3. 未来之书。本书英文稿完成于 2022 年 10 月，满眼 2022 年的最新研究成果，充满未来几年、十年、几十年的预测。它紧追当下潮流、展望未来趋势。

4. 追着作者跑，不以为苦。2021 年 8 月 17 日，作者之一德克霍夫提交创作设想：《个人数字孪生体》目录共 15 章，分上下两卷，近五十万字。我们不同意，因为两卷本、卷帙浩繁的书不太符合本译丛体例，只能接受如今的一卷本，希望控制在三十万字以内，使之更适合本译丛的基本样貌和中文版学术著作的一般规范。2022 年 6 月 6 日着手翻译时，只收到前三章。2022 年上半年，两位作者呕心沥血，不断更新思想和内容，却因新冠肺炎疫情影响不能按时履约，只能分批送来书稿，致使译者屡屡"断炊""等米下锅"，我们既钦佩他们反复打磨的精神，又不得不追着他们跑，虽惶惶然、却欣欣也。

5. 提前进入，参与创作。2022 年 8 月，本书翻译过半，发现了一些问题，包括上文提及的书名问题。于是 8 月 10 日致信两位作者，提出一些要求，说明"达标版本的必需条件"，包括作者序跋。这有班门弄斧、孔门前卖书之嫌，但他们非但不以为忤，反而积极回应。我建议萨拉科写序，德克霍夫写结语。8月27日，我又致信两位作者，建议画龙点睛，给书名加一个副标题。经反复磋商，10月1日正式定名，已如上述。

6. 作者序跋。9月26日收到德克霍夫第十章（结尾章）第二稿，他修订近半，我难免抱怨，因为它废掉了我几天的功夫，却也"痛苦与快乐"并存。9月28日收到萨拉科序言，大喜过望，回信称赞，因为它言简意赅，却信息丰赡、给人启迪、满纸洞见。

7. 精心演绎新"三国演义"。本书作者罗伯托·萨拉科（意大利人）、德里克·德克霍夫（加拿大人）是世界级学者，横跨东西、驰骋文理、名扬中国学界和业界。他们拥有超乎常人的全球视野、东西方文化修养和未来眼光。他们的比较文化学养深厚、科学、冷静、平衡。他们对中国传统文化和当代文化有深邃的洞察，难能可贵。他们和译者未曾谋面、却惺惺相惜；远隔千山万水，却近在咫尺。我们的邮件交流，常常在北京时间凌晨、上午、下午和黄昏，分分钟完成，绝不拖延。我们坦诚直言，互相鼓励，目标一致，即打造精品。

三、横跨东西、扬名世界

罗伯托·萨拉科（Roberto Saracco）是意大利特伦托大学教授。20世纪70年代末出道，横跨文理、深耕当下、放眼未来。21世纪以来，他走遍大半个地球，扬名中国学界和业界。他做客大学，访问业界，组织学界业界高手共同研究技术、文化和学术前沿问题，引领潮流，在国际组织、政府机构、学术团体、技术团队主持项目，著作近四十种。他是世界公民，讲学、讲演、交流，遍及欧美亚非拉，接近三十个国家。

德里克·德克霍夫（Derrick de Kerckhove）是加拿大多伦多大学法语

教授，是麦克卢汉同事、助手和嫡系传人，曾任麦克卢汉文化与技术研究所第二任所长（1983—2008）。他横跨文理，发扬光大麦克卢汉跨学科研究，亦名扬欧美及中国的学界和业界。著作十余种，其中一些已被译成十余种语言。自担任"媒介环境学译丛"首席顾问以来，推荐了四本书：《被数字分裂的自我》《数据时代》《伟大的发明：从洞穴壁画到人工智能时代的语言演化》和《假新闻：活在后真相的世界里》，完成了其中后三者的意译英。他还撰写了两本书：《文化的肌肤：半个世纪的技术变革和文化变迁》（中国大百科全书出版社，2019）扫描半个世纪，亦有未来眼光；《个人数字孪生体：东西方人机融合的社会心理影响》与萨拉科合著，紧追潮流、预测未来、比较东西。

四、本书写作时间线

《个人数字孪生体：东西方人机融合的社会心理影响》的写作历经一年有余，主要时间线是：

（1）2021年8月17日，作者提交写作提纲，共两卷、15章、近五十万字。译者建议压缩为一卷本、三十万字以内；

（2）2022年6月以后，陆续交来一些章节、常有修改，酷似百衲衣；

（3）2022年10月1日，英文定稿抵达，不够完美；

（4）2022年10月20日，经过作者和译者共同努力，尽量完善书稿；

（5）2023年初，经过作者、译者和出版社的共同努力，尽量为中国读者提供最完美的中译本。

五、两把钥匙，警世恒言

《个人数字孪生体》新思想、新知识密集，未来感强烈，对读者构成严重挑战。同时它又内容宏富、贯通古今，对比东西、通向未来，给人启迪、满纸洞见。只要用心苦读，必有欣悦收获。

萨拉科和德克霍夫两位先生的序文和绪论言简意赅、明白晓畅，是破解书中难题的两把钥匙，颇能帮助读者开启重重通关大门。

在比较文化、警醒世人方面，全书满满的警语、恒言、明言。"本书结语"里的一段话值得我们细察深思：

> 人的命运和生存不局限于技术，也不是由技术来担保的。中国人比西方人理解得深刻——他们主要依靠社会因素。这方面东西方的真正合作比技术进步更紧迫。为了维持合作，除了停止和抵制特朗普当选以来双方恼人的政策外，双方应该考虑架设相互支持合作的一座新的桥梁。即使仅仅为了停止环境破坏，我们也应该鼓励西方去驯服它的个人主义冲动，借用中国人的控制策略——当然不必直接照搬到西方民主国家。另一方面，东方也可以细化和微调社会信用体系，却又不冒社会动乱的风险。

何道宽

2022 年 10 月 20 日

萨拉科序：跨国跨界的数字化研究

2003 年，我担任意大利电信未来展望中心（Telecom Italia Future Centre in Venice）主管，任务是推出创新项目，利用意大利电信资产去开发新的商机。

项目之一是"数字影子"（Digital Shadow），意在利用电信运营商"不得不"搜集的用户数据，以生成技术演变的记录，并映射用户在电信网上的活动（生成一种数字影子）。对于能（部分地或在受控条件下）获取这些数据的电信运营商和第三方而言，这样的数字影子都可能是它们创新服务的新起点。这个项目如期完成，提交给世界经济论坛技术组，期望能引起讨论：基础设施生成数据是否有价值（彼时仅是潜在的价值）。

遗憾的是，意大利电信的高层管理不让我尝试，因为一些未经授权的调查生成了负面的语境。这些调查称，数据的误用产生了不良后果。有趣的是，他们重点讨论的是运营商不得不搜集的数据；这些数据并不是运营商掌控的数据，而是用户拥有的数据。然而，让用户"利用"自己的数据去获取有价值的服务却被认为是"不明智"的。

回头一看，那个项目是我的"草稿"，15 年后的今天，它成了我研究的个人数字孪生体理念。

我应该说，我想要开发客户的数字影子时被人阻止，确实令人不快，但我从未停止探索这一理念，因为越来越多的数据可资利用（比如通过社交网络增长生成的数据），个人事实上也开始利用网络服务（如脸书和百度）创建自己的数字镜像（digital mirror）了。

2018 年，我造访中国深圳的华为技术有限公司，会晤人工智能开发利用的几员大将。我们探讨的主题之一是电信制造产业在数据利用里的角色：它将如何实施并支持个人数字孪生体的理念。接着我们举行了几场电话会议，我和华为几位工程师用头脑风暴，探讨如何把个人数字孪生体嵌入智能手机。这是华为的强项，它是引领这个领域的玩家之一。几次讨论廓清了一个事实：所谓"追踪"机制不是值得追求的路径。此外，个人层次和全球层次上有关隐私的讨论在西方世界被炒得火热，所以由公司创建和管理个人数字孪生体的提议难以插上翱翔的翅膀。

但我们发现，手机操作系统正在朝着使任何第三方都能开发个人数字孪生体的方向演讲，这个是一个潜在的受关注的趋势。

以上这些讨论指出，个人数字孪生体的演化远不只是技术问题，我们必须首先从社会伦理的观点来考虑这个问题。

个人数字孪生体的部署障碍重重（其开发多半是技术问题，我们已经有了这一技术），但它在个人和社群层次上派生出来的益处却举足轻重，因此我们有理由费尽心血去开发它。

这个驱动力引向了"数字现实倡议"（Digital Reality Initiative），由电气和电子工程师协会未来方向委员会提出，我任小组的共同主席（2022 年小组工作结束），工作重点是个人数字孪生体。该倡议用上了我此前主持的"共生自主系统倡议"（Symbiotic Autonomous Systems Initiative）的成果，那个项目研究的是人与机器的渐进式一体化；人与机器整合的中介力量是数字孪生体及其增长的"智能"。

几个技术问题需要研究，包括一些前沿的问题，比如日益增长的大规模分布式智能的管理、数据空间的安全和开放式利用，以及数字空间里活动的可视化问题（借以研究发展中的增强现实、混合现实和虚拟现实）。

显然，这些大问题存在于社会伦理空间。在这一点上，我们谋求与社会伦理问题的专家合作，以辅助技术专家。这就是我们与德里克·德克霍夫教授合作的收获。

我们的挑战是找到一个办法，使相互矛盾的目标能够融入一个可行的解决方案。一定程度上，我们研究工作的转折点就是当前的大流行病。

2020 年，新冠肺炎疫情成为世界问题，强烈冲击人们的福祉，进而影响医疗保健服务。大流行病严重影响国家的经济（和公司的业务），对人的行为、文化和期望产生微妙的影响，它对人的冲击不亚于对经济的冲击。2022 年我们看到，新冠肺炎疫情对经济的冲击正在消退，但它对人们感知上的冲击仍然很大，而且还可能会久久挥之不去。不少人要求在家里办公，他们习惯于电子商务；日常的物理世界和电子世界再也分不开了。

2020 年，"数字现实倡议"提出建议，个人数字孪生体和数字孪生体两者并用，以监察并控制大流行病。本书解释该建议界定的一个机制：分离个人数据和社群数据，同时又确保他们相互为用、相互学习。这是意义重大的一步，说明技术和社会需求正在携手并进。

2020 年，元宇宙上升为热词（"谷歌趋势"报告，2021 年 9 月，对元宇宙感兴趣的人不到 5%，2022 年 1 月感兴趣的人飙升到 100%）。虽然还没有普世接受的元宇宙定义，但我们大致可以这样描绘它：这是一种新的空间，人们将在此生活，它是数字空间和物理空间的融合。为达成这一融合，个人数字孪生体至为关键。它是一种给业务赋能的技术工具，是最重要的社会元素。借此，我的"个人"成分与其他人的"个人"成分交相互动，生成社群意识，使社群能利用地方数据库和个人数据库生成智能。

本书集纳了一些理念及其实施情况，用技术和社会统一的观点进行审视。各部分可以独立阅读（你可以跳过一些部分），但它真正的价值寓于其整体观。你可以将其当作社会、技术和观念演化的记录来读。但你也可以将其视为引路的指南，它会助你找到自己的地位，在日益数字化转型的世界里站稳脚跟。

让我们在此引用美国著名登山家埃德·维斯特斯（Ed Viesturs）意义隽永的名句："登顶是可选项，下山是必选项（Getting to the top is optional, Getting down is mandatory）。"

从本书参引的文献和事例中你会发现，无穷的潜在知识等着你，你可以以自己的节奏去探索。然而，重要的是把任何思想、任何新知识与自己的生活和工作联系起来，并自问"既然如此，我该做什么呢？"你要找到将新思想和新知识应用于你的实际情况。

这个问题是本书写作过程中的指路明灯，我们真诚地希望，它能使你拥有不一样的眼界。

罗伯托·萨拉科

2020 年 9 月 10 日

德克霍夫绪：麦克卢汉的启示，背景、原理、外形与场域

数字孪生是技术赋能且得到产业支持的全面的转型，它深入于人类生存最亲密的方方面面。由于找不到更好的名字，姑以"数字化转型"（digital transformation）名之。这一全球文明变化的背景是人类的书写系统从语言向数字的迁移，即从意义控制到数字控制的转移。我们将研究一个较大的问题，目的是把人类遭遇的冲击置于个人数字孪生的领域内。

一、背景、原理、外形与场域

寻找描写社会技术演化宏大而复杂模型的方法时，我受麦克卢汉的启发，借用了他对内容与外形的论述。这是格式塔理论的第一原理，麦克卢汉反复应用这一原理去探索技术产生的文化效应。不过，他以另类的方式将其予以应用，不是将外形（figure）与背景（ground）对立，也不是将外形置于背景之上，而是将两者的反差视为根本的、使外形"生成"的驱力。这一洞见更为深刻。他的诠释大大超乎心理学家对这一概念的标准用法。他认为，外形生于背景，并不是相互冲突或排斥的形象所生成的简单的感知效应，而是源于两者共同源头的原生形式：

外形裸露在外面，背景深藏在潜意识。背景的变化在先，外形的变化在后。我们可以将外形和背景映射为未来的形象，把背景用作潜意识模型、压力和效应的陪衬；潜意识的模型、压力和效应走在前，或明或暗的外形走在后，而我们的兴趣通常是指向外形的。（加拿大国家档案馆麦克卢汉档案，http://imfpu.blogspot.com/2008/12/magritte.html）

背景、原理、外形与场域（Ground, Principles, Figures and Fields, GPFF）这个框架其实简单而好用，可用来分析宏大而复杂的社会文化现象。解释它的最佳形象，是将其比作一片植物生长的田野。土地和气候决定植物的特征。虽然植物形态和功能各不相同，但所有的植物都因一个特殊的生态结为一体：它们根据土地的特征或指引原理生长，也就是根据其所在的地理和气候条件生长，或为花朵，或为灌木，或为乔木。这样的原理生成许多外形，构成一片田野；由于其外形和彼此关系，这些植物是可以分辨的。田野里植物外形的习性始终如一，像醇香美酒，其区别性特征由葡萄藤生长的地理特征决定，其栽培与当地文化环境缠结——葡萄制品就是在这样的地理文化环境里生产的。如果这段话使人太容易想起《富贵逼人来》（Being There）里的园丁，请见谅。

在人类生态里，地理和气候决定生存和发展的策略，发挥类似的作用，但语言是区分社群的第一个背景（Ground）。因此，本书特别强调汉语和印欧语言的差异。两种语系的主要差别是：西方语言是多音节语，可依靠语音表征；相反，普通话的文字系统加之于中国多种不同的方言，其背景多半是同音词，需要非语音系统来消除歧义。我们认为，中西方两种宏观文化（macro-cultures）既决定其心理差异，亦可以解释其心理差异，正如不同的操作系统产生软件功能的差异一样。

语言的原理（Principles）生成和传达意义。人们分享意义，在意义上达成一致，方能在社群里生存。语言支持分享者的合作，使人能开发技术，增强人生存的能力。文字的发明是诸多的增强效应之一，其功能是用戒律、法律和契约来固化言语、形成社会行为的结构。反过来，拼音文字（西方）和语标文字（东方）决定它们所支持的社群的特征，形成社群演化新的背景。然而，数字化转型的倾向是绕开语言，径直成为文化的主导背景。

麦克卢汉清楚知道，背景和外形（Figures）依据演化情况能互换位置。口语起初是书写的背景，但文字改变并增强口语，最终接替口语，成为新的策略背景，保证了人的生存，而且发展了经济。技术成为另一种背景，拥有新的界定性原理，而这些新原理又生成新的外形，并生成相互联系的场域（Fields）的新生态。

在这本书里，我们确认三种背景：拼音文字文化（alphabetic literacy）、语标文字文化（logography）和数字化（digitization）。我们将其置入历史视角，描绘它们生成的技术文化场域（techno-cultural fields）。

1. 拼音文字文化

拼音文字文化是西方文明许多特殊外形的背景。这些外形有官僚主义（bureaucracy）、民主、个人主义的自我（individualistic selfhood）、基督教、经典物理学，以及个人数字孪生体（personal digital twin）。拼音文字文化的背景是语言本身，其基本原理是：语言和文字生成意义，意义是人与人的首要纽带。但不同的语言生成不同的文字，因而生成了获取意义的不同方式。

2. 语标文字文化

针对中国读者，我们需要你在语标文字和字母表文字之间画一条重要的界限。解码汉字外形的原理和解码字母表文字是截然不同的。我们将在本书第三部里举例说明。

3. 数字化

数字化是数字化转型的基础。但正如麦克卢汉所言，任何背景都可能成为另一个更深层背景的外形，那个背景覆盖着一套数量多得多的外形。数字化的背景是电能，电能又是电磁场的外形。电能的基本原理不是生成意义，而是整合无限多样元素的结构与相互关系，无限多样的元素有亚原子粒子、原子、分子及其他的一切物质。数字化正在超越语言，因为它绕开意义，故而消除了人脑的直接控制。数字化依靠电能，像电能一样，它渗透一切物质，其目标是要规制一切物质。用人文语言说，数字化渗透并规制文化，以及人间事务的生态。数字文化会推进并实现完全的自动化，将操演性（performativity）作为关键的原理；数字化可以完全不考虑意义，这会产生令人不安的可能性，我们将在所谓认识论危机（epistemological crisis）里考察这令人不安的现象。

麦克卢汉指出，每一种新媒介或技术都会与其先行者冲突，使先行者的主要特征逆转或扭曲：

> 新媒介并不是旧媒介的补充，它也不会让旧媒介得到安宁。它永远不会停止对旧媒介的压迫，直到它为旧媒介找到了新的形态和地位。（《麦克卢汉精粹》英文版，1995，p.278）

更具体地说，为了使自己的论述更有说服力，麦克卢汉引进了"环境"（environment）的概念，我们将其更名为"场域"，使之与外形／背景的互动趋于一致：

> 任何新技术，即任何人的官能的延伸或放大，用物质形态表现出来时，往往要创造出一种新的环境……新旧环境的相互作用产生数不

清的一连串问题和混乱……艺术和科学作为反环境，使我们能够感知到环境，这颇有好处。(《麦克卢汉精粹》英文版，1995，p.341)

本书的整体架构依靠几个要素的适当关联——支撑各自基本文化的背景，区分这些背景的原理，见证这些原理的外形，整合外形的场域，而外形又分享共同的背景。实际上，本书的主旨和设计是要清楚划定文化之变迁和其恒久驱动力的边界线。当然，这些边界线的清晰度仅取决于它们有助于揭示这些驱动力的程度。正如海耶·佩伊（Hye Pae）在《心灵、认知、文化隐形驱力的文字效应》(*Script Effects as the Hidden Drive of the Mind, Cognition, and Culture*)的绪论里所言（Springer and Berlin, 2020)：

> "构成东西方差异的力量或驱力是一种自强化的稳态系统，与心灵的基本属性有关。"尼斯贝特（Nisbett, 2003）认为，结果就像是一个多米诺序列："社会习俗促成世界观，世界观形成妥当的思维过程，而思维过程既为世界观提供正当性，又支持社会习俗。"

生态系统不是确定性系统，而是复杂的自调节系统，它回应变化的情况，处于恒久的浮动和再平衡中。所以，在认定这些原理时，我们希望从恰当的视角去研究，看看它们与自己生成的外形和其他背景的互动关系。用来研究技术对文化的影响时，这一动态的研究方法使我们能根据公认的原则和共同特征，去区分并聚合形式上与一个共同基础相关联的外形。这并不是说，不同背景之间没有大量的交叠。

从这里出发，本书的结构逻辑就是把这些主题放进恰当的历史和社会视角，让它们围绕西方的个人数字孪生体和东方的社会信用体系（Social Credit System）的主要外形，去探索它们之间的互动及其后果。论述由三部分构成。

第一部"数字孪生体解剖"打基础，分析产生数字化转型背景的一个主要外形的原理，即产生个人数字孪生体（PDT）的原理。我们赋予"个人"数字孪生体主要的角色，是基于这样一个事实：它充分展示了西方心理学的主要特征——个人是如何被塑造成型。

第二部"作为场域的应用"介绍数字化转型三个主要的场域，审视个人数字孪生体的出现如何影响保健、教育和知识。

在第三部"背景、原理、外形与场域，东方与西方"里，我们首先比较拼音文字和语标文字，将其作为引向不同社会文化选择的两种背景：（1）个人数字孪生体更强调"个人"；（2）相反，千百年来中国对社会和谐的强调引向社会信用体系的贯彻执行，以维护健全的社会道德行为。其次，我们还研究"监控资本主义"（Surveillance Capitalism）和"社会信用"间的主要差异。再次，检视数字化转型在人身上的回馈效应，也就是深层的心理问题比如隐私的丧失、认知和情绪功能的外化。我们会检视当前认识论危机趋同的方面：一方面是传统书面文化及其对语言的持续依赖；另一方面，完全绕开意义的数字化又生成新的价值。第三部最后一章探索伦理、法律和制度的诸多考虑，邀请读者想象超人类主义（transhumanism）和共生自主系统的未来发展。

二、本书的分工合作

个人数字孪生体的到来既是技术问题，也是文化问题。罗伯托·萨拉科和德里克·德克霍夫协同努力，总览这个问题。萨拉科提供大量专注于这一问题的博客作为引文，有时作为论述的框架——成为第一、二部的主要内容。在第三部里，德克霍夫引入社会学方法，去理解技术的心理社会影响：不同的文化和文明如何回应数字化转型的挑战。虽然如此，所有的章节都受益于两位作者反映和尊重彼此的文体和制度差异。

三、中国人阅读《个人数字孪生体》的五大理由

1. 按照埃里克·哈弗洛克（Eric Havelock）[①] 的说法，如果字母表使认知者与认知对象分离，那么汉字的功能刚好相反，它把读者和文本绑定，而且是通过语境的绑定，就是说，绑定在读者已拥有的知识上。

2. 和西方读者一样，中国人能内化知识，但中国人内化的不只是静默形态的口语文字，就像西方人读字母那样；每次阅读时，中国人都以某种方式内化其整个的文化及其社会语境。

3. 拼音文字造成主客体的分离，使西方人能快速而不停地发展精密科学、有用的观念、可靠的类别和随之而起的技术，这样的主客分离还使其对智能、进步和征服的追求优先于其他的品格和价值。自从字母表在希腊兴起，西方文明的注意力和时间取向就从过去转向未来了。

4. 反过来，到了与西方接触增多的时代，绵延不绝的中华文明还是继续影响着中国的社会政治形势，还是面向过去的、基于保守的，还是让远见、耐心和智慧优先于革新和才智的。

5. 汉语里没有与"个人主义"对应的专用词。这并不意味着，中国人没有自我，因为"心性"一词也包含着道德责任的含义，且支持"自我"，只是这种"自我"不像西方那样优先于社会和社群的考虑而已。

这段文字的寓意是；直到今天，虽然中国采纳了西式的市场驱动的实践，但其实际的施政举措即使对西方而言看起来"过"，也是在捍卫和维持中国庞大人口的平衡与和谐。

---

① 参见《柏拉图导论》，埃里克·哈弗洛克著，何道宽译，中国大百科全书出版社，2023。

第一部

数字孪生体解剖

第一章　作为背景的数字化转型

第一节　数字化转型

"媒介即是讯息。"如今，麦克卢汉这句话逐渐成为了真理。

数字化转型的文献汗牛充栋、令人吃惊、不断增长。况且，任何通过展示冰山一角来解释数字化转型的努力刹那间都会过时，很可能，任何成果正式发行时就已经过时。

我们要从一场深刻变革的角度来看数字化转型，这场变革遍及全社会。技术使之成为可能，技术发展开辟新可能性，使这场变革继续进行；这场变革的发生有重大的经济原因。变革的走向不容易预测，那是由社会文化的发展指引的。这样的演化发生在小生境（niches）里，可能会迅速扩张到较大的群体里，也可能迅速淡出。诸如此类的创新、试验选择、采纳和突然消亡正是这场变革的剧本难以逆料、不断变化的原因。

技术人员要为他们开发的工具负责，他们需要知道这些工具产生的影响。技术已经跨过分离现实和人工制品的门槛，正在带领我们进入一个模糊空间；在此，现实和人工制品的区分不仅是困难的，而且常常是毫无意义的。

麦克卢汉很久前说"媒介即是讯息"，那是一种革命性的思想，彼时似乎是荒诞的——如今它俨然成了真理，甚至超乎麦克卢汉的想象。今天的技术是媒介，直抵个人和社群，不再在空间里被界定，而是在聚合根（aggregation roots）里被界定。技术不仅服务于社群和个人，而且在形塑他们，也在被他们形塑。同样的技术可能会引发不同社群迥然殊异的行为，有时很难理解其原因，甚至时后也难以理解。

于是就出现了这样的问题：什么是今天的现实？百年来哲学家一直在争论这个问题，以及人类是否能够理解这个问题的可能性。物理学家和科学界断言，不同的人在不同的时空节点上都能测量现实；百年来他们都假定，这样的测量处处有效、任何时候有效，且在可知的宇宙里都是有效的。

数学始终在进步，其假设是：考虑到一个起始点和一套得到一致同意的规则，任何人都会同意同样的结论。百年来，物理学和数学认识到，我们的系统不可能是完整的（因而也不是集成一切的）。

然而，这一切局限并没有影响我们的日常生活，我们仍然觉得现实是真实的。

数字化转型是数字世界从侧面对物理世界的攻击，它正在改变对现实的感知。在一定程度上，对我们的日常生活而言，这一感知的改变很重要，比量子力学的不确定性原理、哥德尔不完全性定理要重要得多。

第二节　数字化转型的经济社会影响

马歇尔·麦克卢汉建议我们先探索新媒介的效应，然后再去解释其原因。所以，让我们着手考察数字化转型的一些正面效应：

（1）从原子到比特的迁移使流程效率提高，资源消耗减少。只要有宽带基础设施的支撑，从任何地方都可以获取数据（基于软件的产品），个人都能直抵全世界的一切小生境。

（2）硬产品能转化为数据，硬产品辅以数字后使产品向服务迁移，这就使新玩家能借助硬产品，同时又提升消费者对这些产品价值的认知。

（3）流程再造使资源可用量增加，刺激新业务，开创新的就业机会。

（4）基于数据使用的数字化转型使经济呈现出繁荣的景象，数字经济的交易成本低，降低了新手进入的门槛，使预付资本低的新企业得以创生，使市场供给增长。较低的成本和最佳的供给使价格降低，消费者受惠，使其支付能力提高，潜在的市场随即拓宽了。

（5）服务和产品的供给大量增加使消费者的选择增多，加大了需求对供给的控制。市场（消费者选择）引导供给侧的演化，缩短服务周期（且一定程度上缩短商品周期），反过来加速供给的演化，以永无止境之势螺旋上升。

（6）在知识的语境中，知识的存取和流通便捷，使利用和创造知识的人数增加。知识开始在赛博空间里创造出来，人工智能分析和关联既存知识，使新知识涌现。

（7）操纵数字和虚拟对象的轻便性，推进了创新，创新快速渗透网络空间，刺激了进一步的创新。

（8）产品和服务的成本较低，打开了通向更广阔生存之路的通道，市场的虚拟位置使物理空间里的买卖双方能访问世界上的任何人。

（9）从低成本、快速部署的数字基础设施中，实体基础设施贫乏的新兴经济体能大大受益。

（10）数字取代物质，物质资源的需求降低、资源损耗减少，废物反而增多。

我们已经能意识到最后这一正效应里的模糊性，由此指出数字化转型可能的负效应：

（1）数字化转型的方式常常追求的是计算机数量的增加。这就使（真实的或感觉上的）复杂性增加，却不减少资源的消耗，但成本实际上增加了。真正的成本减少需要流程再造，这会影响公司的现状和社会文化，处处遭遇来自内部的抵制。

（2）流程再造使流程效率提高，对劳动力的需求减少，造成失业。数字化转型创造的岗位通常需要特定的技能和知识，失业者往往不具备这样的技能和知识。

（3）市场效率提高（消费价格降低），结果是市场价值降低。成熟的市场尤其能感受到这样的结果，在此，市场规模的扩大并不足以抵消价格的降低。因此，市场上的玩家会眼看自己的收入在价值链中被挤压，有些人会破产。

（4）与之类似，供给的增加导致更多的竞争以及价格的下跌，整体市场价值随之下降。两种力量（市场效率和供给增加）挤压产业，老手和新手都受到影响。老手的抗亏损能力一般较强（长远看，其坠落会溅起更大的水花），新手面对残酷的竞争，常追求基于零价格的商业模式（送免费品，利用市场份额）。

（5）激烈竞争和低交易成本挤压边际利润，靠增加交易量来弥补，往往增强了卖方寡头（oligopoly）的实力。

（6）基于供给服务的趋势需要不一样的能力和流程，大多数企业没有准备好在这样的环境里运行。小公司通常尽力提供服务，以小批量方式发布产品，用市场检验产品，却很少得到顾客的支持。而顾客有自由，他们乐意享受这样的市场。

（7）文化中立的态度不利于培育更优质的服务和产品（优质产品在这一方面损失较小，因为其产品成本更高，所以生产商往往更注重精品）。

（8）复杂、成本高的数字基础设施（数据中心、复杂的操作系统和支持创建应用程序的软件）促成低成本的交易，进而产生实际上的卖方寡头。

（9）价值多半与数据相关性捆绑，因此拥有海量的数据就具有了巨大的竞争优势。人工智能算法的驱动需要庞大的数据库，这进一步加强了数据库的重要性。结果是其发展的驱力集中在很少的几家公司手里（多半是美国公司和中国公司）。它们正在变得非常强大，以至于能决定物理基础设施供应商（电信、配电、支付等基础设施）的"价格"。实际上，它们正在成为真正的巨人。它们开发自己的基础设施，既有财力，又很方便。它们的基础设施可以取代老牌供应商的基础设施了。

（10）日益降低的边际利润和大批量生产的需要往往使产业/应用的研究集中在大玩家的手里。与此同时，低交易成本使小玩家的数量成倍增长，创新趋势向小玩家移动。至于中等规模的公司，比如世纪之交投资开发研究的电信公司，便不再培育技术进化了；就创新而言，它们不再拥有很大的市场影响力。

（11）知识爆炸加大了人和公司既有知识和可获取知识之间的鸿沟。价值从既有知识向知识获取能力迁移，及时获取所需且可理解的知识更有价值。有观察者担忧知识的"所有权"（可应用、可执行知识的意思）将从人向机器迁移；当前的研究更注重如何利用机器知识，而不是如何将知识向人迁移。

（12）数字空间的创新常常模糊现实与人造物的边界。真真假假也更难以分辨。身份验证、所有权控制、信任、问责问题越来越难以处理，因为数字孪生渗透到人的大多数活动里了。

（13）价值向网络空间迁移，刺激了恶意使用网络空间的情况增长，以各种可能形式恶意使用的情况也增长了（虚假创新、拒绝服务、安全漏洞……）。电子公民系统的创建，本意是为了更有效地提供服务，但它同时又被认为有潜在的危险；不仅有恶意的攻击，而且它对公民的影响力超过了20世纪媒体的影响力。这些问题不太可能得到解决，并且可能会在未来几十年里成为主要的问题。

（14）网络空间（虚拟现实、增强现实、混合现实）的访问和使用增长，"网络空间即现实"的感觉随之增长；网络空间刺激了一种新文化，有人担心现实的价值会随之减少。生活中的孤独、向网络空间的迁移、与虚拟人物的互动，虚拟孤独症将随即产生，这可能成为未来若干年的一个问题。

第三节　数字化转型的使能技术

数字技术既是数字化转型的背景，又促成了数字化转型，但数字技术不是促成数字化转型的唯一因素。如果你上网搜索"数字化转型使能技术"（Digital Transformation Enablers），会发现虽然有很多种分类方式，它们最终会被分为技术、商务和社会三大类。

几十年前，用数字同时实施几种"活动"刚成为可能时，数字化转型随之肇始。注意数字化转型的意思是在网络空间里执行的活动，而不是仅用计算机执行的活动。我们在制造业中用计算机控制机器已有 50 余年的历史。而制造活动从物质到数字的转移却是离现在近得多的事情；重要的制造活动有：在网络空间里设计和整合零件，3D 打印，"云"中性能的监控。物理流程与活动向网络空间的迁移就产生了数字化转型。与之类似，我们使用音乐的数字编码至少已有 30 年之久，但向充分音乐数字市场的转变却只能回溯到世纪之交的 iPod 和 iTunes。数字化转型的路径如图 1 所示。

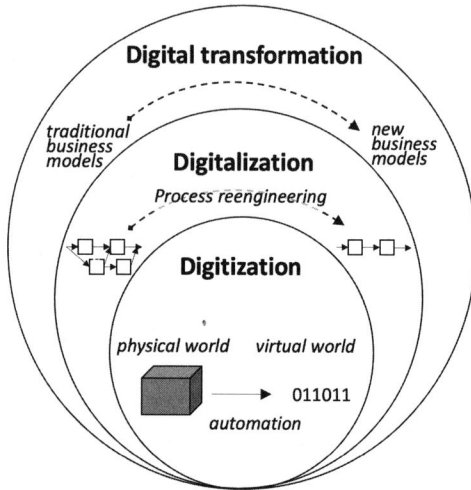

图 1　数字化转型的路径

核心是产品转型和产品制造转型，然后是商务转型，接着是对社会的全面影响。这三种变化的发生实际上是平行的、互相影响的。

我们能从技术发展阶段的角度来看使能技术，通向完全的使能技术经历了三个阶段：

（1）产品转型：从产品设计、制造和运作的方式看，转型影响的产品或程序越来越"以数字为基础"（Digitization）……

（2）商务转型：商业模式和程序的转型以稳步推进产品和服务的数字化（Digitalization）。

（3）数字化转型（Digital Transformation）：经济、制度和社会的渐进式系统转型，引向价值感知的变化，以及教育、保健、劳动、知识和文化领域的不一样的组织形式。

当然，这三个阶段都需要商业投资和社会认可，有些条件在有些领域内是必要条件，在另一些领域却是边缘化的。我们在这里首先关注使能技术，因为它们构成文化的背景或新媒介，因此有必要分析使能技术的特征及其在实际语境中的表达。

一、使能技术

从辅助活动的观点看，使能技术可以分成 5 大类：（1）原子转化为比特／数据；（2）数据的使用；（3）数据转化为物理上可以执行的行为；（4）辅助系统；（5）现有基础设施的渐进式自动化。

1. 原子转化为比特／数据

这里所谓的原子意指任何物理实体或涉及物理实体的活动（比如用铲车把运货装载到卡车上，由卡车把货运走；每个部分和整个流程都可以在网络空间里找到镜像）。示意图里的执行器和传感器被赋予突出的位置，因为它们表达了原子和比特界面的流程。传感器和执行器构成物质世界和虚拟世界的链环。实际上，比特／数据可以转化为可执行行为，在物质世界里给数据赋予价值。气动的、电力的、机械的各种执行器也用于数据的转化，比如远程水龙头操作、机器人控制远程手术等。到 21 世纪 20 年代的后半叶，智慧材料将嵌入各种传感器。智慧材料将会改变形状、密度、光学信号、电信号、绝热特征，对应用程序经分析数据而生成的指令做出反应。请注意，人也可以被视为"执行器"。此时，人可以看到屏幕上的数据，可以理解需要做什么，并采取行动以达成所需的效果。这一程序至关重要，许多动作的执行需要人，所以就需要可视化、无歧义地表达数据，使人能理解。

又请注意，人还可以成为数据智能的一部分，对决策做出贡献。

传感器可以被用来捕捉比特编码的物体的特征，可以嵌入物体，可以成为客体行为的一部分（比如人的声音），可以观察环境里的客体（用无人机甚至卫星进行遥感）。依据计量和监控的特征，传感技术可分为几种。

这些技术的发展将提供：

（1）更精准的感知（不过由于软件数据分析能改进精准度，所以这一点的重要性逐渐减小）；

（2）更廉价的传感器；

（3）可嵌入各种材料、用于器具制造的传感器；

（4）耗电越来越少、甚至能从环境中获取电能的传感器；

（5）能自聚集并组成局域网的传感器；

（6）有处理功能的传感器，它们能对数据进行预处理，能改变捕获数据的方式，能计量数据的具体特征。电子技术的发展用上了传感器里的人工智能，比如 STM 微电子技术的 STM32 芯片组。这就会生成广泛渗透的环境智能（ambient intelligence），各方都可以访问和利用。

传感器已经无处不在，这个十年将更加普及。保健领域一类重要的传感器是可穿戴传感器和生物传感器。信号处理有时需要简化修改器捕获的原始数据以消除噪声，可以用分析来关联原始数据以生成客体的数字表征。比特转化为"数据"的过程需要它自己的技术，大多是软件技术，虽然专用的芯片常被用来加快处理速度。计算摄影（computational photography）即为一例，能够说明比特生成数据的复杂处理过程。自此，数字表征可用来"替代"客体。有些情况下，"替代"这个阶段并不存在，比如设计师从比特起步（用计算机辅助设计）去生成物体的表征，最终把物体制造出来。

2. 数据的使用

数据代表网络空间里使用的原始资源，原始资源是数字化转型的程序和应用生成的。这个类别含多种技术，其中人工智能占一半。数据从不同的源头被获取，其价值常互相关联，意义由此而生。重要的关联性既是基于时间的（机器学习），又是基于空间的（相关性在与一个时间框架相联的不同数据流中产生）。

现举一例说明快速的技术增长如何生成所谓的工业 4.0（如图 2 所示）。在这个阶段，工业从硬件主导走向软件主导。

大体上，德国制造工具，卖给中国；中国用德国的机器制造产品，卖给美国，美国使用中国制造的产品。实际情况要复杂得多，但这段话使人大致了解了德国（以及中国/美国）在世界经济里的角色。亨利克·冯·舍尔在报告[①]里指出，由于更复杂的工具和数字化转型，工业（制造业）正在变化，不是一种渐进的演化，而是一场革命，因为正在发生的变革扰乱了既有的价值链和实业模式。工业4.0的精神寓于这一"革命"和扰乱中。过去的十年是第一个阶段，其动力是互联网、移动通信、社交媒体和大数据的融合。互联网、移动通信我们很清楚，社交媒体和大数据则需要一些解释。

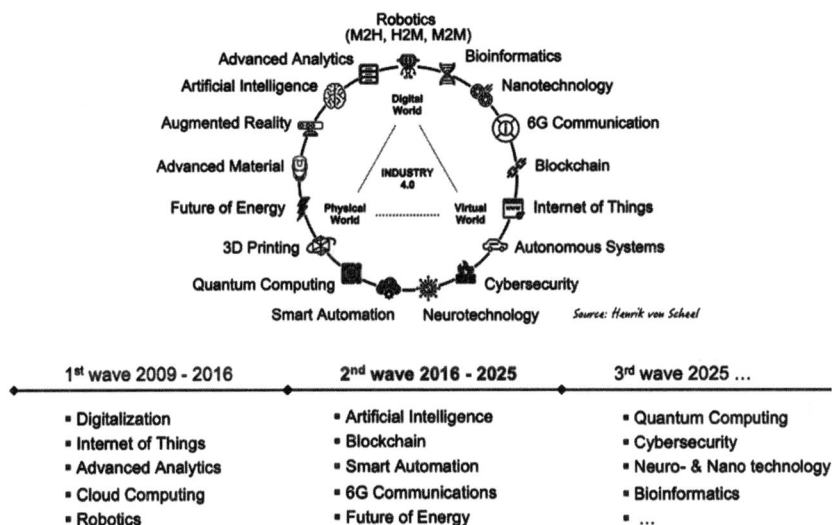

图2　刺激工业4.0部署和演化的一类技术表征

在成熟的浪潮中，"工业4.0"的到来将扰乱一切。技术表征：数字化转型、物联网、高级分析学、云计算、机器人学、人工智能、区块链、智慧自动、6G通信、能源的未来、量子计算、网络安全、神经－纳米技术、生物信息学……图源：Robo Global, Henrik von Scheel

---

① 是亨利克·冯·舍尔（Henrik von Scheel）等人于2008年为德国工业发展所做的指南，"工业4.0"是这篇报告里提出的一个营销标签。

乍一看，社交媒体独立于制造业，事实也的确如此（虽然有的公司把社交媒体用作强大的广告渠道）。社交媒体的隐含意义是反向的：制造业可以受社交媒体的影响而改变范式，调整产品特征和生产，适应它从社交媒体捕捉的暗示，并能回应社交媒体。这就要求制造业要更灵活、产品要软件化，使之能够几乎实时跟上变化，用新软件的发行来适应社交媒体的特征。再者，用应用程序接口支持，创建特征工程（feature generation）生态系统，以回应社交媒体的刺激信号。大数据是制造程序的重要部分；分析源自社交媒体（常常指向产品和特征被使用的方式）的数据流以后，大数据就更重要了。（如图 3 所示）

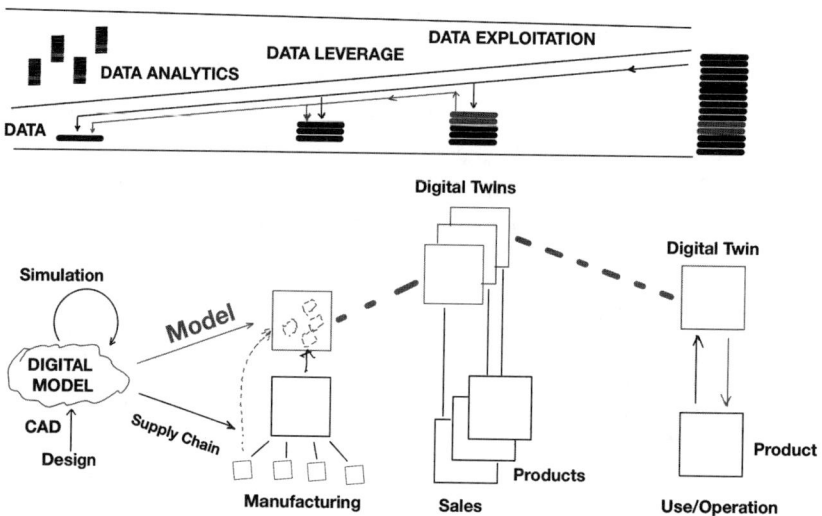

图 3　数据在制造流程里产生的过程

第一组数据通过设计活动（计算机辅助设计 /CAD）产生，生成的模型可进行模拟。健全的模型可将数据同步给供应商，把制造的部件装配成终端产品，生成更多的数据。这些数据形成数字孪生（下一章展开讲），产生真实的数字孪生体，每个数字孪生体对应一种产品。这些孪生体是更多数据的源头，而数据被孪生体遮蔽。本图上部显示运行过程中数据量的增加和拓展。制造和设计都能用这些数据来微调操作，来设计更好的产品，来增强特征、生成服务。

目前这十年是工业 4.0 的第二个阶段，其特征是强大人工智能的汇聚、物理和数字边界的淡化，以及使淡化边界具有市场价值的工具，即虚拟现实和增强现实。这三种力量的充分整合可能需要整整十年的时间才能成为新常态。因为缺乏真正无缝的界面，增强现实（AR）和虚拟现实（VR）未来十年间始终是通向一种解离现实（separate reality）的桥梁。在接下来的十年里，这一情况可能会变，可能会是脑机接口（Brain to Computer Interfaces, BCI）的某种形式，至少是某种初级形式。那就会使我们生活在元宇宙（Metaverse）中。这可能将是百年之最大变局。

未来十年，第三波的推进力可能是神经和纳米技术、生物信息学（bio-informatics）和量子计算机的有效利用和汇聚，一旦它们在相关语境下被用上并整合了，工业 4.0 的第三波就到来了。

在所有的技术里，领头的是人工智能，它既是生产和特征支持工具，又是改变语境的结构。图 4 暗含了 6G 通信，但它实际上指的是 5G。然而最终结果可能证明，它没有搞错，6G 将非常倚重人工智能，用物品（和产品）创造通信结构。

总体而言我们看到，这一场革命真的正在发生。欧洲信息技术制造组织（EIT Manufacturing）大概是这个过程的一股强大的催化力量，刺激和协调革新的部署。数字化转型将与工业 4.0 携手前进，为 6G 通信的加速部署提供工具、数据和市场。

元宇宙如何成为现实？一方面，它需要基础设施支撑；另一方面，它需要被感知为是我们的生命空间。（如图 4 所示）

Application Layers		Metaverse Layers	
	Application		Perception
	Presentation		Digital Twin
	Session		Data Spaces
Data Flow Layers	Transport	Infrastructure Layers	Virtual Cloud
	Network		Cloud
	Data Link		Communication
	Physical		Device

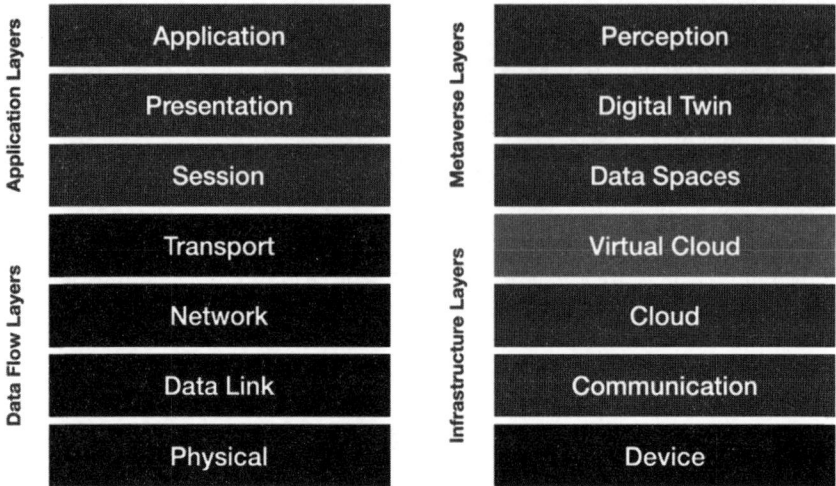

图4　表现元宇宙

　　当然元宇宙还有其他的表现形式。图里的七个国际标准化组织层（ISO layers）将物理的基础设施与其"用途"连接起来，各要素耦合，确保灵活性和独立演进。与之类似，元宇宙的参考架构一方面是物理连接点，一方面是"元宇宙里的生命空间"，也就是文明感知到的空间。

尤其要注意七个组织层：

（1）设备层（Device）：就像电信基础设施需要物理连接（无线或有线）一样，我们也需要一个通达元宇宙的方式。这至少是我们今天面对的最大障碍之一，因为我们没有无缝接入的设备把元宇宙变成与我们生活环境融合的持续的存在。理想地说，脑机接口可提供接入的方式，但我们离无缝接入的脑机接口还相距遥远，至少十年内是这样的。感知层次的接口比如隐形眼镜、感知声音和加速的设备、触摸设备等等，也许可能更接近我们，但不会有更多的设备了。我们不得不用非无缝接入的设备。不过在游戏、模拟、工业设计、娱乐等领域，非无缝接入的设备能够提供退而求其次的选择。

（2）传播层（Communication）：将传播和数据支持空间（即云端）连接。这一层已然实现。当前大多数地方的电信基础设施都能支持所需的数字流（性能和潜能都可以）。4G 不错，5G 更好，6G 则能生成设备和云端的网状基础设施。

（3）云端层（Cloud）：托管数据和软件。从功能边界看，这是个模糊的层面，因为它既可以伸入设备、伸入传播层（雾计算，边缘计算），上入虚拟云（virtual cloud）。这里也没有障碍，今天的技术能支持一切需要。

（4）虚拟云（Virtual Cloud）：越来越多的数据和软件能分布在若干云端（物理的／可穿戴的）；从使用的观点看，这些云端可以融入虚拟云。这已经成为了现实，许多系统集成器提供虚拟的云服务，亚马逊云科技（AWS）和微软云计算（Azure）之类的数据资源管理器就是这样的集成器。

（5）数据空间层（Data Spaces）：元宇宙的存在在这里被界定，就开放数据框架而言，这是关键的执行部分。换言之，就第三方提供的功能生态系统的生成而言，这个层面是关键（对有效的生成和互操作性而言都是如此）。有些地方正在从事这样的研究，比如欧洲云计算平台 Gaia-X 10 已成为了全世界范围的努力成果。同时这又是需要规范化的活动。

（6）数字孪生体层面（Digital Twin）：这是确保元宇宙个性化的关键，即生成个人经验的关键。它提供一个家园，在元宇宙里协调资源数字孪生体和个人数字孪生体之间的交互。这方面已有一些成果，在欧洲乃至世界范围都是如此。这个领域也需要进一步研究和标准化。

（7）感知层面（Perception）：人们在这个层面与元宇宙互动、在元宇宙中互动。在这样的情形下，多种服务嵌入了环境，以实现无缝接入。

3. 利用数据

数字化转型加速数据的生产，公司学习如何利用数据，有时会与模糊的规则和界定不明的所有权发生碰撞。

以特斯拉公司为例。特斯拉汽车用计算机建模设计，产生一个汽车数字模型，模型用来与配件供应商交流。模型转化为制造汽车的软件，以生产配件并将其组装为成品汽车。所有的制造阶段都被记录下来，添加到汽车模型上。在此，模型可以有很多实例，每个实例都是一台车的镜像（实体的汽车会在颜色和可选特性上有所不同，配件可由不同的供应商提供，制造汽车的机器人和工人会有不同）。出售以后，嵌入汽车的传感器追踪其运行情况：开到哪里，何时充电，怎样被使用……特斯拉公司获取这一切信息以便主动维修（发现可能的失灵），并发现在使用中才暴露出来的制造上的问题。比如，有几台车行驶几千千米后有异常的振动，左侧吊轴承上的传感器可以发现这一振动。

通过数据分析，人工智能软件确定了一个问题：装配线上两侧螺丝的压力不对等，一侧机器人施加的压力大于另一侧的机器人。在这一点上，软件在汽车的孪生体（汽车数据单）里插入了提醒使用者的通知，所以凡是带有这一提醒的维修车辆都需要重新校准。而用户对这一切是全然不知的（因为振动小，驾车人未能察觉）。此外，汽车行驶所获的一切数据，包括自动驾驶辅助系统（自动驾驶）所用的数码相机生成的数据都要被持续不断地分析，以用机器学习来改善自动驾驶系统。换言之，所有的特斯拉汽车都在利用每一台特斯拉汽车的驾驶经验。

数据对特斯拉的业务极其重要，以至于它被同时定义为"数据公司"。虽然它仅仅在一个很小的垂直行业即私人交通业中运行，但它正在搜集海量的数据，以生成大量的元数据，比如：

（1）车主在哪里行驶，什么时候开车，如何驾驶，与谁同行（凭借蓝牙技术感知车上的智能手机很容易获得此信息）。这些信息使特斯拉在评估风险方面处在一个理想的地位，所以它能提供有竞争力的汽车保险；

（2）路况如何，路况如何随时间变化，路上是否有需要维护的坑洼等；

（3）某路段某时间的交通如何，查找交通异常和交通正常的模型。获取近旁汽车行驶的信息（特斯拉相机很容易抓拍其他汽车的车牌，只要有足够的时间，就可以描绘出给定区域其他许多汽车的行踪）；

（4）谁在步行，谁在出入店铺和家门。数据相关性使之容易了解某一地区的人们的习惯；

（5）汽车悬架能提供"汽车承载重量"的数据，也就是说数据能测量车主一段时间里的各种参数、乘车人数甚至车载的食品杂货。

请注意，以上清单并不是说，特斯拉实际上在搜集这些数据，只是说收获这些数据不存在技术障碍。实际上，埃隆·马斯克（Elon Musk）提到使用大数据和人工智能数据分析赋予特斯拉的优势时甚至说，可以用这些数据来推销服务。这引起一些特斯拉车主反对，他们担心自己的隐私被侵犯，担心特斯拉用他们的数据来赚钱。

显然，特斯拉是传统商务数字化转型的基准公司。它不仅在向电动引擎转型，它对数据的利用使其市值超过了埃克森公司。

特斯拉的周转期远低于埃克森，股市预期中的光明前景全都在特斯拉一边。

特斯拉制造商利用数据的能力有：

（1）根据运行反馈信息对制造进行微调；

（2）根据所有产品售出后使用情况的数据分析继续改进产品；

（3）围绕产品开发服务；

（4）为原则上本公司业务范围之外的其他细分市场提供新的服务（比如为市政府提供主动道路维护的信息等）。

这不仅是特斯拉才拥有的能力。根据麦肯锡（McKinsey）的一个新研究报告，汽车大数据的货币化金额到2030年将达到7500亿美元。

今天，许多公司在利用自己业务数字化转型的成果，利用数据去增加收入、降低成本、强固自己的市场地位。基础设施的资源越来越视像化，在网络空间里运行，向第三方开放管理。主动维护越来越倚重于网络空间里的行动。连最细小的方面比如车队中的轮胎管理，都移到网络空间里了。轮胎传达自身的状态，使信息与汽车载荷匹配，以调节轮胎承受压力的最优方案——少耗油——并规划换胎的时间表，以免轮胎的磨损影响车辆的行驶。

一个重要的方面，同时又是物品与数据的重要分别是：物品基本上停留在原来的状态，而数据能再生成数据。人工智能和机器学习从某种观点看是"数据生成器"，它们引入数据的动态面，在数据空间里生成更多数据、增加数据空间、改变初始数据；所以，数据必须要与构成语境的其他数据一道来考虑。

4. 数据转化为物理上可执行的行为

个人电脑在业余爱好者中很早就成功了，它们是由执行器驱动的，执行器将比特转化为声音或光线。在产业层次上，比特向打印件的转化、向车床等工具指令的转化是执行器被采用的原因。凭借打印件或屏幕上的像素转化，数据的视像化得以实现，这是第一个使数据可以被理解的重要的技术类别，是由人类执行的。在过去的二十年里，这些技术不断进步，生成了扩展现实（Extended Reality, XR）：

（1）混合现实，虚拟物体与物理物体生成一种新环境并交相互动；

（2）增强现实，虚拟物体覆盖在物理环境中，给观众提供更多的内容。增强现实里没有物理物体与虚拟物体的交互，交叠的意义源于人体与二者的交互；

（3）虚拟现实，特殊的设备和眼镜提供网络空间的沉浸式体验，支持数据的发掘和操作。这不会对物理世界产生影响，但在未来十年内，虚拟现实在几个领域里将越来越重要，尤其在"元宇宙"（下一章将予以特别关注）到来之后。通过虚拟现实，设计师、操作人员和最终客户将沉浸在物理世界或未来物理世界的表征中。通过网络空间里的活动，他们可以改变数据，引起执行（制造）的改变，或与其他虚拟实体交互的改变，导致物理世界的改变。注意，通过虚拟空间进行间接交互的方式也可以用于抽象和聚合，比如智慧城市的运行就要借助虚拟空间的模型。智慧城市既是一种抽象概念，又是聚集了多种成分的城市模型。与智慧城市交互时，操作人员可以间接影响其中所需的系统。

由于数字化转型，"原子到比特"逆转为"比特到原子"，这一点饶有趣味。这就是所谓的增材制造（additive manufacturing）。由于底层技术的发展，3D 打印呈现上升的发展趋势。增材制造起初用于快速原型机制造（prototyping），现在已进入主流制造业。由于打印速度快，3D 打印已产出重大成果。在打印过程中用各种材料和不同材料，可以制造产品和配件。如今的 3D 打印已完全自动化，通过计算机指令把虚拟模型转化为物理制品。

3D 打印的另一个优势是可以生成其他工艺，比如生成标准锻造和铸造不可能生成的形态。这一结果使耗材减少、产品减重、抗压增强、浪费减少。

在未来的十多年内，3D 打印的成本会进一步降低，走向分布式制造（通过互联网实施控制），材料运输减少，定制化（customization）增加，库存降低（"实时"制造）。

5. 辅助系统

数字化转型正在改变企业、制造业和社会进程。这就需要辅助基础设施的变革。我们的整个社会都建立在基础设施之上，基础设施既赋能又限制社会运行，影响我们使用的产品和服务。

数字化转型利用一切业已存在的基础设施，既是因为它仍然不得不与原子和物理世界打交道，还因为白手起家搞基础设施既没有意义也不实际。然而，数字化转型将改变基础设施，要加入新的成分去管理和使用比特，并将比特和原子整合在一起。

我们将见证如下的变化：

（1）现有基础设施逐渐自动化，从自动驾驶汽车和自主运行的火车到自选路由的商品，从自平衡电网（智慧电网）到自愈道路（self-healing roads）……

（2）从通信基础设施到通信结构的发展；

（3）分布式云增长支持边缘计算（edge computing）微数据中心、胶囊数据、基于意义的数据访问；

（4）全球范围平台和垂直特定平台，包括服务平台（PaaS）和工具，比如人工智能、数据渲染（Data Rendering）、语音接口管理（Voice Interface Management）、计算摄影和图像识别（Image Recognition）……

从历史角度看，基础设施是自上而下建设的，中央权力机构（建设和维护基础设施曾经是国家的责任）协调众多参与者（包括服务于另一连接计算机的系统……），规制其使用（付费、获取使用权等方面）。

这曾经是近现代基础设施发展的情况，包括铁路、高速公路、电信网络……尽管我们在这里看到私人资本和倡议的进入，但"国家"仍然有发言权，能够授予特许权，并规范其使用和运营。

基础设施的互用性（interoperability）问题，比如使用相同路轨、量载规（loading gauge）、相同的电压频率的问题不久就被摆上了台面，虽然各自的解决方案有所不同。标准的设计能够确保互用性，不过反过来未必行得通，不得不找到"硬"办法：比如更换转向架（bogies）以便允许铁路货车在宽窄路轨之间变换；1992年欧洲铁路路轨标准化之前，法国和西班牙就不得不变换路轨。

转向基于软件的互动后，互用性和标准开发的问题就简单一些了（如果变换一个接口去使用另一个接口不实际，你需要两个软件变换器去匹配两个软件接口）；与此同时，鉴于产品增多，而企业需要使其产品有区分度以获取利益，互用性问题也随之增多。JPEG图像标准解决了图像表征问题，任何应用程序都可以阅读这些比特，渲染同样的图像。在过去的 20 年里，我们还在用 JPEG，但每部上市的数码相机都有自己的方式来生成图像的数字副本，每部相机都需要一个转换器来生成一个互用性文档，比如 Adobe 数字负片（DNG）。

所有这些问题都存在于数字化转型中，需要用辅助工具来解决这些问题（同时它们又生成标准和互用性问题）。鉴于以下一些事实，这些问题的解决更为必要了。这些事实是：数字化转型无处不在，发生在不同的地域——而各地执行不同的规制框架，在不同的垂直系统中，而垂直系统各有其传统和特殊性，不同的集团各有其动机和目标。

有时，互用性被视为竞争优势，能把客户锁定；其他时候，它是发展速度和尽快上市的需求产生的不可避免的后果。开发软件"包络线"（envelope）以支持互用性并解决互用性里的问题已成为可能，但又会对软件和数据（本体）标准化的发展产生影响。

6. 现有基础设施逐渐自动化

几十年来，我们都在用计算机检测基础设施，分析其运行和性能的数据并进行矫正。因为基础设施的要素变得越来越灵活（计算机化、智慧、可访问、可重新配置），我们获得了越来越多变革的能力，常常能实时应对不断变化的情景（载荷、失灵、优先选项……）。这样的控制越来越去中心化，因为基础设施要素能察觉其环境，"知道"自己的目标，作出自主决策。基础设施的机器人化是流行的趋势。基础设施开始利用自主机器人，更灵活、更高效，在有扰乱的情况下尤其如此。紧急情况下（洪灾、地震……）的自部署基础设施正在设计当中，它们都拥有自主元素，有自组织能力。

我们也在逐渐成为这些基础设施的自主、智慧的用户，比如成为未来几年将要变成现实的自动驾驶汽车的用户。其短期目标是让自动驾驶汽车安全地"驾驭"道路基础设施，远期目标是让自动驾驶汽车和所有的基础设施能够最高效地"驾驭"。这需要所有的基础设施自协调，其中保障安全是最基本的条件。

就在这十年里，智慧基础设施及其用户的交互将进入研究者的日程，大概会生成基础设施概念化的全新方式。

今天，基础设施与其用户之间有一条分明的界线。未来不会这样（参见下一点）。我们正在走向基础设施及其用户交互的这样一个情景：用户可能成为基础设施不可分割的一部分，用户将定义基础设施并将辅助其运行和能力的发展。

请设想一座智慧城市的前景。如果你分离基础设施及其用户，即公民，你就不可能使总体的效能最大化。你不能随意拓展初始的道路，更不能实时地拓展，但你能控制交通路线（或能防止交通堵塞加剧）。更进一步的话，你能让市民了解他们的选择空间，培育使用公共交通的文化，把汽车换成自行车或可折叠的小型摩托车，鼓励发展共享交通工具。你可以创建一套数字基础设施，使人们的分享更有效，能实现无缝对接。这套数字基础设施叠加在物理的道路和交通工具上，能够改变运输基础设施。这将是基础设施的数字化转型。而且，这套数字运输基础设施将能觉察到交通繁忙点，比如剧院、音乐厅、重大事件发生地、大甩卖场地、物流配送车队，并与之交互，借此确保高峰期交通不拥堵。

其他类型的基础设施需要另外类型的交互，比如制造业基础设施必须要与供求链交互，与零售点交互，最后要与客户交互。归根到底那都是将基础设施分割成资源，使之在需要时能灵活分配。正如上文所写，那是这样一种转移：基础设施用户不再被视为需求生产者（对需求进行约束）而转变为基础设施的资源了，用户成了"可以管理"的资源。这里所谓的"可以管理"实际上应该被解读为自我管理、自主互动，其基础是本地意识，被精心协调以产生新兴的全球行为。

二、业务使能技术

1. 收获数据价值

我们说"数据贵重"，那不是完全真实的，看看周围的人们如何每天免费使用数据的情况足矣。获取和使用在数据世界里几乎是同义词，在物质世界里却不是同义词！

即使在付费获取数据的情况下，价值通常也蕴藏在数据以外的东西中，比如访问数据、使用数据派生出来的便捷性和有关那些数据的知识。一首歌的定价是 99 美分，但人们付费不是为得到那首歌，而是其触手可及的便利性。提取油管视频的音轨就可以得到那首歌，并不需要付费（油管肯定有这首歌的视频版本）。支付 99 美分，你就能节省时间，而时间是珍贵的稀缺资源。

因此，重点是你如何获取数据价值？

基本上，数据价值的增加有四个层次：

（1）事实层：这是数据采集层。你可以通过传感器把一个物理特征转化为它的数据镜像。比如，交叉路口的摄像头能获取数据，软件应用能据此检测到交通堵塞。这是事实。这一事实可能是一个数字（比如 0= 交通流量正常；1= 流量慢 / 阻塞），也可能是一组数字（车辆数，通过交叉路口的时间，小车、卡车类型……）。这样的事实信息每个人都可以获取，对位于附近靠近交叉路口的人而言，其价值更高。

（2）分析层：事实数据被分析，与其他数据比较以得出正在发生的事情。再以这个例子说明，软件应用能比较此刻交叉口的情况与几天前交叉路口的情况。结果可能发现，车辆行驶缓慢在某个时段反复发生，也可能只是这一天的异常而已。在这样的情况下，你可以看其他数据，比如一场正在进行的活动、刚结束的足球比赛都有可能是车流量大的原因，或者是车祸的警讯。同样，分析的数据（元数据）人人可以用；有了非常态信息后，可能会受影响的人也可以从中获益。

（3）预测层：这是进一步的软件应用，事实数据和分析数据两者皆用就可以预测在不加干预的情况下会发生的事。交通堵塞会加重吗（更多汽车正在交叉路口汇聚，处理事故要花一些时间）？大约 15 分钟后就消失吗？同样，预测的信息也可以提供给用得着它们的人（觉得其信息价值更高的人）。

（4）规定层：一旦知道如果不加干预就可能出事，规范性分析应用程序就可以用来评估语境变迁时所产生的不同结果，即物质世界受到的影响。再以上述例子予以说明。如果不采取措施，很多车都会涌向交叉路口，如果对交叉路口车辆的流向有所了解，就可以指引每一辆车改用其他路线，使之绕过拥堵的交叉路口，避免情况恶化，并节省行车人的时间。这样的知识可以从智能手机的移动地图中几个星期和几个月内的数据中获取。在保护用户隐私的情况下，电信公司可以给手机持有人发出诸如此类的短信："如果你要去 A 地，最好选这条线路，因为路口 XY 现在拥堵。"显然这为短信接收者提供了最有价值的信息。

请注意，数据价值增加的四个层次适合任何情况。数字化转型通过镜像原子（物理世界及其活动）来生成事实数据，这些数据可以作为历史记录被存储起来，一旦与其他数据流发生关联，它们就会生成有价值的信息。又请注意，从观念上看，一切数据都同时、同地存在，即存在于网络空间。实际应用中，数据可通过应用程序接口（API）获取。由此封装的数据能够保存所有权和隐私。这些信息的使用可以通过应用程序接口进行调节和监控，以实现价值增加、聚合、分享和监测，同时也可以确保所需的隐私级别。知道哪些车在交通堵塞中被堵不是重要的，重要的是检测造成堵塞的是什么问题、堵塞到什么程度，以获得堵塞发展趋势的相关信息。

数字化转型正在发生，那是因为有强大的经济／商业动因。转型聚集在增长的驱动因素（growth drivers）和运营影响（operational impact）两个领域。我们用这样的先后顺序介绍这两个领域，是因为现有企业多半是由运营效率（operational efficiency）推进的，只把增长视为第二优先的选项。许多人会坚称，增长可能比运营效率更重要，尤其在变革和扰乱的时代；但在我们的经验中，大多数企业向媒体（和市场）宣示革新和增长的目标，对内却更注重工作效率。初创企业则有所不同。对它们而言，效率不是优先选项，革新和扰动市场才是竞争杠杆。

2. 运行的改进

流程效率

在过去的 50 多年里，计算机的普及需要把许多参数转换为数字数据（纸上所写、传感器捕获和计算机生成的数据）。这些年来，重点更多放在计算机辅助操作上，有时用计算机化的资源读取人力资源（装配线情况、工资支出、仓储、客户服务等）。

有些产业、市场板块已发展到这一步：即使并非大部分，但至少已经有许多活动在网络空间里进行了。在此，重新思考尽可能把公司运行和业务流程转移到网络空间这一做法，不仅可行，而且有利。我们看见网络空间里从零开始的新型银行（Neobank），它们没有物理上的前厅；我们还看见现有的银行正在重新设计其业务运行、减少物理实体的存在。当然还有绊脚石，比如你在网上交互之后发现，你需要到一个物理场所去签署一个文件（或者银行用电子邮件发给你一个文件，要你打印、签字，再用电子邮件把文件传回银行！）。电信运营商也在"过渡"船上。新的运营商完全在网上设计流程，他们没有物理实体，因此只进行网上流程。另一方面，原有的运营商陷于物理交互的流程，会给你送去文件并请你签字以后再用蜗牛邮件寄回去。

数字化转型已影响到若干产业领域，比如：

（1）工业 4.0 极大影响供给和制造阶段，一定程度上影响物理实体软件成分的交付和运行。注意，像其他领域一样，工业也用计算机辅助其"物理阶段"，不过这样的辅助并不和数字化转型绑定（它产生于数字化转型之前）。

（2）智慧城市利用城市元素（实体、流程和市民）镜像的数据，在网络空间里用数据来执行流程。策划、模拟和配置资源的运行时间都发生在数据空间里。

（3）零售：这十年内，由于数据和自动化会发挥重要的作用，零售空间将急剧变化，不过数字化转型多半影响的是商业和消费习惯。借应用程序访问"店铺"将成为常态，利用店里摄像头拍摄的消费者行为也将成为常态，利用店里摄像头监控商品的使用、商品与顾客的关系、环境和商品服务亦将成为常态。

（4）数字化转型对今天的医疗保健只产生边际的影响，但几年内情况将剧变，受到扰动。向主动医疗保健的迁移多半要依靠数据的使用。显然，大流行病促进了医疗数字化—如电子药物处方（e-drug-prescription）—和数字化转型的发展，如远程诊断、远程咨询、远程监控。一些公司完成了全流程的数字转型，创建了电子保健业务。

（5）银行业：金融本质上多半基于数字，已经在网络空间里运行。但数字化转型正在把今天的物理程序转移到网络空间里，就像没有物理实体的新型银行一样，这决定着物理实体和玩家之间的风险平衡。

这些例子清楚显示出一个转型期。显而易见，向线上空间的迁移会提高效率，这就是数字化转型的驱力。

资产利用率

相比而言，复制比特比复制原子容易得多。让比特移动起来，其成本也由使用的各方分担。比如，在很大程度上，电信基础设施（大部分都由电杆电线等物理资源组成）正在向抽象表征迁移，它们按照网络空间里的需求进行配置。这使更高的使用率成为可能，从而使成本降低（推迟需要的众多物理资源的投资）。想一想，从你家到最近配电房的双绞线平均占用了 1.25% 的耗电量，就能看到基础设施连接里的浪费是多么严重！今天，你的智能手机的无线连接可能并没有显示更高的利用率。实际上是更高了，因为你对手机的使用远远不只是打电话！且由于无线连接的用户很多，所以无线连接的实际使用率上升到 40% 左右。网络切片（network slicing）、网络功能虚拟化（Network Functions Virtualization, NFV）、软件定义网络（Software Defined Network, SDN）等技术都有助于使用率的提高。这个例证基于电信行业，但同样适用于大多数其他企业，只要你有可以转换为数字资产的物质资产，这个例证就是适用的：

（1）试想在胶片上和在网络空间里用数字记录电影的差异：用数字时，你能无数次平行地使用这一资产——电影。更好的是，数字的传播成本极小，且每一个副本都是母本；

（2）试想优步（Uber）。网络空间里交通的视像化使资产利用率最大化，为优步驾驶员提供多得多的接单次数；

（3）试想法国拼车公司 BlaBlaCar。在网络空间里配置座位就可以使汽车满载，让车主与乘客分担成本……

灵敏性

处理数字容易得多（虽然不应忘记黑客构成的巨大威胁），这给了企业与市场同步变化的可能性。这是驱动数字化转型的强大动力之一。工业 4.0 版本利用数字向网络空间转移的灵敏性，利用市场反馈直接与供应链和制造商的连接。灵敏性这一特点可能会提高效率，能支持按需设计和按需制造（为此正在创造新的业务，其目标是让最终客户能够参与设计，在按客户需求定制的基础上又迈出了重要的一步）。

3. 新的业务和服务模式

动态定价（dynamic pricing）可以被视为数字化转型产生的灵敏性的一部分，或可以被视为新业务和服务模式的一部分。如何看待它并不重要，因为这仅仅是分类问题。无疑，数字化转型使创造新的业务和服务模式成为可能（如以上优步公司和法国拼车公司两个例子）。总体上，产品数字化和价值链数字化使产品转化为服务成为可能，使服务从侧面辅助产品。显然，这深刻影响了企业与市场、最终客户的关系，对与企业价值链和生态系统里其他玩家的关系也产生了深刻的影响。

我们先考虑第一个问题：确定并应用一个新经营模式。它们是一个问题的两个方面，都重要，涉及迥然不同的战略，对企业/机构也产生截然不同的影响。

出发点应该是分析"现状"将如何改变：从商业价值和经济学的观点去实施数字化转型（DX）时，供给/生产/交付/客户服务……有何变化。这一点很重要，因为大多数情况下，数字化转型会改变产品/服务提供的价值。显然，根据定制信息提供服务更好，仅提供现成的服务就差一些；这就是说，最好是既提供咨询又提供教育材料（基于顾客实际需要的课程，比如在认知数字孪生体的协助下确认的顾客实际需要，第三章和第五章再详细讲）。这一切显然都改变了产品/服务的价值和进入市场的情况。

数字化转型包含数字化转换（那些已然进入数字空间的公司已具备这一条件）和数字化升级。对已经进入数字空间的公司而言，流程再造并非必须——许多公司简单复制物理空间里的流程去服务网络空间即可，但它们可能会失去网络空间提供的优势。

数字化转型的实施可分步进行，可聚焦于商务"切片"。比如，公司可通过一种或多种运行方式来研究一个新业务的可行性（比如说教育或咨询业务），或可以探索在某一领域（比如在工作区部署私有5G）开展教育咨询的可能性，以利用多种活动的能力。

在"数字现实倡议"（Digital Reality Initiative）的语境里，电气与电子工程师协会（IEEE）显然在网络空间里拥有许多资产和流程，但我们不能说，它完成了数字化转型。但就其业务而言，数字化转型是可能的。该协会本体上的一个子集、即与一个人或一家公司挑选的"切片"相关的业务，是可以被组织起来的，可以成为个人数字孪生体的一部分。当然，每一个个人数字孪生体都不同，因为它都需要反映那个人的知识。IEEE开发的工具可以确定知识差距，能通过一组个人数字孪生体集聚代表一家公司的知识。此时，公司在两个层次上成了"客户"，一是人力资源层次，即资源知识管理层次，二是项目团队层次，即发布所需的可执行知识的层次。

从以上数字化转型的讨论看，情况应该很清楚了，如今的变革显然在利用数据和技术。重要的问题有两个：

（1）确定并应用一个能利用数据获得收入的商业模式；

（2）重新思考组织流程，使之与所用的商业模式种技术同步。

这两个问题是企业/机构面对的真正障碍，处理不好可能会导致公司的失败。我们先说第二个问题，企业的流程再造。

大多数公司采用技术是为了适应当前的流程并支持当前的商业模式。容我重申：这不是数字化转型。它只是使公司提高效率和增强自动化的一种方式而已。真正地利用技术需要公司流程的再造。

若不能重新思考其组织流程，公司会面临风险（很真实的风险！），会使成本增加，因为技术投资会"缀加"在现有的成本上。

大多数时候，公司已然或即将意识到这一点，开始重新思考其流程了。在我们的经验中，大多数公共机构尚未意识到流程再造的需求，或者由于不得不遵守条例/法律而不能流程再造。

一个组织流程再造的挑战是，流程再造会影响其资源和资产。有时，受影响的资产会影响公司的估值（股票市值）。试想一家电信公司将业务从物理空间转向网络空间，用虚拟资源替代物理网络资源。它们的"账面价值"无法列出这些实物资产，必然会减少公司总价值，而总价值一直是它向银行借贷的担保（电信领域的情况很类似，从铜线向光纤过渡时，铜线基础设施贬值）。除了物理资产可能的贬值外，还有人力资源问题。转用光纤可能会减少人力的需求（因为自动化，活动或是由机器/软件完成，人力需求或全部消失），需要拥有另一套技能的人力资源（现有人力资源的再培训并非总是可行的，经济上可能难以承受）。许多情况下，物理资产和人力资源的两个问题都存在。

三、社会使能技术

我们看到，数字化转型会对社会产生重大的影响，正反两面的影响都有。有人已经在思考其中一些的影响。至少从潜在可能性来看，数字化转型是由文化和"习惯"的发展而实现的，主要的习惯是使用智能手机并将其作为通向网络空间的桥梁。在不到20年的时间里，数据从商界人士的珍稀玩物变成每个人生活不可分割的一部分，我们不能准确定位这一变化的时间点。

实际上，如果不是数字技术对日常生活产生了深刻的影响，数字化转型只不过是促进经济生产和分配的又一个技术系统而已。数字化转型始于计算机，因互联网而快速渗透人们的生活。在"数字原住民"概念出现之前就已赶上潮流的"数字移民"仍然记得，等待"联网成功"在显示屏上闪现的时间是多么漫长而令人焦虑。在这段时间里，他们期待基础设施、接口、应用程序和设备每个月都有所改进。人们的需求日益增长。这个趋势在2007年6月达到一个平台期，首个智能手机iPhone把即时联网的一切服务和好处集于一身，放进人们的口袋里了。

智能手机在韩国的渗透率达到了95%，在发达国家达到60%以上。值得注意的是，智能手机在发展中国家的渗透率也在快速增长，2020年超过50%。智能手机是进入网络空间的门户，已经非常普及，用智能手机如今是理所应当的"习惯"。你不必教人如何用手机，或者是因为他已经熟悉手机，或者是因为环境在促使他们学习如何使用。

通向网络空间的这座桥非常高效，你几乎可以说，我们已经生活在增强现实的世界里。每当需要信息时，只需要几次触屏即唾手可得，人们把数字信息和现实世界的交叠视之为理所当然了。

公司在利用这一趋势，它们倾向于在网络空间里开发服务，因为公司知道，这些服务方便人们随时随地获取。

数字公民身份还在改变政府机关与公民的关系，多半是以手机为中介。上网去获取内容、使用银行账户、检查和记录体检结果、投票选举等很多活动都依靠智能手机实现（也越来越频繁地使用生物识别认证）。

使用智能手机能够降低提供服务的成本，从而促进产业发展；在良性循环中，数字服务越来越多，促进了数字文化发展，使用户习惯于期待越来越多的服务。

当然这将导致程序转型。迁移到网络空间后，数字服务需要经常变化。"人"作为中介将会消失，人们会习惯用应用程序与机器交互。

一系列技术改变了人们的心态和习惯：

（1）互联网、社交媒体、移动通信、云端成为生活的一部分。人们把以下现象视之为理所当然：租的房子配备互联网，社交媒体是获得信息的方式，少数几个人拥有信息的不对称情况已经被打破。钱包忘家里不必回去，而手机忘了一定要回去，云端已成为娱乐、照片的储藏所……

（2）大数据分析、人工智能、3D打印、可再生能源、物联网、认知系统、纳米技术、机器人技术甚至区块链不再是工程师专有的术语。人们未必知道这些技术为何物，但它们已融入了日常。

一方面，数字化转型所培育的技术汇聚起来，能够刺激并加速技术的进一步发展。不久前，产业界一位重要玩家提出超球面（hypersphere）的协同进化（synergetic evolution）的概念，之所以叫超球面，是因为其多维性以及协同进化所产生的加速。另一方面，技术汇聚还有经济基础，能刺激并指引公司去加速技术的使用；最后导致社会环境的变化和新社会景观的设计，反过来对公司和机构施加压力。

技术如何渗入人的生活呢？让我们听听一个最早一批使用计算机技术的人怎么说。

1. 第一阶段：上网

1981 年至 1983 年，德里克·德克霍夫用文字处理软件 WordStar（MS Word 的前身）写了几篇文章，最终结集成书《大脑框架、技术、商务与文化》（*Brainframes, Technology, Business and Culture*, 1991）。他用的是 1982 年买的笔记本 Osborne 1。彼时，他享受学术休假待遇，正要去法国南部的普罗旺斯艾克斯大学（University of Aix-en-Provence）。他并不知道，这台加拿大购买的电脑是否能适应 100 伏转 220 伏的电压，也担心欧洲的频率周期（60 和 50 的差别），只能祈求好运。所幸的是，这台笔记本 64 KB 的内存运行相当好。其重量比老式播种机略轻，合上以后外形与播种机无异；暗灰色的显示屏使阅读很困难；用 WordStar 写一句话要完成 6 步操作，绝对没有单击、拖动、复制和拖放之类的奢侈；首先要按住控制键，在文本前标记 KB，在选定文字后标记 KK，然后输入指令 KM，最后输入指令 KV，把这段文字插入你修订的地方。这只是一个"自发的早期网络尝试者"的经历，许多像他一样的人都热切地使用互联网，尤其那些经常外出、只关心所住酒店是否有无线网络可用的人，丝毫不在乎要为此付费。

2. 第二阶段：等待宽带

今天我们以纳秒的速度生活，很少有人记得或知道，等待 email 在显示屏上一个词接一个词出现，那是什么滋味。对网络连接的饥渴只能由早期上网者那无穷的耐心来计量，最早的电子邮件阅读器 ELM 是 1986 年初发布的，PINE 阅读器是同年稍晚发布的。今天的人不知道在旅店前台问"你们有互联网吗"的焦虑是什么滋味，在房间里不能上网急得发疯是什么滋味，也不知道我们找到可以信任的以太网时有多么高兴。

第二阶段对应的是互联网被视为理所当然的时期，尤其对应 1993 年 1 月 2 日《连线》杂志提醒读者注意"新媒体"重要性以后，以及 1994 年 4 月 4 日吉姆·克拉克（Jim Clark）推出网景浏览器 Netscape 以后的时期。最后，连比尔·盖茨也意识到互联网日益增长的重要性，在 1995 年 11 月出版的《未来之路》(*The Road Ahead*) 里，他确认了互联网的商机。起决定性作用的证据也许是尼古拉斯·尼葛洛庞帝（Nicholas Negroponte）同年出版的《数字化生存》(*Being Digital*)。德克霍夫的贡献是《大脑框架》的更新版《文化的肌肤》(*The Skin of Culture*, 1995)。虽然有几章纳入了他本人对互联网的思考，但 1995 这个版本的内容还是由电视主导，反映了等待宽带的这个阶段。

互联网的早期用户主要是在学界，偶尔在艺术界。商界注意它还要再等 5 年。加拿大还在研究可视图文（videotext），法国的通信业还在犹豫是否要抛弃他们的迷你网（Minitel）。又过了 15 年，向宽带的转型才得以完成。加拿大政府称，它于 1996 年就提供了宽带，但最早的高宽带出现在 1994 年 12 月 4 日的意大利。由于尼古拉·格罗索（Nicola Grauso）的努力，"在线视讯"在撒丁区（Sardinia）实现了。

3. 第三阶段：社交媒体登场

第一家社交媒体平台出现的时间没有定论。有人说它于 1997 年初露面，名为"六度站"(*Six Degrees*)。正如其名，旨在借助"六度分隔理论"建立起地球上任何人与另一人的连接。 另有人往前推两年说，TheGlobe.

com 平台实际上于 1995 年创建，1998 年公开。公平地说，社交媒体的发轫必须归功于蒂姆·伯纳斯 – 李（Tim Berners-Lee）和罗伯特·卡里奥（Robert Caillau），他们于 1989 年发明了万维网（world wide web）以助力粒子物理学研究，并或许助力了研究人员间的交流，1991 年向公众开放。1996 年，霍华德·莱茵戈德（Howard Rheingold）加上 "social"（社交），使之成为 "social world wide web"（社交万维网），但这个新名字没流行起来。1999 年，尼克·迪努奇（Nick DiNucci）发明了 Web 2.0。2004 年，蒂姆·奥莱利（Tim O'Reilly）使之普及。

我们在本章开篇时暗示，数字化转型提出了挑战性的问题：

（1）谁在控制和影响我们对现实的感知？当然这个问题一点也不新鲜，媒体对社会的总体影响和对个人的影响是被研究得很透彻的一个领域。其新特征是透明度的丧失和其有效性不断增加的影响。

（2）过去我们有一个客观的现实，我们可能在对客观现实的解释及其意义上有不同意见，但我们的起点是相同的。现在我们目睹的是，两个人的出发点可能不同；一旦有技术的中介，现实就是主观的。谷歌搜索能提供一个有说服力的例子：两个人搜索相同的语词或句子，他们会得到不同的结果（链接），这些结果是根据个人经验 / 兴趣定制的。问题是：每个人都把那些结果视为 / 感知为 "事实"。而问题是网络空间极其庞大而复杂，由数据关联分析派生出来的语义网络空间超乎了人的理解范围。

社交媒体对人们生活的渗透已描绘得很详尽，但还需要继续研究它们对人际关系的深层影响以及它们将塑造一个怎样的世界，有些研究结果将要在本书的最后一部里介绍。

第二章　数字孪生原理

借用数字（比特和软件）来孪生硬件，这是数字化转型的主要原理之一。

一切背景（ground）都根据驱力或偏好生成外形（figure），我们将这些驱力或偏好称为原理（principle）。上一章集中讲数字技术，将其视为今天全球数字化转型的基本"媒介"背景。但显而易见的是，正如我们在绪论里所言，任何生态里都有许多汇聚的背景，数字化转型在世界各地遭遇的背景是不一样的，数字化转型能够支持和提升一些背景，但又与其他的背景相争相搏。比如，数字化首先支持制造业，我们已经证明过。反过来，制造业是支流，汇入生产的背景原理；生产本身又倚重对经济背景的回应，而经济是整个外形网络的背景，这个外形网络最终要遭遇许多其他变数，形成社会生存的基本需求。这一切是由运行原理塑造的，我们不必深入探讨所有这些原理。认定数字背景的主要原理就足以了解它们如何塑造外形。在这些主要原理里，我们重点讲述五个方面。它们是：（1）用数字（比特和软件）孪生硬件；（2）将知识的认知包络（cognitive envelope）赋予硬件以生成智能功能（intelligent function）；（3）支持不同程度的自主性（autonomy）；（4）控制自主性以保障安全和效率的需要；（5）最后是整合价值链（设计、生产、推销、运输和交付、工资发放、会计和上报），生成一个总体的管理系统。

第一节　孪生

正如绪论所示，数字化转型的主要驱力是赋予物质客体可操演性。为此目的所用的策略之一是用数字模拟去孪生客体。起初，设计和模拟走在客体得到实现之前。一辆车、一幢楼甚至一把钥匙都在计算机上设计，接着是使用计算机辅助设计（CAD）和计算机辅助制造（CAM），最后生成需要的物品。

制造业率先采用数字孪生技术。这样做不足为奇，因为计算机辅助设计和车间设计扎根于 20 世纪。拿着计算机辅助设计的数字模型，将其用来模拟，操作数字和机器人去制造部件并将部件装配为成品——这是一个简单而自然的步骤。物联网已成了工具箱的一部分，已开始在车间里普及，它支持监测、控制、运行和维护并能够嵌入产品中。所以把所有这些数据与数字模型联系起来并生成数字孪生，那仅仅是一小步而已。

计算机辅助设计已变得非常精致。诞生之初，它们仅仅是工程师的独立绘图工具，如今它们已成为产品设计的平台，能够嵌入制造流程里的一切资源和约束。在这个意义上，设计师不能设计无法嵌入平台的产品，他的设计不能是平台嵌入的流程或资源所无法制造的产品。倘若设计师想要强加平台当前框架所不能实施的特征，设计就会亮起红灯，即使解决了问题，他的设计也不能抵达批准阶段。有趣的是，一些"平台"允许动态模拟，也就是说在设计的过程中，意向产品的特征、特性可以在平台语境（运行环境的现有元素或部件）里预演，模拟其相互作用、共享资源的使用、总体的影响，从而提供关于产品性能的即时反馈。这一虚拟的产品是

"在建"（under-construction）的数字孪生体。

大体上，由于物联网和传感器捕捉了现实的方方面面，越来越多的原子正转化为比特。人工智能、数据分析以及比特交互的各种方式也在促成这个转化过程。但这不是单行道，3D打印走的就是逆行道，仿佛是在给思想赋予血肉。3D打印是魔术，是用"数字指令"召唤新的物质。物质和思想的关系不会止步于此。计算机辅助设计为数字孪生提供一个数字模型，人工智能给数字模型点睛，使之"智能"，更重要的是使数字模型"可以执行"。人工智能搜集客体信息，挑选适当的措施去监控并改进其运行。这一切在2002年以前业已发生，当时，工程师迈克尔·格里夫斯（Michael Grieves）首创了一个词"数字孪生"。在过去的20年里，这个观念飞速发展，如今它每天都在激励各种新的应用被创造。因此，我们有必要写这本书，以盘点正在发生的新动向。

如是观之，正在使用且在数字孪生里发挥重要作用的关键技术是用数据去映射物理的实体。数据可以是物质实体的虚拟副本，用数据去分析物理实体的地位，对其进行模拟，这个虚拟副本还可与其他实体的虚拟副本互动。一个数字孪生体可能在物理实体前存在，通过一个数字模型去表征那个物理实体，在规格说明和设计阶段用来微调模型（由几方人士提供不同的组件），最后被用来指引物理实体的制造（装配成终极产品）。在产品制造的过程中，对应的数字孪生体生成一个样品，生成具体产品的镜像，且这个孪生体会终生陪伴其物理实体。

整个演化过程建基于网络空间里物理组件的镜像；通过数字孪生，这些数字孪生体及其交互将支持感知和决策。人工智能和机器学习在知觉的生成和决策中发挥重要的作用。

一、模型、影子和线条

数字孪生体是工具，能够支持网络空间里的许多实体和程序。数据向网络空间的迁移生成其物理空间里实体/程序的模型；传感器提供的数据流支持这个模型的"影子"（shadow）；所有的数据全部存档，构成模型表现的"线索"（thread）。如此，数字化转型就产生了数字孪生的三个组件。

物理实体的数字副本是物理实体的镜像即数字模型，它追踪实体的发展和当前状态，生成物理实体的影子，存档物理实体的发展，并提供其发展的线索。

这个定义里隐而不显的第一点是：数字孪生从来不是物理实体的真实"副本"。首先，这个数字副本是"镜像"（mirror image），换言之，它不是原本的完全复制，只不过是观者得到的"镜像"。其次，已经（通过影子）更新至当前状态的数字模型只是物理实体的不完全模型。它没有过去的"记忆"（至少是未必有），不过，它能持续根据周围的环境条件不断地进行自我更新。再次，因为它是一个形象，反映且可能存档物理实体的活动，所以它含有其活动线索，呈现物理实体此刻的"事实上的样子"。

由此可见，数字孪生用比特模仿物体的原子及其结构/功能关系，但它未必表征其一切关系。从概念上讲，那是不可能的，你不可能用无穷高的精确性去表征一块原子电子云。然而重要的是，上述的表征已足够精确，可以支持追求已认定的目标。比如，如果你想要检查引擎的工作情况，你就需要表征它与目标相关的各个方面，却可以忽略引擎涂漆的颜色。然而，如果你要映射一辆汽车，涂漆的颜色就很重要，因为车祸以后重新给车体喷漆时需要知道原装涂漆的颜色。

相反，数字孪生体可以而且常常含有多余且不同于其真实对应体的成分。比如，一台引擎的孪生体可能含有配件供应商的清单，含有机器人和总装工人的身份。数字孪生体还是其对应物理实体的历史储存所。如此，一台引擎的孪生体就可能包含其维修和运行的数据，比如飞机引擎的孪生体就包含每分钟监测的情况，包括转速、油耗、压力、温度等数据。

现在讲第二点：数字孪生体的使用方式变化时，我们就需要改变数字模型。处理数字模型时，一个重要的方面是我们能怎样构建模型，以及如何构建模型。上文业已介绍，在制造业里，数字模型的存在通常先于物理实体。在其他领域比如建筑领域中，数字模型可能来自于建筑信息模型（Building Information Modelling, BIM）。建筑信息模型是建筑行业里的工具和标准，在这里，数字模型同样先于物理实体。在其他领域比如电子健康档案（Electronic Health Record, EHR）里，数字模型却可能晚于物理实体。数字模型可以是"类别化"的模型（像计算机辅助设计生成的模型），但它需要实体化，以物理实体的身份被使用。制造过程能够而且的确生成了许多相像的"个件"，但每一个"个件"都和一个特定的实例联系。所有这些实例都分享同一个数字模型，但含有不同的影子和线索。

建构数字模型还有另一种方式：通过观察物理实体的交互建构。以亚马逊的数字助理 Alexa 为例，通过它与用户的交互，它能学习并归档用户的请求，并用机器学习（ML）去建构用户行为的大致模型。谷歌用同样的程序去定义自己回复用户的方式，以适应其搜索者的请求模式。因此很可能，你从谷歌得到的建议我得到的回答完全不同，即使是同一时刻的回答都不相同。我们的语境不同，而谷歌的回答响应的是语境，而不是你问题的文本。机器学习能开发用户语音的数字签名，足以精确到区分不同的用户，因此它用不同的"实例"交互，这些"实例"技术上来说就是数字孪生。当然，数字语音签名表现出的模型也并不只有唯一一种（一个人说话的语调不同），而 Alexa 能演绎出用户情绪的信息（并作出相应的反应）。交互里的信息当然很多（用户需要什么、什么时候要），这些交互能帮助建构用户习惯、兴趣等信息的模型。我们将证明，这种建构、拓展数字孪生体的方式能成为工业 4.0 框架里重要的制造业资产。

二、孪生程序的步骤

过去的十年见证了数字孪生体概念的演化。起初是物理实体的模型（第一阶段），多半用于设计阶段，然后生成现存物理实体的镜像（第二阶段），镜像用作物理实体运行的参照模型，因此引进了"实例"这一概念（"实例"在第一阶段不存在，数字孪生只能代表一个涡轮机模型，而不是一个制造好的具体的涡轮机）。继后是数字孪生里的线索成分和具体"实例"的发展记录（物理实体是如何被制造的，如何被定制和销售的）。随后的发展可以被命名为2.5阶段，引向物理实体当前状况的镜像（"实例"的概念在这里很重要，因为同一产品的几个实例处在的不同阶段，取决于它们被使用的阶段）。使物理实体与其相关的实例同步运行的方式是不同的：不是将单纯的数据录入到继续不断物理实体的数据流中；物理实体通常利用嵌入物理实体的传感器和物联网，并通过数字孪生体网络连接。这就给数字孪生体加上了数字"影子"元素（数字模型、数字影子、数字线索补足了今天数字孪生体的三个要素）。

同步化：在第三阶段，今天的大多数产业都用上了数字孪生体，我们有物理实体与其数字孪生体的双向交互。这就拓展了数字线索，数字线索记录运行和维护过程中一切重要的事件，记录影响物理实体运行的能力。这一步标志着和初始数字孪生概念的分离，起初的数字孪生是物理实体的被动再现。一旦数字孪生体能影响物理实体，它就可能成为潜在的主动因素。今天，这种情况尚未发生；数字孪生体作为"门户"，指引外部控制者操控物理孪生体。两者的互动并不是数字孪生体自主决策的结果。

功能委派（delegation）：下一步是使数字孪生体进入第四阶段。物理实体的一些功能将委派给它初始的数字孪生体，不过那是以隐形的方式完成的。因为实体的部分功能性是由孪生体之间的交互提供，如果两者的连接消失，物理实体的功能性也会减弱；本地数据分析用上了，但孪生体的智能却很少被用上。

到第五阶段，数字孪生体有了自主性，它以自主体的身份参与交互；在网络空间里，它把本地数据分析拓展到全球数据分析的规模。自生成的数字孪生体，以及数字孪生体的层级系统和网状网络都有可能出现了，由于这一切的共同作用，环境智能亦将出现。

三、作为终极产品的数字孪生

数字孪生体的演化可以从不同的视角去解读，比如在以下方面的演化：

（1）物理实体的表征程度；

（2）物理实体与数字孪生体的交互水平；

（3）数字孪生体在物理实体运行中的相关意义；

（4）数字孪生体提供的功能；

（5）数字孪生体的自主水平。

但这里重要的一点是，数字孪生体本身能成为产品。

注意，从原则上看，这一可能性适用于上文提到的各个阶段。实际上，你可以向其他公司"出售"数字模型的蓝图，还可以在第四阶段把数字孪生体"卖"给第三方，以嵌入额外的功能去装点物理实体（这是推销产品增值生态系统的好办法）。这已是基于数字化转型的一个重大变化。

把流程、资产和部分的制造"产出"迁移到网络空间后，产品可能部分留存于物理空间（状态如前），部分则进入网络空间。在第二种情况下，产品就可能是数字孪生体了。

实际上，现在的制造过程已经用上了工具的数字孪生体，比如装配线的机器人、工厂（映射其全部流程）、产品的数字孪生体（实例）将与物理产品一道生成和"制造"出来。面对第三阶段以后的数字孪生演化时，这个方面就特别重要了。第三阶段的数字孪生体与物理产品交互，它可能有一些在设计时就嵌入以确保顺利运行的功能和监测/维护功能。在第四阶段，数字孪生可能放大物理实体的功能。在第五阶段，它可能具有独立于物理实体的功能。这些功能都可以被理解为"服务"，可以和物理实体一道被卖出去，或稍后被卖出去，甚至可以独立于物理实体（数字孪生的第五阶段）被卖出去。不久的将来或许就能看见数字孪生软件、硬件分离的情况。分离的结果可能是，有些产业重点生产软的部分，其他产业重点生产硬的部分。在手机、笔记本、个人电脑的生产中，这样的前景已经很明显了，应用部分和"设备"部分分离，不同的厂家专司软件或硬件。一个标准化的平台（上文例子里的操作系统）确保软硬两部分携手前进。软的部分，即数字孪生体，能提供真实的特征，硬件则作为发布软件特征的接口。

然而，我们要指出的是，数字化转型正在重塑制造业，产业应该寻找利用网络空间的方式。既要生成制造流程的数字孪生体，同时又要生成产品的数字孪生体（因为产品的数字孪生体会被用来指引制造），因此要把数字孪生体视为工具而不是看作产品、用作机会。但这就意味着，制造流程不仅在生成产品，还在生产服务，因此需要一套不同的商务模型和商务流程。

如果我们扩展数字孪生的理念，将其视为向客户提供价值的"产品"，我们就能预见一个演化过程（第五阶段及以后）。彼时，有些公司生产并销售数字孪生体。这样的业务将是平台上运行的软件应用，这样的平台有智能手机、西门子的物联网操作系统"思维界"（Mindsphere）、政府公共平台，以及即将到来（可能是21世纪20年代末）的6G通信平台。

今天我们在用的软件包和数字孪生体有什么区别吗？数字孪生体（名副其实的）是模仿一个实体的软件包，比如一家公司推出的模仿一个人的数字孪生体。你和我会买那样的孪生体（也许将其放在我们的智能手机上运行），并且将其实体化以模仿我们这个人，模仿我们感兴趣的特征。比如，我购买这个"人的数字孪生体"，将其实体化，向它开放我的电子健康档案，让它使用我的穿戴技术，获取我的生物数据流，与我的医生联系，在我的电子健康档案里提供这个孪生体的身份；这样，倘若我需要急诊，任何医院的急诊室都可以分享我的电子健康数据。

在制造业领域，我们可以买一个数字孪生体（如制造流程模型、装配线机器人模型、仓库模型），将其实体化，用于工厂环境。数字孪生体的模型将被扩展或再界定，以匹配当前的物理实体，它将获得线索，即那些实体的历史记录。再者，它将与物理实体连接起来，生成它们的影子。此后，它将成为数字孪生体的一个实例，成为相关实体的真实的数字孪生体。这一机制建基于这样一个理念：我们能生产一个通用数字孪生体，它内嵌了一个模型、一系列特征，带有一种工具（可以是平台的一部分）；加入自己特有的知识后，它能支持用户把数字孪生体实体化。

第二节　孪生一切

一、制造

制造业是数字孪生体概念用于工作实践的第一个领域，在许多工厂里，数字孪生体已然是制造流程不可分割的一部分。无疑，数字孪生体已成为工业 4.0 的支柱之一。

制造业建基于工具和流程，在整个产品生命周期的管理中编排工具和资源。数字孪生体源于工具（计算机辅助设计），用于工具（计算机辅助制造）。数字孪生体本身已成为支持模拟和监控的工具。

"编排"（原则上或称为整合）通过流程达成，并通过工具支持流程。至于数字孪生体，编排要通过平台来达成，并由平台支持。重要的制造工具供应商搭建了自己的平台，比如西门子的物联网操作系统"思维界"。

制造业所用的大多数数字孪生体处在第三阶段，这些孪生体与其物理实体交互，唯一目的是与其同步。数字孪生体还可以用作其他应用（如分析、模拟）的门户，以便和物理实体交互。物理实体通过相关的数字孪生体所提供的分析数据就可以发现异常并进行处理，由外部应用程序产生一个指令，通过数字孪生体转送给物理实体。

同样的应用程序适用于和数字孪生体相关的大多数产品。这些产品通过制造过程生成，由制造商所有，在整个生命周期里其所有权都是制造商的。

一些数字孪生体已开始嵌入"智能"，以完成数据分析并辅助物理实体。在一定程度上，这是走向自主性的一小步。有些数字孪生体还与网络空间连接，以自主地获取可以在其内部使用的其他数据。自动驾驶汽车显然在利用这种技术的发展（自主地与其他数字孪生体交流，以更好地理解环境）。

芬兰的 Mevea 公司可能是工业界使用数字孪生体最先进的公司之一；在整个产品生命周期的管理中，他们都采用数字孪生体作为其企业模型和竞争优势，并用产品的数字孪生体去提供服务。他们用影子去洞察产品的用途。在每条产品线里，他们比较几个数字孪生体的影子，根据每个孪生体的派生经验去改进。许多情况下，他们的数字孪生体已经在接近第四阶段，因为产品的一些功能是通过数字孪生体实现的。

通用电气公司非常依赖数字孪生体去监测自己产品的使用情况，以提供主动维护服务（其数字孪生体间于第三阶段和第四阶段），它是这方面领头的公司之一。

能力工业制造 4.0（Competence Industry Manufacturing 4.0）产业园位于都灵理工大学校园，集聚了许多公司，它正在开发数字孪生的基础结构，与它联手的公司借此来创建虚拟实验室，实验室装备的虚拟物体可以在混合模式中进行检查和组装（虚拟＋物理）。在这里，数字孪生体的第一阶段到第五阶段自始至终存在。

二、建筑

建筑业使用数字模型已经很久了，用的是建筑信息模型（BZM）。建造商首先创建未来建筑的数字图像，并在整个建造过程中一直使用它。整个数字模型会进一步用于建筑归档里，贯穿整个生命周期和运行过程，用于监测、维护和修葺。物联网（传感器）嵌入建筑，建筑过程中传感器和执行器始终在场，使数字影子在建筑运行中"扎根于"数据的积累——包括供应商、组件、建筑工程的内外勤人员的数据——生成数字线索（历史记录）。如你所见，我们拥有数字孪生体的三个要素（模型、影子和线索），而它们基本上是免费的。

开发软件管理和利用数字孪生体、提供运行和维护服务显然是下一步的工作。

奥雅纳（ARUP）是世界上最大的工程顾问公司之一，在 150 多个国家都有业务。在工程阶段和以后的建筑运行监控里，它都利用了数字孪生技术。随着历史纪录的增长，监控的数据能够提供建筑物某些部位老化的提示，使人能够在损坏发生之前进行维护。主动维护（可以用日程规划）比被动维护成本要低。而且，数字孪生体还可以与建筑基础设施的部件交互，以调整运行、降低损毁风险（比如降低管道压力）。奥雅纳公司监测和控制的大多数建筑运行的数字孪生体多在第三阶段，

有趣的是，数字孪生体还可以提供建筑的数字信息，辅助建筑的维护。增强现实的使用让维护人员能够用虚拟的方式检查建筑的基础设施，比如墙体和管道。（如图 5 所示）

图 5　建筑的运行和维护受益于相关数字孪生体的存在

本图是一个工人智能手机的三幅截屏，应用程序用数字孪生去探索与建筑相关的数据。在前两幅截屏里，增强现实用来凸显不同建筑部位的温度。第一幅协助评估材料的绝热水平。增强现实还可以显示结构里存在的裂纹（裂纹处清楚显示温度梯度）。图源：奥雅纳

此外，传感器获取的数据还可以与类似建筑物的数据进行比较。分析考虑各种情况（比如休斯顿和西雅图暴露在不同气候环境中），以做出有意义的比较。从一座建筑获取的分布式知识能够生成新兴的知识，辅助许多建筑的运行（进行主动维护），微调未来建筑的设计（诸如什么材料最适合给定的气候……）。

三、能源

如上文所示，通用电气公司多年来已将数字孪生体用于发电，尤其用于监测和控制涡轮机。风力发电场是成本高昂且复杂的系统；通过微调风叶角度可提高效率，还可以改变空气流动（让风吹过风电场）。因此，微调必须考虑对其他风车的影响，不是为了达成局部优化而是要达成全局的最优化。风力发电场的监测对主动维修也至关重要，可避免未来不得不进行的恢复性维修。在分布于全球各地的风力发电场里,通用电气公司为每一个风车配备数字孪生体以模拟其流程,又为整个风力发电场配备了一个数字孪生体。这些孪生体由亚马逊的 AWS 云"托管",既提供存于当地的系统,又提供了一个集中化的枢纽(网络空间里没有距离)。

数字孪生体既与本风电场的设备又与其他风电场的设备在对话交流。机器学习被用于生成知识,并用来微调流程和运行 / 维护决策,这已成为通用电气公司资产绩效管理软件(APM)的一部分。有趣的是,反应本地情况、流程和设备的数字孪生体的生成(以及已经由通用电气公司提供的数字孪生体)可以靠数字孪生图书馆(由通用电气公司提供)的支持来完成,这就使生成定制孪生体所需的时间减少了 75%。如图 6 所示,在网络空间里连接物理实体、风车与风电场相关的部件中,数字孪生体在发挥作用。用上数字孪生体以后,根据风电场的运行数据报告,被动维护减少了 40%。

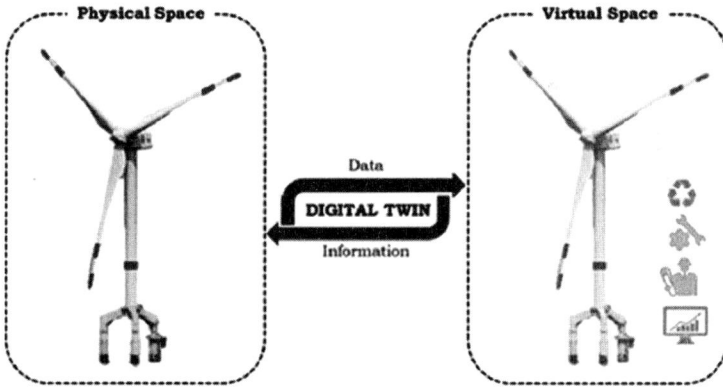

图 6 数字孪生体被广泛用于风力发电场的运行和管理

如本图所示,数字孪生体不止于为风车提供镜像,它了解网络空间里的各种实体,包括流程里的其他设备和人员。图源:Hooman Mohammadi Moghadam

通用电气公司数字孪生体另一个有趣的特征是,它们可以被用作知识库。数字孪生体可用于新员工培训,还可以让新员工与世界上其他地方有经验的老员工交流，这是数字孪生体很精明的用法，显示出产品－服务－知识的融合。

数字孪生体这一拓展的用法在有些方面进入了数字孪生的第五阶段。

四、自动驾驶汽车

汽车行业在制造中用上了数字孪生技术，以映射流水线上的机器人。在过去的几年里，汽车行业开始生产并使用产品即汽车的数字孪生体。越来越多的公司给汽车配上物联网，以便获取汽车部件状况报告的数据流。数据流常包括场所数据，可能会造成隐私问题。为了规避这类问题，有些制造商把数据记录留在汽车上，只有在车主需要进行汽车检查时，这些数据才能被获取（有些数据最后会出现在密钥卡中）。在这样的情况下，一切数据分析都在汽车里发生。

物联网和人工智能支持的新型芯片提供了前沿的人工智能（如STM 32系列），芯片正在为数字孪生体的局域运行提供局域智能和支持。这一局域智能既能向驾车人发出即将出问题的信号，又能向服务中心报告主动维护的信号，而汽车将继续行驶，不干扰其服务（数学孪生体可以自主行动，或听从服务中心的指令；软件应用可以修正汽车参数，以确保汽车继续行驶，推迟维修的时间）。

然而，就我们所知，暂时只有特斯拉为每一台车配备了真正的数字孪生体。戴姆勒（Daimler）卡车、保时捷（Porsche）和梅赛德斯（Mercedes）（在生产环节和一级方程式赛车中用到数字孪生体）在暗示，他们也将为产品采用数字孪生体。

在特斯拉的装配线上，数字孪生体同步工作，因而汽车产品的数字孪生体"实例"得以延伸。通过数据分析，自2009年以来，特斯拉可以监控200余万辆汽车的运行，既能评估一辆车的运行，也能评估一个批次汽车生产的问题。而且，监控生成的数据用来不断改进制造流程。从数字影子和数字线索的数据分析所得的信息被用于给客户提供运行和维护支持。

特斯拉大力采用生成式设计（Generative Design）。生成式设计由计算机辅助设计演化而来，它用人工智能使工程师基于目标的设计最优化。把人工智能与行驶汽车的数字孪生体所提供的数据联系起来，就可以考虑"运行"场里的反馈，这才是真正的工业4.0。每一台特斯拉汽车都与一个数字孪生体联系，孪生体每天向特斯拉公司报告十亿级字节的数据。这种雪崩式的数据通过人工智能（和机器语言）分析，进行监控、提供服务、微调生产。因为特斯拉汽车基本上就是配备特殊软件的计算机，所以需要时都可以更新软件，以修复故障，提供新的服务。在这里，我们再次看到产品、服务和知识的交融。特斯拉从汽车中收集海量的数据，估计其服务器上存有300亿英里的数据，使之能在汽车市场上的数据分析、人工智能和机器学习上独占鳌头。试想每台车每天能生成几兆字节的数据！难怪有些分析师不把特斯拉公司视为汽车公司，而是将其视为数据公司。

特斯拉正处在数字孪生体使用的第三阶段，但有些迹象显示，它所用的数字孪生体已处在第四阶段和第五阶段。

五、工厂

无限铸造（Infinite Foundry）是葡萄牙一家初创企业，2017年开业，处在扩大阶段，已有30家大型客户使用其平台。有趣的是，这个平台支持的数字孪生体可以为工厂、城市、保健机构提供支持。如图7所示，真实的物理实体建模成为一个数字孪生体，这个孪生体可以用来培训各个操作岗位上的工人。在这个意义上，它还可以在真实的物理实体还不存在时就提供培训；在设计阶段时，它可以把未来客户的反馈纳入设计中。此外，这个数字孪生体可以被用作远程操作物理实体的桥梁。这家企业平台支持虚拟现实护目镜，技术人员带上护目镜会觉得身临工厂，通过操作虚拟部件就可以操作工厂里真实的部件。

图7　数字孪生体被用于为工厂建模

它展示出物理空间、正在工作的机器人、制造流程等。工程师通过虚拟空间观察数字孪生体，监测工厂及其部门。图源：Infinite Foundry

　　这种方法很吸引人。一方面，它是强大的赋能技术，能改变工作方式。你可以在起居室（或舒适的办公室）里操作处在潜在危险环境里的设备。同时它又降低了工厂的成本，因为工厂不再必须按照工人在现场工作的情景来设计（现场维护可以在机器关停的情况下进行）；另一方面，这种方法可以推广到其他领域比如教育。参加远程继续教育的师生也可以获得身临其境的感觉。今天的障碍大概是缺少增强现实的设备；增强现实的设备能提供无缝沉浸的感觉，使人觉得这个教学过程完全是"真实的"。不过，那只是个时间问题。据传的苹果眼镜和最近发布的谷歌翻译眼镜可能是走向无缝沉浸感的第一步，网络空间和物理空间将融为一体。我们拭目以待。

六、城市

　　基本上，城市是通过基础设施的建设而存在并围绕基础设施的组织起来的。基础设施效率越高，城市就越富裕，商务就越兴旺，市民的生活质量就越好。数字化转型改变了基础设施的运行和监控的方式，但最重要的是，数字化转型生成了"数字基础设施"，而这可能真正改变游戏规则。物理基础设施在物理局限中运行，街道因建筑和地理障碍的存在而受到束缚。还有纯经济的约束：不能在一间店铺里储存一切商品，不仅是因为缺乏空间，而且是因为从经济上看，维持大多数非生产性资产（店铺只能出售一小部分资产，大多数资产不过是成本）是不合算的。通常物理基础设施的设计是，在现有约束条件下尽可能地追求效率，而不是为了追求面子上好看而去增减（或者根本就不增减）。

相反，数字基础设施不受物理约束（至少可以绕开约束，比如数据中心的约束、通信管道性能的约束）。因此，它们的拓扑结构在连接资源和用户时可以更有效。大多数物理基础设施往往寻找分形拓扑（fractal topology）的平衡，使之比线形拓扑（linear topology）更加具优势。

城市数字化转型的魔力是：它可以利用很多数据，拥有物体、基础设施和流程日益增强的数字化，市民生产的数据也越来越多。通过数据分析和机器学习，这些数据能产生更多数据（元数据），最后生成意义和智能。数字化转型生成的数字基础设施，利用分布式智能；有趣的是，部分分布式智能由市民提供。这是一个双行道：

（1）市民通过行为和互动，隐性或显性地走向智能城市，能分享个人的知觉、智慧和对价值的感知；

（2）城市能向市民提供有人工辅助的人工智能，以提高他们的感知力并影响他们的行为，使他们在智慧城市里更好地利用资源。利用资源这一点非常重要，因为它把技术（和经济）与社会涵义联系起来。智慧城市需要智慧市民，数字化转型既是工具又是使市民成为智慧市民的后台。

建筑工程与施工领域（AEC）也在迅速采用数字孪生技术。这一工作始于写字楼，扩展到智慧住宅建筑（2019 年 9 月，一个数字孪生智慧住宅的谷歌的点击量达 3,600 万）。城市由建筑构成，当然还有其他很多元素。拥有建筑的数字孪生体便提供了重要的元素，然后还需要加上城市基础设施（和相关的程序）的孪生体，包括供配电技术、废物管理、运输（当然包括道路基础设施……）、物流链、商场和商业等。

汇聚现有和未来的数字孪生体以创建城市数字孪生体的做法是实用的，无疑是值得一试的。不过，这种方法也可能达不到预期的目标，难以生成一个实用的城市孪生体，除非这个城市创建了一个整体的城市框架并提供了一个连贯的平台，而平台又能访问数字孪生体并使之交互。注意在多数情况下，数字孪生体被设计为封闭系统，若要让它们能相互操作而构成一个整体（城市就应该是这样的），那还是蛮棘手的。让许多数字孪生体组合起来，而它们又各自代表一个真实的实体——以这种方法创建一个虚拟数字孪生体，仍然是一个尚待研究的课题；基本上，那需要进入语义空间并在那个层次上运行。

诸多城市正在设定一个框架，使自己能利用现有的数字孪生体，并指引新数字孪生体的设计，使其沿着更容易利用它们的方向前进。鹿特丹和新加坡正在这样做。它们利用本地已有的数字孪生体，鹿特丹利用其港口的数字孪生体（用 IBM 技术），新加坡利用本土的数字地籍数据（cadastral data）。

如果你能从零开始打造一座智慧城市，比如安得拉邦（Andhra Pradesh）未来的首府阿马拉瓦蒂（Amaravati），你可能需要从数字孪生体技术着手。阿马拉瓦蒂工程是一个 65 亿美元的项目，在瑞典的达沃斯论坛上提出，它强调利用数字孪生体技术的价值。

七、欧洲与地球

数字孪生体的定义适用于小型的物联网，也适用于一个城市或一块大陆。欧盟启动了"地球目的地倡议"（Destination Earth Initiative），旨在打造欧洲的一个数字孪生体，即一个数字版的欧洲。其理念是利用代表欧洲方方面面的各种数据建构一个数字模型，把所有的数据整合为一个数据湖，它可以不断更新以反映"欧洲"的状况即数字影子，以追踪变化，即数字线索。

如果你觉得一块大陆也不过如此，请看一看"世界经济论坛"（WEF）最近的一篇文章"地球目的地倡议"，它提议打造一个反映全球气候的数字孪生体，欧盟资助了这个项目。其宗旨是监控气候变化、模拟正在发生的效应以及可以采取的行动。如果你仍然认为地球太小，你可以看看计算机模拟的未来 140 亿年间宇宙的演化。注意，这个倡议还不是模拟，它尚未成为数字孪生体。这张图不能放得很大（虽然宇宙之大难以想象，但打造其数字孪生体的愿景要小得多，一个数字模型足矣）。地球数字孪生体嵌入了人工智能强化学习，用作地球模拟器，实时运行，在全球布局的气候传感器网络能搜集数据（包括数以百万计的天气预报传感器）。

我们拥有大量"物品"的数字模型已经很多年了。目前的方向是在准实时的条件下将这些模型和物理现实能更好地联系起来，软件（人工智能）能微调基于场域里收集的数据的模型。我们不再有静态模型，而是有数字孪生体。而且不止于此：我们能"用"这些孪生体在网络空间里做物理空间里要做的事情，只有到最后阶段才去请物理孪生体在物理空间里执行一些动作。

"地球目的地倡议"的执行期是 10 年，它搜集世界各地的气候数据，将其融入一个数字孪生体。模拟软件不断根据新数据调整，算法会将预测和真实数据匹配，进行自我调节。

让我们重温一下这一小节的内容：首先是一种引擎（通用电气）的数字模型，通信能力的发展使它与建构模型的物理实体同步，并记录所有的变化。数字孪生体应运而生。

从单一引擎到一台整车（特斯拉）自然是一小步，不过它需要某种架构来把若干数字孪生体会集成一台车（有引擎的孪生体，也有孪生体反映悬架、轮胎、底盘……）。如果你能生成汽车的镜像，为什么不能生成工厂的镜像，让它拥有生产线、各种工具、供货部和服务链呢？

接着是生成含各部分和基础设施的建筑镜像（工程顾问公司奥雅纳），显然它是在生成一座含数字孪生体的城市（新加坡）的镜像。

好了，现在你可以用数字孪生体去为一件或一组物体提供镜像。是否能为一个人提供镜像呢？没有问题，你回头看通用电气的保健部，它开发的数字孪生体能反映人的健康状况，从可穿戴设备和其他数据流（如体检、处方等）中获取数据。通用电气并非孤例，还有一些公司在开发和利用保健领域的数字孪生体。那么，为某事某物的意义建构模型呢？IBM 在提供用于制造业的认知数字孪生体（cognitive DTs），德国思爱普（SAP）在为企业界提供企业管理的数字孪生体。

第三节　认知数字孪生体里的知识

IBM 提出嵌入知识的数字孪生体理念（不只是数字模型的静态建模），这个理念从 IBM 打造用于制造业的新型数字孪生体的工作中衍生出来，它构建新型数字孪生体以生成新机器人模型的镜像。2018 年，IBM 提出认知数字孪生体（Cognitive Digital Twins, CDT）的概念，以匹配制造业机器人的发展，这就使数字孪生体的概念得以延伸。这些新型数字孪生体模型有更高水平的自主性，能进行自主决策并与其环境（比如装配线、供应链和服务链上的其他机器人）分享这些决策。这样的自主性需要有关语境和目标（以及行为准则框架）的知识。

车间里越来越智能化的机器人的自动化又名为机器人程序自动化

（Robotic Process Automation, RPA）。认知数字孪生体是这个转型中不可分割的部分。注意，知识既嵌入了认知数字孪生体，又让其分享知识，由此生成的基础设施决定着知识空间（knowledge space）的特征，包括认知数字孪生体和数字孪生体运行的知识空间。换言之，认知数字孪生体的知识空间成为了周围一切数字孪生体运行的环境。

一、个人的认知数字孪生体

应用于个人时，认知数字孪生体能够表现一个人的一系列特征，这些特征与他在语境里相关的知识／技能有关。这些知识／技能有：

（1）公司层次的知识管理；

（2）教育环境比如大学、培训项目中所带来的知识增长；

（3）个人层次上的知识资产管理（我知道什么，我应该知道什么？）；

（4）企业环境里的经营资产。

我们更应该承认，"个人知识"的管理比机器知识的管理更难以捉摸，无论这机器知识是机器人的知识，还是人工智能应用程序的知识。基于一个人如何利用他知识的镜像，换言之，基于其"可执行知识"的镜像，他可能：

（1）知道某事某物，却不知道如何应用这个知识去解决手边的问题；

（2）知道某事某物，却不能在面对给定的情景（比如压力）时应用这个知识；

（3）曾知道某事某物，但后来忘记得一干二净；

（4）知道某事某物，但不愿意应用或分享这个知识。

机器领域同样有一些棘手的知识表征和管理的问题：

（1）嵌入机器（应用）的一套知识有两种形式：一是静态的表征、模型、数据和程序；二是算法，即如何理解现有的数据和交互。这一套知识完全在设计者的掌控中，并可以得到广泛的验证。然而由于数据越来越多，这套知识可能会越来越难以充分地验证（试想那数以百万计的用于图像识别（image recognition）训练的图片，如自动驾驶汽车里的图像识别应用）；

（2）通过在机器／应用程序中全程运行，这一套知识将获得拓展，它可能变得难以追踪，难以检测在预编程算法（pre-programmed algorithms）上增加的解释或含义；

（3）人工智能的新浪潮不是"预设计"也不是"预编程"，它正在从互相竞争的算法中兴起，生成式对抗网络（Generative Adversarial Networks, GAN）即为一例。在这里，设计者界定目的和价值，借以教人工智能学习，并放手让人工智能寻求更好达成目的、最大化价值的算法。人工智能靠自己积累知识和推理（推理能将知识转化为可执行知识），但是那种知识反而难以再现了。实际情况是，唯一准确的再现是人工智能本身；以人的知识为例，知识唯一准确的再现是大脑／心灵本身，而它只能在行动中被观察到。

以上就是关于机器和人的认知数字孪生体的介绍，由此可见这个孪生体至多不过是物理实体真正可执行知识的一个模型，有限且不精确。正如在其他领域里我们对世界的"了解"那样，我们不得不用现有的知识勉强拼凑出一个答案。只要认知数字孪生体能被证明有用，而且我们又能控制其潜在的不足，那就足够了。这正是今天正在发生的事情。我们有一种不完美的工具，而它是协助我们管理知识的资产。

人们对认知数字孪生体的兴趣日益浓厚，公司也开始审视它能有效地管理什么样的知识资产。在数字化转型中，它正在使知识成为企业中重要的要素。它正在把原子转化为数据，而数据的商品价值很有限；通过"对在特定语境里的数据及其意义的理解，数据的价值必然要被放大"。管理公司的知识资产变得前所未有地重要了。

认知数字孪生体能"捕获"知识资产，使之成为公司积极的运作成分；

换言之，公司可以用认知数字孪生体取代拥有知识的物理实体。

第一步是把认知数字孪生体用作公司知识资产的表征。这有助于根据其需求评估什么知识是可以获取的。注意，这是正在发生的事情（即使在没有认知数字孪生体的情况下）：人力资源部拥有公司知识空间的"地图"，即谁知道什么。对于把人力资源与任务挂钩而言，这是至关重要的一步。技术部门拥有现有工具的地图，知道工具能做什么，比如机器人有何灵活性，如何能被用于所需的环境。认知数字孪生体能提供表征知识的标准方式，此外，它还能更新这样的表征（通过影子机制）。另外重要的一点是判定存在的缺口（通常，技术领域界定需求，人力资源部寻找满足需求的方式、确认可能存在的缺口）。

第二步是确认公司外知识空间里缺失的知识［电气和电子工程师协会的知识本体（IEEE knowledge ontology）对技术空间知识的驾驭可以参照，其中含有最新的技术知识］。一旦这缺失的知识被找到，它就应该能被引入公司。

当然，有几种办法能把这种需要的知识引进公司：

（1）培训雇员去获取那些知识，需要确定比较适合培训（考虑其现有能力、拥有的时间等）的对象；

（2）招聘一个拥有所需知识的新雇员；

（3）聘请一位拥有所需知识的顾问来辅助项目（如果需求是暂时性的则适合这一方法）；

（4）与另一家能提供知识的公司合作，让他们负责需要特定知识的部分；

（5）购买嵌入了所需知识的机器/应用程序（补充或更新已有的资源）。

新增的知识将反映在相关的认知数字孪生体中，这一孪生体或是与培训雇员相关，或是与新雇员相关，或是与机器/应用程序相关。

沿着这条路子往下走，我们可以想象，知识的获取可以在认知数字孪生体的层次上发生，不必有物理实体的参与。这似乎有点科幻的味道，但这正是机器人和软件应用程序正在做的事情，它们的新版本能更新，因而能"添加"知识。

这样的事情能在一个人的身上发生吗？显然，我们没办法将知识下载到大脑里，那就必须通过"学习"才能获取知识。然而，如果我们考虑到认知数字孪生体的第四阶段和第五阶段，那时的认知数字孪生体将是相关实体知识的增强版，我们就可以很好地给这个增强版添加知识。

这里重要的一点是，这个认知数字孪生体一定程度上映射了相关人员的现有知识，一定程度上会放大这样的知识。注意，认知数字孪生体所拥有的知识构成了一个"空间"，因此，当知识转化为可执行空间的人工智能即功能时，我们就必须要考虑整个知识空间。

这就是拥有嵌入式增强版知识的认知数字孪生体，即"混合的认知数字孪生体"（hybrid CDT）。这个词还用于认知数字孪生体的其他合成词，包括在共生系统里合作的机器的认知数字孪生体和人的认知数字孪生体。

在这一"未来"（非科幻的未来）的场景中，我们会面对上文业已提及的几个棘手的问题。我们正在进入一个新的商业空间，稍后予以介绍。

以上对数字孪生体演化的介绍基本上是从学术的观点来看问题，将其分为了若干阶段和类型（DT, PDT, CDT, OPDT, Hybrid……）。进一步审视未来将出现的演化时，我们可以在 2022 年的今天来看看数字孪生体在不同领域的使用情况。（如图 8 所示）

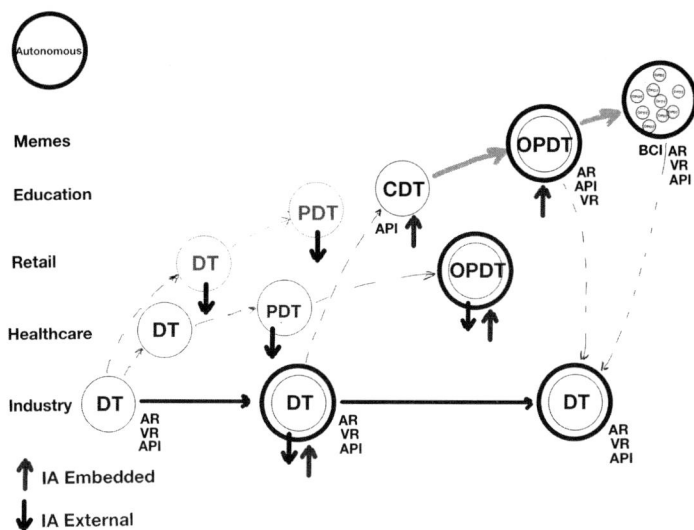

图8　展示不同领域数字孪生体的演进与影响

注意数字孪生体起步于产业界，在其中不断演进。用于其他领域比如医疗保健和教育时，数字孪生体的概念进一步拓宽。未来将见证个人数字孪生体对数字孪生体的利用。还请注意，随着时间的推移，数字孪生体正走向自主发展，独立于其物理孪生体，并辅助和增强物理孪生体。

已如上述，数字孪生体在发展过程中得到推广，在制造业中领先。图8显示，数字孪生体正在获得自主性（用双圆环表征），变得越来越聪明，因为它们既可以访问外部智能，又拥有内嵌式智能。值得注意的是"外部智能"的演化。过去，外部智能由平台上运行的特定应用程序提供（位于工厂里或云里）；未来，我们将看到集群智能（swarm intelligence）的兴起，若干实体互动就产生智能。实体或多或少拥有自己的智能。只要实体数量够多，集群智能就会产生；集群智能本身不需要智能的实体，想想蜜蜂和蚂蚁吧……

机器人流程自动化越来越倚重这样的集群智能（鉴于同一流程里的机器人数量有限，每一台机器人都必须要有一定程度的局部智能）。物流链（包括与内部工厂连接的智能仓库和智能收发货码头）也开始受益于这种集群智能。

在工厂车间里，由于协作机器人（co-bot）的到来，机器人能够与人合作，将个人数字孪生体和机器人数字孪生体（robots DTs）合作的道路也铺平了。我们可以预见，车间的虚拟空间中只需要有专家技术人员的个人数字孪生体与机器人数字孪生体的交互就足够了。与此同时，制造业又在驱动和利用增强现实和虚拟现实的数字孪生体的连接，这将成为迈进工业元宇宙（metaverse）的第一步。

如图 8 所示，制造业对数字孪生体的使用还促进了其他领域对数字孪生体的使用。

制造业率先采用数字孪生体，医疗保健紧随其后。此间，通用电气公司贡献良多，它在涡轮机制造中采用了数字孪生体，还新辟了一个医疗保健部。近年，它又开发了子公司数字通用电器（GE Digital），旨在近一步利用数字孪生体概念。在医疗保健领域，数字孪生体扩展到了个人数字孪生体，这是为映射个人特征而自然迈出的一步。在产业层次，医疗保健率先将数字孪生体拓展到人身上，至今仍然在起引领的作用。

有趣的是，我们正在见证数字孪生体概念新的演化：可穿戴个人数字孪生体（OPDT）的研究。看一看在 2022 年的今天，数字孪生体已用于各个领域。

今天，数字孪生体和个人数字孪生体由产业界（或其他领域的公司）开发。它们的开发、运行和管理需要特殊的技能和工具，那是超乎个人能力的技能和工具。

在未来的岁月里，我们期待见证一种新企业的兴起，他们将使数字孪生体的创造和使用民主化，但我们尚未到达那种境界。我们还期待走到那一步时，公司都乐意基于相关的数据创建个人数字孪生体，而且乐意把所有权献给相关的个人。就像今天的情况一样：公司可以建立我的个人档案，提供服务和接口并管理这一档案。监管机构（根据《通用数据保护条例》，

GDPR）实际上可能要强制公司做这样的开放。

显然，公司生产的个人数字孪生体将模仿我的一个小"切片"，比如我的娱乐爱好、旅行记录、健康档案、工作经验等。可穿戴个人数字孪生体的概念确立起来并被社会化之后，我们将期待出现能支持几种个人数字孪生体汇聚的工具，它们将映射我不同方面的几个孪生体，将其整合成一个孪生体，即"我的个人数字孪生体"（MyPDT）。届时，我将能掌控我的个人数字孪生体，能够培育它，使它生长；我将能决定它如何与世界交互。这是我们下一章要展开的主题。

如上所示，认知数字孪生体是工业界的产物，它正在成为教育和知识资产管理架构考虑的对象。认知数字孪生体与个人相关联（亦有与公司、组织、机构等相关联的认知数字孪生体），它又是个人数字孪生体（或者说，它可以被视为个人数字孪生体的一部分，映射那个人的知识空间）。我们将看见未来的岁月里日益重要的变化：个人数字孪生体和数字孪生体的交互。我们将看到，工人和工具（机器人）在工厂车间里的交互被映射在网络空间里，那就是工人和工具相应的数字孪生体的相互作用。

一个人的知识被嵌入他可穿戴的个人数字孪生体时，他可以访问这里的知识。他的访问可以是同步进行的，也可以在网络空间里发生。知识工人（knowledge worker）可以把他的可穿戴个人数字孪生体出租给一家公司，将其用于一种情景。无疑会有一种监控与价值增值交互的机制，就是说，他个人应该获得一点收入。

还有更进一步的发展，这就引发了若干问题。谁为这些交互负责？你可能倾向于说，获得收入的人也要为交互负责……然而，情况比表面上看到的更为复杂。可执行知识（我们在工作中提供的知识，未必是我们了解的知识）取决于我们拥有的知识，也取决于知识执行的语境（网络空间汇聚的是全世界！），还取决于局部和外部应用的算法。

我们执行自己的知识时，指引执行算法的是我们的大脑，执行力是我们能力的一部分。我们身处数字语境时，一切都变得更加模糊和复杂。举例来说，这就是为什么自动驾驶汽车的问责是一个尚待解决的问题（承担责任的是汽车？汽车制造商？软件供应商？数据供应商？传感器供应商？）。

我们必须直面不愿面对的答案，它们不应该令人吃惊，因为这些问题是崭新的问题。

二、数字孪生体的四种延伸

数字孪生体的演化正在走向四个方向：通过生命周期延伸，向深度延伸，在价值链上延伸，在商务领域延伸。

有些产业在制造阶段使用数字孪生体，有些用于设计，有些用于产品的监控。这些产业门类注意的是如何在项目全过程和产品全周期里延伸数字孪生体的使用。这样做时，它们需要扩张与数字孪生体相关的数据集。目前，几乎没有任何产业利用数字孪生体时涵盖了产品的生命末期。但对可持续发展和循环利用的兴趣正在增长，使用数字孪生体的兴趣随之增长，对产品全过程的兴趣亦随之增长了。

还应该指出的是，许多产业门类正在使用工具供应商的数字孪生体，这些工具（机器人）被用于生产线/装配线，这些生产线/装配线就不得不使用这些工具。大多数情况下，它们与平台一道（如西门子的物联网操作系统"思维界"）运行。所以，这些产业门类采用数字孪生体并将其作为辅助产品去拓展使用范围，就合情合理了。

在其他情况下，由于数字化转型的实施，产业向网络空间转移而引起的延伸随之来临。在考虑全部因素的情况下，我们可以期待，数字孪生体将渗透整个产品生命周期，越来越多的产品将有数字孪生体辅助。

第二种延伸走向物理实体特征在网络空间中越来越全面的映射。促成这一形势的是嵌入式物联网使用的增加。关于实体的数据越来越多，自然就引向实体数字模型的延伸。有些产业甚至看清了逐步走向数字孪生的方法。从最小的数字模型、数字影子开始，逐步发展，与数字孪生的使用同步。这正是医疗保健里个人数字孪生体自然的发展历程，起步时只有一个人（比如其电子健康档案）最低限度的镜像特征，一旦能够获取更多的数据，健康记录就可以扩展，用上基因组测序、可穿戴设备的数据流等。随着更多的数据被获取，数字孪生体（嵌入孪生体的信息）就可以衍生出更多的智能。这就能生成更多的应用，并反过来促成对个人特征的更好映射。

第三种延伸调动工厂之外数字孪生体的使用，跨越了整个价值链。过去几年配件短缺的危机和价值链危机推动了产业界去寻求资源和物流更大的灵活性。价值链追求高效率、最优化，收获了令人印象深刻的成绩。然而，这又导致更多的僵化，一个小小的过失就可能扰乱整个系统。

整个价值链都采用数字孪生体，数字孪生体的延伸在整个价值链上交互，由此产生的数据提供给人工智能软件；软件的功能是探索工作环境，维持价值链以克服障碍、解决问题而高速运转。机器学习能把历史数据转化为对未来意外事件概率性的预测，必要时可以设计和执行替代策略。

再者，对价值链的关注正在影响数字孪生体集群的设置。映射价值链不同"片段"、不同方面的数字孪生体可以聚集成一超级数字孪生体，以映射整个价值链（抽象实体）。仍有几个问题需要面对，如所有权和数据分享问题。此外，这个创建超级数字孪生体的发展趋势和能够自我调节的独立数字孪生体的发展方向刚好是相反的。独立数字孪生体的所有权更明确，因为它们彼此分离，在价值链上不必一致。物流公司偏爱超级数字孪生体路径，因为超级数字孪生体能提供更好的控制，又可以精确定义；相反，价值链上的产业（物流业用户）可能更喜欢独立数字孪生体的路径，因为它更能面向生态系统，能赋予人更大的灵活性。

第四种延伸也许是影响最大的延伸。它把数字孪生体带进商务空间。

产业界的全球大趋是势走向产品的服务化。数字化转型把资产和运行迁移到网络空间，使资产和资产管理能变成为客户提供的服务。此外，我们还在见证产品的软件化，嵌入软件以提供的特色功能。软件可以储存在物理产品中，也可以储存在网络空间里（云端、边缘云，甚至设备/环境云）。数字孪生体可以用来提供特色功能（数字孪生体第四阶段及后面的阶段）。

迄今为止，公司尚未使用数字孪生体来提供额外的功能，也有例外。原因之一是，数字孪生体是在生产层次上产生的，而商务策划的开发则源于销售和策略的层次。我们可以预期，未来的数字孪生体将来会在商务的层面上延伸。

第四节　统合一切

数字孪生体的未来无法定论，不过，能够清楚看到现在的情况和两三年内即将发生的变化。

数字孪生体已然运用于制造业，其运用将进一步扩张去涵盖更多的装备和流程。数字孪生体与产品的联系将继续加强。工厂"内部"使用的数字孪生体聚焦于高效率和灵活性，与产品相关的数字孪生体则被视为获取运行数据的工具。数字孪生体工具被用来微调生产、确保流程顺利运行并进行积极维护。在未来的几年里，公司将会更多地使用数字孪生体去提供服务，获取更多的收入。

我们满怀信心地期待，未来我们会见证一种数字现实（Digital Reality）——商务的现实和我们每个人的现实。在此，物理空间和网络空间会相互交叠，从感知的角度看，两者的边界会倾向于淡化。公司不得不在两种空间里运行，以抵近客户，因为客户就同时生活在两种空间里。

制造业的变革正在推广到其他领域，比如建筑、医疗保健、保险、金融和银行、零售业、娱乐业和教育。

医疗保健引导个人数字孪生体的创造和演化，个人数字孪生体很快将渗透到其他领域。

从数字孪生体到个人数字孪生体的这一步并不容易，因为其中的"个人"伴有伦理问题和社会问题。此外，今天这里的所谓"个人"不是指所有权关系，而是指被映射的个人的特征。再过十年，我们肯定可以说，"个人"将与所有权有关。映射个人的东西必须是属于这个人的。

数字孪生体、个人数字孪生体和认知数字孪生体的延伸与知识管理需求的增长同步进行。这是个人层面上的需求，也是公司层面上的需求；个人越来越需要在市场上可执行知识的层次上竞争；对公司而言，知识是越来越重要的行业工具。

认知数字孪生体有望捕获和提供可执行知识。这里又遇到了类似的问题，如个人数字孪生体里的"个人"那样，认知数字孪生体里的"认知"产生了新的尚待探索的伦理问题和社会问题。

数字化转型转变的远不只是业务经营的方式。它改变了对价值的感知，产生了社会影响。这是向元宇宙世界的转向。在数字现实里，人们不再能感觉到物理空间和网络空间的分离，企业和公司需要直抵市场，而市场同时存在于物理空间和网络空间。

一旦有效的交互界面出现，增强现实和虚拟现实的发展将要改变游戏规则。一方面，增强现实和虚拟现实将进一步模糊物理空间和网络空间的界线；另一方面，这样的模糊性将使我们同时生活在这两种空间里。

公司和客户／用户都将生活在元宇宙里中；在元宇宙空间里，原子和比特的边界是模糊的。数字孪生体和个人数字孪生体是这两个空间的桥梁。此外，数字孪生体和个人数字孪生体本身将成为产品，将生成它们自己的数字孪生体，生成网络空间里一个第二自我（alter ego），这个第二自我将在网络空间里与物理实体交互，包括与人的交互。

这些发展很大一部分是未来将发生的事情，但不会很快，因为它们需要与许多其他领域的发展携手前进，包括人工智能、增强现实和虚拟现实的换能器（transducer）、文化/社会的接受程度和规制框架。

总之，采用数字孪生体范式还有更多好处：

（1）向数字孪生体的迁移是在更大范围内进行商务数字化转型的一部分；

（2）使用数字孪生体的同时，采用（受控条件下的）开放接口和开放数据框架（以及数字化转型的要素），那就可能促进一个生态系统的创生，使企业产品/服务的总价值和市场的总价值增加。

一、作为数字化转型使能技术的数字孪生体

生成产品（包括其生命周期的各个阶段）的镜像，将其数字孪生体送进网络空间，就是将原子转化为比特，或使之能转化为比特，于是：

（1）不再需要制作产品的样品，其数字孪生体就是样品，若干团队可以同时平行使用这些数字孪生体，企业内部或外部的团队（供货商、潜在的客户）都可以使用，共同设计（co-designing）随之产生；

（2）定制（customization）可调动终端客户，使其参与生产阶段的交互。他可以对定制产品进行测试，进行模拟（可能用生产商或第三方提供的模拟工具进行模拟，甚至可与其他已经在此运行的系统进行虚拟交互）；

（3）供货商能参与设计，借用样品去调适它们的部件使之适合其需求。同理，销售链里的玩家可以确保，包装的产品能够适合他们的流程；

（4）数字孪生体可用于管理维护、运行和产品升级，为更有效的运行和辅助服务敞开大门。

有趣的是，数字孪生体范式的采用能成为整个价值链数字化转型的一个有效因素，因为受到激励的供货商和销售商会采纳这样的范式，进行迁

移。最终，整个价值链都不得不转移到网络空间里了。

二、作为生态系统生成器的数字孪生体

如果让所有的第三方都能与产品的数字孪生体交互，我们实际上就降低了准入的门槛，促使小规模的企业利用产品的数字孪生体去创造其他的附加特色服务。

这些附加服务可能会瞄准市场上非常微小的小生境，大玩家对它们毫无兴趣。但对小企业而言，这些小生境是与众不同的收入来源。与此同时，服务的增加会使终端客户的价值感增强，使生产商的价值间接增加。

一件已得到充分证明的好事是，一旦进入网络空间，并向各领域的玩家开放，由此激励出的创新将源源不断，提供更多的机会。

显然这种发展需要有人出来担保，数字孪生体的开放不会产生副作用。这是数字孪生体创建者应该关心的问题。开发一个由产品制造商控制的框架，让第三方访问和使用，并不是要修建一座有围墙的花园（从伦理学角度看固然如此），而是要确保附加值的品质，确保其与产品的顺利交互。对终端客户而言，这既是保护又是服务，也能使生态系统对其中的任何人都有价值。

在这个领域采用区块链技术有助于保护所有权、防止技术滥用。

第三章　作为数字化转型主要外形的
个人数字孪生体

数字孪生体是麦克卢汉所谓的"外形"。达到一个形态的特定阶段以后，从给定背景浮现出来的实体就能够反映背景的原理，就成为外形。此时，外形就被赋予了一个名字，被社会承认和确认，在社会领域整合，得到一个工业的、政治的或心理领域的名字。至此，外形就可能成为不同应用程序和发展阶段的画布。在这一章里，我们追寻数字孪生体的发展过程，研究它如何从发动机的模型走向个人数字孪生体高度个性化的、个人拥有的状态。

第一节　走向个性化

一、从"我的"到"属于我的"

用数字孪生体去建构一个人的模型——这个观念已在探索的过程中。罕有人尝试给整个人——含身体、情感、认知和行为的各个方面——建构模型（见图9）。目前的数字孪生体技术仅聚焦于其中一个领域，建构的模型仅可用来达成一个具体的目标。我们估计，若要建构一个人的数字孪生体、模仿他的方方面面，那还要花几十年的时间，但这种十全十美的模型是极富争议的。

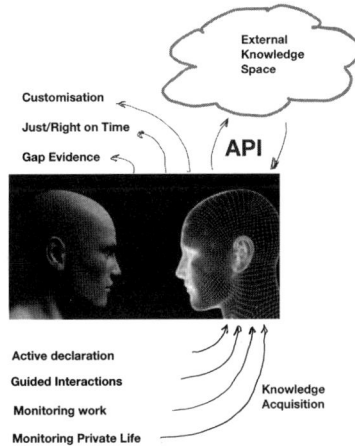

图9　我的个人数字孪生体模型显示我的特征

> 这幅图里就是我拥有的知识。这个孪生体也是"属于我的"，因为我拥有它。我用这个孪生体去探索外部知识，去凸显我需要成功弥补的知识缺口，我用它去探索我面对的情景。

长期以来，很多公司都在建构我们的兴趣模型：广告需要知道你的目标，要能预见目标受众的希望和需求，要引导消费者的行为。在一定意义上，搜集人的资料已然成为一门"学问"，用得很普遍了。在过去的几年里，越来越复杂的数据分享、人工智能被采用，个人资料越来越容易访问，广告活动也随之改变，从瞄准细分市场发展到瞄准独立的人了。

苹果智能语音助手Siri和亚马逊公司的Alexa建构了我的"个人模型"，包括我的语音，它们能微调与我的交互，借以捕捉我细微的情绪。

2022年2月，罗伯托·萨拉科和帕特里克·亨茨（Patrick Henz）共同主持了一场网络研讨会"社会数字孪生体"。社会数字孪生体是数字孪生体所能进一步呈现的一个方面。

第三方建构我数字孪生体的工作已有很多。但容许我建构自己个人数字孪生体的资源却非常有限。我个人数字孪生体的所有关系应该属于我，因为它是"我的"，是我的映射并由我控制。电气与电子工程师协会（IEEE）提出的"数字现实倡议"要开发一种工具"作为服务的知识"（Knowledge as a Service, KaaS）——创建你个人的数字孪生体，关注你拥有的独特的知识，以及你将来可能需要或获取的知识。这种个人数字孪生体是供你个人使用的。

请看看上面的图9：

（1）通过明确的宣示和引导式交互，我可以建构自己知识的数字模型（通过 KaaS 工具）；

（2）通过监控我在网上的交互（我读的文章、进行的搜索、上的网络课程等），这个模型可以拓展更新；

（3）通过影子机制（看自己的工作活动和私密生活），我可以进一步微调这个模型，并追溯其演化；

（4）我的数字孪生体能独立自主地在网络空间里游荡，在对我重要的领域及毗邻的领域里获取新知识；

（5）具体的应用（数据分享、人工智能）能判定，在我身处或可能遭遇的活动/情景里，我现有的知识与通过学习可获取的知识之间有何差距。应用程序还可以用来为我的能力评分，并将我与同行竞争者进行比较。这将使我对自己在知识阶梯上的排名更加了解；当劳动市场出现临时需要、仅服务于某一项目的就业岗位时，这样的排名就更有价值。

（6）我的数字孪生体能成为我通向可执行知识的桥梁，成为将我的知识与他人（与机器）的知识联系的代理人，因为我们正在走向可执行的、分布式的知识范式。这就能把我相关的知识与其他实体（包括人和机器）的知识联系起来。

注意，为了解决我们今天面临的与《通用数据保护条例》不一致的问题，我们还需要从"我的"到"属于我的"转型：原则上，根据这个条例，我有权删除一切与我相关的数据；但另一方面，第三方，比如政府机关，需要许多与我有关的数据，方能与我交互、为我提供服务，并使我成为社群的一部分。

以医疗保健和电子健康档案（Electronic Health Record, EHR）为例。根据《通用数据保护条例》，我应该有权删除我的电子保健档案，但我如何在没有这一档案的情况下得到医疗服务呢？

把我电子健康档案的所有权迁移到我身上以后，它就成为了我的一部分（"我的"——"属于我的"——"我控制的"），即我的个人数字孪生体。数据所有权的问题不复存在，我的个人数字孪生体将与我的医生/医院的数字孪生体交互，它们都处在同一个分享数据的框架里。

我们认为，这一演化对使用个人数字孪生体而言是关键的一步。个人数字孪生体不应该由于它们"知道"我，就被视为"个人的"，更准确地说，它们之所以是"个人的"，那是由于我"拥有"它们。注意这里的个人数字孪生体用的复数形式（"它们"）：很可能，我们将拥有若干个个人数字孪生体，每一种映射某一些特征，分别映射我的知识、健康、音乐偏好等特征。一段时间过后，它们最终会融合为一个单一的、超大跨度的个人数字孪生体。

二、神经孪生体

个人数字孪生体迅速发展的领域聚焦于生成表征个人生理的数字模型，指的是身体如何"工作"。这是第一种个人数字孪生体。这种技术在医疗保健领域有明显而重要的用途，包括药物影响的评估、药物失灵的探查（发出警讯）、健康情况的监控等。在最后这一用途上，我们会发现人们越来越关注将数字孪生技术用于运动员训练中。

这一演化的起点是创制"身体"的数字孪生体，或是身体一部分的数字孪生体。制药公司创建器官模型，在虚拟空间里检测药物。我们能看到数字孪生技术在疫苗生产各流程里日益增长的应用——在虚拟空间里支持疫苗的设计、制造和临床测试。全球急需应对新冠肺炎的有效疫苗，这成为完善数字孪生技术的强大驱力。创制各种器官数字孪生体的研究开展得如火如荼。

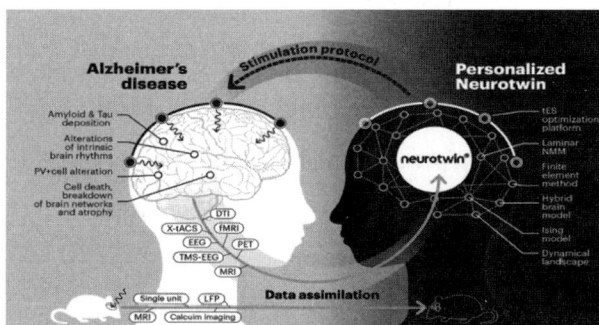

图 10　创制人脑电场交互机制数字复制品是不是可能的呢？

这是一个欧洲研究项目，其目标是希望用数字复制品去设计个性化的、最优化的策略，去治疗阿尔茨海默病。图源：Neurotwin

"神经孪生体"是器官数字孪生体开发的又一例子。这是欧盟资助的项目，旨在开发脑电活动的数字模型，以优化阿尔茨海默病人的治疗（如图10所示）。注意，我们在这里可以看见从"数字孪生体"到"个人数字孪生体"的迁移：神经孪生体旨在创建很具体的大脑的数字孪生——一个病人大脑的数字孪生。

该项目于2021年1月启动，为期四年。起初研究如何制造脑电活动的复制品，然后研究能展现一个特定病人脑电活动的实例。下一步是评估电刺激模型，以评估这些模拟对病人大脑的影响——起初在体外模拟，或在网络空间里模拟，然后在病人大脑内模拟，借以给实际发生的情况作"投影"。在此，我们能够得到数字大脑的所有特征（事件的模型、影子和线索-记录），以及个人数字孪生体的所有特征（映射和投影一个具体的人）。在"神经孪生体"项目的设计和使用中获取的信息将被用于电刺激器的研制、刺激方案的规定，以延缓阿尔茨海默病的进展，并希望阻断其恶化。

三、用于个人健康护理的个人数字孪生体

强化个人数字孪生体技术（人的数字模型）的强大动机来自于广义的保健。上文介绍了神经孪生体，这是脑电活动的数字表征；又提及用于器官比如给心脏建模的数字孪生体，这是制药公司用于药品和疫苗设计以模拟其影响（及可能的副作用）的数字建模。还有个人数字孪生体辅助运动员训练的例子，以及用于康复的例子。

我们拓宽视野看：保健既是个人的事（必须有益于人），也是社会的事情（设计成本、社群福祉）。两个方面相互联系，数字孪生体可以是建立和支持其联系的有用工具。

此外，健康和福祉与个人的所处环境是相互关联的。一个恰当的例子是家用保健环境中的数字孪生体。家里所有的应用和传感器都可以检测到正在发生的事情；生物医疗设备以及普通的可穿戴设备都嵌入了传感器，都能生成数据，对人的健康提供有用的提示。原则上这些设备中含有若干数字孪生模型（比如说一个孪生体来映射家庭环境，其他的来映射家庭成员）。这样的数字孪生体能处理数据、不断从数据中学习（从外部的交互中学习），为专业人员远程提供支持（甚至成为专业人员的数字孪生体本身）提供了桥梁。

数字孪生体能不断评估个人所处环境和社群的情况。再者，这个环境中的每个人的数字孪生体能为他的健康状况提供重点明确的评估，并在出现异常时提出警示。注意，随着时间的推移，个人数字孪生体能够生成越

来越准确的数字签名，还能生成他个人的步态、语音、心跳等信息。这种数字签名受到监控，能检测到所有变化，并判定这个变化是由于环境的变化还是反映出了早期的病理体征。

再试想，个人数字孪生体是"我的"数字助手，它能自主地与环境交互，分享数据（比如我的健康状况），但只与经我授权且对我有利的方面交互。而且，我的个人数字孪生体自主地在网络空间里漫游，以搜集数据并使我觉察到任何不利或危急的情况。它可以是我明天将去的地方湿度过高的预警：鉴于我的健康状况，那可能是一个问题；也可能是建议我服用预防药，以降低到那里之后染病的风险。

无缝增强现实（和与之相伴的摄像头）使我能获取更多的数据，包括我饮食的数据。这些数据的处理能使我的个人数字孪生体与最新状况同步，使之能提供更好的健康建议。

四、数字表现型

我们多大程度上能给人体建模？我们能以不算太高的成本完成自己的基因测序，那个基因组（也就 3GB 数据）就是我们吗？抑或不是我们呢？

事实证明情况要复杂得多。试想基因组（DNA 序列）是设计师的一个伟大规划，他准备给承建人指示，以建造一幢建筑。基层的砖瓦匠会得到这些指示（通过信使 RNA 传递）然后根据指令砌砖（蛋白质）。蛋白质和蛋白质之间的时间关系和交互作用将指引工程的实施。

实际修建那幢建筑（我们的身体）时，我们需要基因组（基因组学 / genomics）、指令序列（转录组学 / transcriptomics）、实际生成的蛋白质（蛋白质组学 / proteomics），以及这些程序在体内交互的方式（代谢组学 / metabolomics）。所有这些"组学"都是必要的，还有其他一些"组学"也是需要的。我们将在后面展望未来的几章里介绍。

这一切数据及其解释（信息）可能会生成对我们的身体及其机制的数字描写：数字表现型（digital phenotype）。生物学家面对的最大挑战和障碍之一是了解基因组和表现型的关系，了解基因型的差异是如何导致表现型的差异——并反过来理解给定的表现型如何与基因型相联系。

第一种解释，基因型大于表现型，这种解释有助于我们：

（1）了解父母基因型导致出现潜在异常表现型的风险（我是否有可能生出一个有自闭症的孩子？）；

（2）探查胎儿基因型以发现异常表现型的存在（新生儿是否有基因组紊乱——单基因突变、染色体疾病、多基因突变）；

（3）从对基因组及其表现的分析来探查遗传性疾病的根本原因。

第二种解释，表现型大于基因型，能帮助我们：

（1）通过改变基因组找到治愈方法；

（2）根据特定的基因组给予个性化治疗。

我们正在见证上述应用领域里巨大的进步，有了给定筛选根据（具有较少侵入性、更大的精准性，也更便宜）。通过数以百万计（很快要超过十亿）基因组健康记录的筛选，人工智能促进了机器学习，在这些快速的演化中发挥了重要的作用。

在21世纪20年代后半叶，个人数字孪生体将成为映射表现型（数字表现型）的重要工具，使人能知道自己面临的风险，从而采取特别的行动，使医生能提供个性化的治疗。医生甚至能在个人数字孪生体上模拟治疗，然后才在物理主体（physical subject）身上去尝试治疗。

我们将从基于统计数据的医疗保健转向精准的、个性化的医疗保健——这不再是问题。问题是：精准医疗何时才能占据领先地位？很可能在下一个十年吧。我们可以明确指出，治疗自闭症道路漫长而曲折，因为其病因很复杂。数以百计的基因可能与自闭症有关，一部分基因已被确认是造成自闭症的重要原因。自闭症不仅与基因有关，而且与基因的表达有关，与什么时候发生有关。新技术使在体外开发神经元组织和类器官成为可能，使研究人员能发现和研究基因型和表现型的关系。不久前，体外模拟出了一种基因紊乱，产生了自闭症谱系障碍（Autistic Spectrum Disorder, ASD）中的脑神经电路。

第二节　模因 2.0

一、从基因到模因

我们讲述了个人数字孪生体的演化，它们映射人的水平提高，能够考虑到越来越多的人类特征。我们正在见证映射人体特征领域的成就，正在利用日益增多的人体生理学数据集，并将有可能接收（准）实时更新的数据。

上文介绍个人数字孪生体作为表现型的数字表征（"组学"显性表达），这一节转入"灰区"——这个区域不仅表征人的"功能"，而且还表征他的行为，从行为拓展到他的性格、动机、情绪、文化。这个趋势是隐形的。

现在让我们步入未来，尝试大胆一跃。人类是 40 亿年演化的产物，就像猫科、扁形虫、橡树和新冠肺炎病毒一样在不断演化。我们可能不喜欢和扁形虫有任何联系，但那是事实。然而，我们能够看到的是，我们比猫科动物的演化要快得多。埃及古墓中猫科动物和埃及法老的遗骸提供了最有力的佐证，让我们看看 5000 年前猫和人的样子。我们看到，今天猫的行为和彼时猫的行为差异不大。但人却截然不同。古埃及的猫在今天的世界里生活完全自如轻松，古埃及的法老在今天却不会自如。我们（我们的表现型）业已大变，猫却没有。然而。古埃及人的基因型和我们差别不大。道金斯（Dawkins）的《自私的基因：延伸的表现型》（*The Selfish Gene, The Extended*

Phenotype）解答了这个谜团，提出了演化"模因"（meme）的概念。

模因类似基因，但模因建基于文化，基因建基于DNA。我们生育时，儿女集成双亲的基因。与之类似，我们有一个模因或理念，这个模因传给他人，与接受者的模因（思想）混合，转变为新的形态，由此生成的模因是两个模因的交汇。以下三种条件存在时，模因的演化发生：

（1）丰富的要素多元性；

（2）要素能自复制（生成副本）；

（3）副本不完全相等（不是克隆出来的），有细微差异，在同一语境里它们有不同程度的适应力，即成功的可能性。

请注意，正如丹内特（Dennett）在《达尔文危险的思想》（*Darwin's Dangerous Idea*）里所言，这三种条件并未提及"基因"。凡是满足这三种条件的实体和环境都会演化。模因满足这样的条件，我们每天都在见证模因的演化。

现代基础设施提供的连接使模因（思想）的交互迅速增加，进一步产生了思想永无止境的螺旋形上升，不断加速。模因是（在演化的尺度上）迅速变革的燃料，我们正在目睹人类社会这样的变革。因此我们说，我们正处在个人数字孪生体和人工智能进一步加速的边缘，我们称之为模因2.0。

二、人工智能和数字孪生体推进模因2.0

雷伊·库兹韦尔（Ray Kurzweil）指出，地球上的进化始于日益复杂的分子。新生的分子与环境交互，并改变环境，导致分子的进一步进化。这个过程仍然在进行中（含自然的、人为的两个方面）。35亿年前，有些分子获得了指挥其他分子以特定方式（RNA和DNA）组合的特性。这就导致生成了更加复杂的结构，这些结构获得了领先优势，细胞随之诞生。20

多亿年后，第二个纪元引向有组织结构的创生；有组织结构通过信息处理，即神经回路和大脑，对外部环境作出反应。

第四个纪元约 6000 年前开始，过去的几百年间开足马力前进，特征是技术的进化；在过去的几十年里，电子技术和软件的发展使这一进化过程加速了。

有趣的是，这一进化过程不断加速，新的信息处理范式取代旧范式，但旧范式并未消亡。我们可能再也感知不到旧范式的效应，因为它们的进步慢得多。今天我们见证的大多数冲击是新范式造成的（化石燃料生成的速度比今天我们消耗它们的速度慢得多）。因此，我们感觉到只是化石燃料资源的耗尽。还值得注意的是，新纪元会影响先前纪元中形成的范式。DNA 和 RNA 加速了分子的生成——试想贝壳遗存形成的白垩海滩。此外，大气里的二氧化碳在增加。由于第四个纪元的技术副作用，人工生成的新分子日益增多（比如塑料、聚合物）。我们就处在这样的时代。

然而请注意，这样的纪元划分并不是一刀切的明确划分。刚才指出，先前纪元里主导的过程仍然存在，只不过影响较小（或不大引人注目），新纪元留给它们的时间也比较短。我们仍然能体验到前三个纪元中广泛的影响。对本书的探讨最重要的是，我们业已瞥见下一个纪元在地平线上升起的曙光。在第五个纪元里，我们将见证和体验技术和人类智能的融合，人类和技术将融合为一个共生的实体。

我们预测，个人数字孪生体就将成为这一共生体的粘合剂：它们今天业已成为网络空间和赛博空间的桥梁。由于虚拟空间的嵌入、物联网日增的存在以及连接大脑和网络空间的无缝接口，个人数字孪生体将成为共生关系的粘合剂。

和过去发生的情况一样，这一次转型将加速进化过程，驱动文化和技术的融合。我们已在见证两者的融合——文化指引技术的应用，技术通过表现成为文化扎根和表达的工具，并且引起文化变革。我们审视小实例时，很难给关键节点准确定位。但我们正在使用大量的技术来表达我们的文化，而我们的文化正在与技术同步演化（试想电影、电视、互联网和很快就要普及的虚拟现实、增强现实和混合现实）。

我们交流的思想和模因把技术用作媒介，在其生成和塑造的过程中受到技术影响。儒勒·凡尔纳（Jules Verne）创造了探月火箭的模因，如今，这一模因已成为全球文化的一部分，演化成了空间站、地月往返火箭、卫星星座等。

技术本身在造就模因。一方面这是新鲜事，另一方面，如果我们想想技术能被用于表征信息的新方式并能够在我们头脑里创建新信息，技术创建模因又象征着人类前进的另一步。

凭借技术创造模因的速度，比我们用集体大脑生成模因的速度要快得多。这样的加速是模因 2.0 的特征。

三、数字智能为进化提供助力

进化在环境里发生，建基于特定的构建模块，它们彼此交互，交互的结果被环境评估：更适合（特定时间）特定环境的结果更可能继续发展，并指引进一步演化。

我们星球上进化的构建模版（源于我们今天所有的许多生命形式，包括我们自己）参与了地球进化：

（1）自然发生（abiogenesis）：通过偶然的相会生成越来越复杂的新分子——生成首批氨基酸（基于碳原子的有组织的分子），最后生成最早的RNA 串；

（2）核糖核酸（RNA）与其他分子携手，指导蛋白质的生成，形成新的构建秩序。最早的蛋白细胞随之产生，细胞膜将其与环境隔离，复制在细胞质中进行；

（3）脱氧核糖核酸（DNA）能给蛋白质序列编码，与 RNA 携手，指导蛋白质的构建。DNA 和 RNA 任务的分离加速了进化；

（4）有机体建基于多细胞，我们自己就是有机体；有性生殖导致"强制进化"，其意思是，继承亲本的后代具有混合基因，独特且"新颖"；

（5）进化了的大脑能进行抽象思维，并能将语言用作支持思维的工具。这是多半见于人的特质。抽象赋予了我们改变人与环境的关系、甚至改变环境本身的能力，游戏规则因而受到影响。自此，基因就有了模因的辅助；

（6）数字环境的创生，软件可以被视为数字环境的基本元素；软件拥有自复制/适应的能力，正在形成一种新的发展分支。这一分支与此前的分支相连——因为我们人在创造这一分支，还因为这一分支能影响我们的环境——进而影响我们的进化状况。

下一步是什么？不像有些人恐惧的那样，我们的假设是：数字进化分支不会接管整个进化，进化由基因和模因（我们的文化）构成，外加模因 2.0；模因 2.0 是由数字世界里的交互生成的。

我们偏向于用"数字智能"（Digital Intelligence）而不是人工智能去标记机器智能与人类智能的差异，机器智能正在进化为一类特别的智能，它不是我们的盲目模仿者。机器智能是人类智能的辅助，正在成为我们日常生活里的工具。这些工具无缝整合我们的生活，导致我们现状的变革。我自己和工具不再分离，工具成为了我不可分割的一部分，改变着我的行为方式。

我们见证了这种事情的反复发生。但迄今为止，工具仅是我们体力的延伸和增强。但在未来，数字智能将要成为我们脑力的延伸和增强。

四、个人数字孪生体成为模因 2.0

个人数字孪生体如何与模因 2.0 联系起来？它们将在什么时候产生

影响？

我们用阿玛拉定律（最好称"阿玛拉观察"）[①]来表示人工智能今天的影响及长远影响。请注意，我们过去估计的影响及今天实际的影响都超过了我们的预期。展望自主智能（autonomous intelligence）时，我们看到了一条类似的轨迹：我们高估了短期影响，低估了长期影响。

我们审视新兴技术时，通常觉得它们短期的冲击力大，往往低估了其长期影响。短时期内，我们受到其新奇性的影响——我们喜欢它，并认为人人都喜欢，所以我们预计它会很快被吸收。然而实际上，任何新技术都不得不穿过几道门、克服重重障碍，然后才能得到普及。与此同时，我们通常看不到技术普及造成的干扰和破坏——我们往往专注于技术的直接影响，忽略了其总体的情况。因此，我们就低估了其长期影响。

至于人工智能，可以说我们已经过了对其过高估计的阶段了（因为我们看见了许多实际应用），但（至少就我们的感觉而言）我们考虑的是，在未来的岁月里，技术影响将是线性的（虚线），将出现更多的应用、产生更好的结果。我们不会估计把许多活动交给人工智能的总体影响，因此可能会低估未来几年技术的影响。

人工智能将成为"常态"，将从我们的感觉里消失（实际上业已消失，你不再去注意图像识别能力，也不再去细想智能手机上的自然语言识别功能）。只需再过几年，人工智能将无处不在，嵌入万物。

很可能，嵌入了人工智能的设备，比如智能手机，不久也会拥有我们的个人数字孪生体。几年内或许看不到这样的事情发生，但在21世纪20年代末很可能会发生。短期内，我们的个人数字孪生体由第三方"拥有"（它们从奈飞、亚马逊、沃尔玛、谷歌搜集的个人资料发展起来）。此刻，

---

① 阿玛拉定律（Amara's Law）："人们总是高估一项科技所带来的短期效益，却又低估它的长期影响。"

这些第三方多大程度上愿意让我们使用我们的个人数字孪生体，情况尚不明了。但只要有一家带头，其他几家必然跟进。在这些第三方里，我们会纳入保险公司、医疗保健机构，稍后还会纳入教育机构。随着个人数字孪生体的范围拓宽、价值增加，你可以期待，你的雇主将开始使用你的个数字孪生体。

此刻我们能预想服务公司为我们赋能，让我们生成我们自己的个人数字孪生体并管理它。最重要的是，使用个人数字孪生体这样的事情可能会在 21 世纪 20 年代末发生。

届时，我们期待许多人会拥有自己的个人数字孪生体——首先是大学生和年轻的专业人士。他们将构成一个有趣（且不断增长）的市场，市场将促进基于个人数字孪生体的服务的生成，同时又使之进一步被人采用。尤其重要的是，市场将促进个人数字孪生体的演化，促进它们与我们的关系的发展。

五、个人数字孪生体成为人的 2.0

我们已拥有人工智能，人工智能在能力和广度上不断增长。（通过外推法）它终将抵达一个节点——我们生成并使用的人工智能将匹敌人的能力：通用人工智能（Artificial General Intelligence, AGI）。

在眼下的一些领域里，人工智能已匹敌我们人（专家）的能力，甚至超过人的能力，图像识别就是这样一个领域。在这个领域里，计算机曾经滞后，但如今它们已占上风——在 CT 扫描里是这样的（自动驾驶汽车所用的图像识别有时比驾驶人更先进，有时更落后）。

无疑，人工智能在理解图像上一直在进步，能识别各要素并推导出其意义（比如狗吠叫，小孩受惊吓）。

下一步是超级人工智能（Artificial Super Intelligence, ASI），这一步

可能很快就会迈出去，这将是超出人类智能的智能。将在什么时候发生呢？很难说，因为边界尚未界定，智能的定义里有许多灰区；至于机器智能与大脑智能的关系，也是一个大大的问号。对我们人而言，理解是做出智能行为的关键前提——理解正在发生什么事情、为什么发生这样的事情；我们依据正在做的事情（偶尔与我们所做的事情无关）去推测什么事情将要发生。机器（或称为图灵机）的行为酷似我们的行为，甚至更聪明，但那并不意味着机器理解正在发生的事情，或是机器正在使用我们所用的推理程序。机器可以完成一种语言向另一种语言的翻译，但不需要理解它所翻译的文字（它只匹配字符串）。但从事翻译的人可不是这样的。

由于机器翻译和人类翻译之种种差别，（有些）研究者放弃了创造人工智能以模仿我们人类智能的理念——它们把目标瞄准"有用的"机器翻译，这样的翻译有时能替代我们人类的翻译（因为它有等值的"产出"），有时能补足我们的翻译。

现在来看个人数字孪生体。我们可以想象，我们的个人数字孪生体将几乎完全复制我们的经验，它们准确复制了我们分析世界的方式，准确复制了我们决策的方式。而且，那样的个人数字孪生体能展现出与我们同等的智能水平（因为它能模仿我们的行为）。完美匹配的个人数字孪生体的行为与我们的行为难以区分，因此它展现出了模仿我们智能的通用人工智能。

我们可以想象数以百万计的个人数字孪生体，每一个孪生体都配备有通用人工智能。它们互动，生成一种大于单一通用人工智能的智能，它可以纳入超级人工智能的定义之下，因为它大于我们人的智能。

这一新兴的智能不会与我们（即我们的智能）分离，因为我们的个人数字孪生体与我们每个人无缝连接，是我们智能的组成部分。我们断言，我们的个人数字孪生体将与我们在共生关系里生活；同样，我们也将与自己的个人数字孪生体在共生关系里生活。

因此，我的行为和我展现的智能水平受到我的个人数字孪生体的影响：

这就是说，我的全部个人数字孪生体生成的超级人工智能成为了我不可分割的一部分。一定程度上，我的行为将构成超级智能。当然，这就造成了许多伦理问题和社会问题，这些问题留待本书稍后讲。另一个重要的点是，超级人工智能所受的约束较少，相比而言，人类智能受物理世界约束，受到物理世界中分析法的约束。超级人工智能的进化则快得多，会生成雪崩式的效应。

这就是模因 2.0，是知识和可执行知识的快速（指数级）进化——其意思是，我们与世界进行智慧互动的能力将以加速度增长。以机器智能为中介的、以加速度增长的、可执行知识的第一迹象是，研发疫苗或药物所花的时间正在急剧减少，就像改进材料特性（如寻找更好的合金等）所花的时间在减少一样。

我们以积极的方式提出这些可能性：我们将更聪明，因为我们能利用更聪明的机器，它们与我们处于共生关系里。共生是关键点：机器不会替代我们，我们不会因为机器能力的增长而过时。一如既往，我们将继续利用更聪明的机器，并使我们自己更聪明。

将模因作为基因的辅助，人类正在加速自己的发展。在不久的将来，由于拥有模因 2.0（产生于人工智能，并成为大脑的辅助，进而生成智能增强）辅助模因和基因，人类将进一步加速演化。

如果模因赋予我们（不同）文化的特性，模因 2.0 将深刻影响文化，并因此而影响社会和社会关系。

六、智能的增强

正如我们所设想的那样，个人数字孪生体能使我们人工智能的进步转型为智能增强。这是很大胆的想法，但这个想法不无道理。有一篇有趣而前瞻的文章，探讨 2110 年的教育。当然讨论 2110 年是天马行空，那只是将我们的想法向未来投射的借口，以绕开一切"实际的"障碍。你可以预测十年，但你必须要考虑当前的障碍在一百年后已经得到解决，或将不复存在——你很清楚，今天的障碍在一百年后将不再造成影响。

那篇文章的基本观点是，我们正通过人工智能走向智能增强（Intelligence Augmentation, IA）。这就是说，我们的大脑智能和人工智能之间将无缝连接，以至于从感知的角度来看，人工智能将不被视为一个分离的实体。试想看显微镜（或望远镜）时的情况，你目之所及的是你感觉正在得到的现实。你的眼睛（大脑）和客体之间的工具消失了，你觉得你正在"直视"那个客体。

与之类似，这正是我们期待智能增强会带来的情况。我们将更聪明，智能增强也将变成无缝的。我们的确使自己的智能增强了。

为此目的，人工智能必须是便捷可得的。既然这样，主要的问题并不是人工智能将来是否存在，而是我们能信赖多少人工智能，能获取多少人工智能。信赖那一方面会涉及许多社会问题和伦理问题（源于那个基本问题"智能意味着什么"），和智能语境的分析有关，和为了达到目标所采取的行动有关。比如关于削减医疗费用的问题，没有此类知识的和未经事实核查的人工智能会断定并提出意见说，大多数费用与老人的医疗有关系，所以我们应该停止为老人提供医疗服务。那会与我们的出发点背道而驰！人工智能的获取需要技术，今天，能给我们提供那种能获取无缝、无害、持续、合乎伦理的人工智能的技术，离我们还很远。

正如以上几节所示，我们可以把人工智能嵌入个人数字孪生体，然后将个人数字孪生体接入网络空间，以便把人工智能增强到超级人工智能的层次，但这种个人数字孪生体如何成为我们（我们大脑"思想"）的组成部分呢？（无线的）脑机接口（Brain Computer Interface, BCI）可能是解决办法，但那是相当一段时间过后的事情；我们至今没有无缝而有效的脑机接口。感觉介导的（sense-mediated）脑机接口似乎比较近，但它更像是增强现实。在这样的语境下，虚拟现实也能起一点作用，但作用很有限；一般来说，我们还是想生活在物理世界里，不想和物理世界脱钩。

更好的智能眼镜、智能隐形眼镜已在路上，加上尚待发明的可视界面（visual interface），通过提供对大脑的刺激，能为增强智能铺平道路。我们的思想和决策都需要视觉刺激——观看、阅读等。到 21 世纪 20 年代末，这个渠道很可能会成为我们大多数时候使用的渠道，它将把我们的大脑与网络空间连接起来、把人工智能和我们的大脑联系起来，产生智能增强。

当然还有许多问题，不仅有可行性的问题，而且还有伦理和社会影响的问题；人的交往越紧密，越多的问题就会发生。以下是需要考虑的事情：

（1）智能增强会在小生境中被采用，许多人却被排除在外。因此就存在鸿沟，因为只有少数人从智能增强获利，这条鸿沟很可能迅速加宽。

（2）如果我们不真正理解智能是什么，我们又怎么能定义增强智能呢？

（3）我们人类能互相交流，因为我们同处一个"平台"（大脑和常识），我们的一部分互动是根据我们对他人的"推理"过程的理解。智能增强的采用会妨碍双向交流吗（我可以假定，增强的大脑能理解一个普通的大脑，但反过来也成立吗）？

（4）智能增强的采用会使我无法"理解"事物？以我为例，借助智能增强，我能用汉语会话，但我实际上可能并不理解我在说什么……这就是目前实时翻译器的情况，你只能某种程度上信赖它！

（5）假定无缝、无线的脑机接口成为现实（我们说的大概是 20 年后的情况），我就能知道我的推理多少是"内在的"，多少是"外在的"吗？请注意今天的情况，我们已经能感觉到许多思绪在脑子里（心里）平行地漂浮着，有时，我们还让它们纠结缠斗。在我的大脑外生成的思想中，这种交互和争斗的情况还有可能发生吗？它们能在总体上让我们感觉是我们脑子的一部分吗？

（6）我的增强智能发展得非常快，快得我跟不上。今天我不得不费劲消化的新知识，明天竟能刹那间信手拈来。我的行为可能变得不始终如一，因为我明日行为依据的知识和我今日的知识可能会迥然不同。

这个需要考虑的清单真的很长，以上选择的例子可能是并非那么容易就想到的东西。

第三节　路线图

让我们看看我们期待的智能增强的总体演化情况。为此，我们追踪了个人数字孪生体的主要演化步骤以及主要的参与者。

今天，我们基本上处在第一阶段——个人数字孪生体是个人资料的演化，是由公司生成的，它们对"映射"我们的特征很感兴趣。它们用业已获取的数据（通常很多——远比我们想象的多）生成"我们的"个人数字孪生体，供它们自己使用。每当它们想和我们互动（或提供服务）时，他们就查看我们的个人数字孪生体。

未来若干年有望出现这样的情况，有些公司将让我们访问"我们的"个人数字孪生体（第二阶段）。欧盟的《数据治理法案》（*European Data ACT*）至少部分是针对这个问题的。我们的个人所获是：我们开始访问并使用医疗机构生成的个人数字孪生体（我们的电子健康档案、处方和医嘱）。几年后，我们将开始直接为这个数字孪生体提供数据，比如直接从我们可穿戴的传感器中为它提供数据，借以更新我们的生理情况、分享行为数据（步数、锻炼情况和饮食情况）。这是个人数字孪生体初步"小心翼翼"地延伸，在我们的控制下，它可能会打开通向下一步即第三阶段的门户。届时，我的个人数字孪生体（代表我自己的一部分……）将由我自己打造，处在我的控制下。

这一次转型可能因以下两种因素而加速：

（1）技术：提供容易使用的工具（多半是自动工具），助我打造并更新我的个人数字孪生体（这方面重要的贡献可能会来自于消费电子公司，苹果在这个领域可能已遥遥领先——试想健康应用程序，看看这个孪生体如何与智能手机和苹果手表连接）；

（2）监管者（regulators）：他们可能强制监管第三方搜集的个人数据被分享的情况，可能还包括从我的个人数据中开发出来的一些功能被分享的情况。

第四阶段紧随第三阶段，但距我们还很遥远。在第四阶段，我们与自己的个人数字孪生体紧密联系，我们的行为（我们如何被感知以及我们如何感知世界）源于我们与自己的数字孪生体无缝的、持续不断的交互。这个阶段大概还很遥远，现在讨论它可能意义不大。然而，一些伦理和社会的影响最好是提前讨论，未雨绸缪。此外第三阶段和第四阶段的转移并没有一个明显的转折，那是一个不太被人注意的灰区，和我们使用智能手机的过渡期类似。从没有手机生活那一刻，到再也离不开手机的那一刻的迅速过渡。

这就指向了"什么时候"的问题——引导这一演变的路线图是什么样的呢？

我们在上一章看到，数字孪生体的概念和实施业已被产业界采用并经过微调了（二十多年前）。工业营造了一个新环境去容纳并利用数字孪生体（数字化转型的概念景观）。近年，其他的界域开始采用并稍加修改数字孪生范式。最重要的领域是保健和零售，数字孪生体在这里迅速扩张，把对人的建模纳入其中。通过演变，我们先看见数字孪生体的出现，继后看见个人数字孪生体被用作数据储存库，人工智能被用于其中。这就为数字孪生体提供了智能增强，使之对物理孪生情景和语境的感知更灵敏。智能增强多半源于外部应用程序（平台在这方面发挥了重要作用）。数据空间的访问以及数字孪生建模能力交互的发生，是通过应用程序的接口达成的；与人类用户交互的发生是通过增强现实和虚拟现实达成的。

我们还讨论了认知数字孪生体，这是嵌入了知识的数字孪生体，它能把知识转化为可执行知识。下一步是讨论工业里的数字孪生体的自主性，主要是自主机器人、自主仓库、自主工厂等。自主性是通过（软件和硬件的）外壳提供的，意在理解环境、分析目标。找到恰当的范式或行动去达成目标。如今，智能正在嵌入数字孪生体。

一个类似演变（虽暂时处在研究阶段）见于医疗保健领域，很大程度上受新冠肺炎疫情的影响而加速了。上一章介绍医疗机构拥有的个人数字孪生体时，提出可穿戴个人数字孪体概念（是病人拥有的），它已有自主性，能应需提供服务（包括继续不断监控病人状态）。这样的自主性需要以下能力：常常以完全自主的方式、通过网络空间与数据中心连接，并与数据中心分享需要的数据；按需预订服务，成为与其物理孪生体（人）交互的界面。

未来的发展还有：从认知数字孪生体到可穿戴个人数字孪体的发展。它们成为人的辅助知识中心，以无缝方式按需提供可执行知识。从长远看，这种可穿戴个人数字孪体将成为个人知识空间不可分割的一部分，类似于智能手机如何成为我们通信空间不可分割的一部分。

客观地看，全球都在向分布式知识的方向发展，而这样的知识此时此刻已然是可执行、可获取的，这些可穿戴个人数字孪体将成为知识实体的虚拟集群，每一个虚拟知识实体都附着于一个具体的物理实体，无论这实体是人、机构或机器。这样的可穿戴个人数字孪生体将以几何级数增长——以世界知识增长的速度增长——既成为我们生活中的要素，又成为提供所需知识的工具。

一、个人数字孪生体：欧洲的努力

欧洲联合研究中心（JRC）对个人数字孪生体颇感兴趣，他们组建了"我的数字孪生体"（MyDigital Twin）团队，研究数字化转型社会里可信赖的个人数字孪生体。

欧洲联合研究中心主办了一场连接产业界专家的虚拟会议，尝试研究以下问题：

（1）如何利用、监管和控制个人数字孪生体中个人数据的快速生成；

（2）个人数字孪生体在理解复杂且多变的社会动态里的作用；

（3）伦理和隐私问题的挑战；

（4）拓展并推进公共管理服务的机会；

（5）个人数字孪生体对欧盟策略（如《人工智能法案》《数据法案》，欧洲电子身份）的作用。

他们认为，个人数字孪生体创生了数字式第二自我、另一个"数字自我"，提供了一种新的技术优势。

新冠肺炎疫情充分显示了政府对社会行为者知识的欠缺。这样的欠缺与网上随处可见的个人数据储存形成强烈的对比，浩瀚的数据可用来生成许多个人数字孪生体。而这些个人数字孪生体又可以用来生成一个框架——对理解社会动态提供帮助的辅助工具。

此外，个人数字孪生体有望发挥重要作用的另一个方面是创建先进的电子政府、个人平台和服务（起初的重点是数字和健康服务）。再者，个人数字孪生体还被认为有助于培育智慧城市和本地数字孪生体（Local Digital Twins），通常是映射具体局部现实的孪生体集群。

有趣的是，欧盟这样的机构认为，个人数字孪生体已经足够成熟，可以在欧盟层次上进行规制了。欧盟宣告应该研究使用个人数字孪生体时，列出以下理由：

（1）数字孪生体是社会数字化转型的柱石：成为虚拟化、数据化和连通性的基本组合部分；

（2）信息物理域借助大流行病得以增长，进一步增加个人数据信息量（今天的储量为百亿亿字节），通过数字孪生原理（digital twinning principle）生成整合数字空间和物理空间的结构；

（3）欧盟的《下一代和绿色 / 数字化转型战略》（*Next Generation and the Green / Digital Transition Strategies*）说明，数据及其性能将被机构和公民个人利用。

1. 欧盟的个人数字孪生体规制框架

欧盟个人数字孪生体专家小组的任务是考察与个人数字孪生体相关的各个方面，并以广阔的视角、开放的思想对待之。

显然，专家小组考虑的是技术的一面（这是罗伯托·萨拉科的重点），多半是参考框架（如技术平台、AI 准备数据、个人 / 公司数据空间的分享等），但这只是许多要考虑的方面之一，其他方面有：

（1）治理：包括公民对个人数据和个人信息空间的控制、人们的接受度（比如对新冠肺炎疫情追踪应用程序的接受 / 拒绝）、个人驱动的控制对平台驱动的控制以及管理；

（2）信息破坏性方面：包括行为信息、网络服务个性化、个性化扩展现实；

（3）新市场、数据经济：包括行为数据和行为改变识别；

（4）政策支持：包括后新冠肺炎社会、监控医疗急诊的信息、监控聚集和社会危机的信息，如何从个人信息走向有统计意义的信息以生成"综合的"人口信息；

（5）司法：包括法律局限性、道德局限性、法律最佳实践、个人信息空间；

（6）应用：包括环境智能的个人环境，家庭、办公室、智慧城市这样的环境，城市数据平台支持的智慧地域，不同粒度级别（从社区到城市到地区）的平台；

（7）安全与隐私：包括电子身份和《通用数据保护条例》。

正如所料，第一个关注点是"定义和范围"。专家小组的共识（似乎明显，实际不明显）是个人数字孪生体首先是一个数字孪生体，如此，它继承数字孪生体的结构：

（1）物理实体（某些方面）的映像——数字模型；

（2）与物理实体的状态（映射的方面）同步——数字影子；

（3）物理实体演变的记录（映射的方面）——数字线索。

个人数字孪生体可以充当管家（辅助物理实体），可以充当化身（扮演物理实体），可以充当代理（代表物理实体收获信息）。在有些情况下，个人数字孪生体可以充当数字占位符（储存健康档案）。

欧盟的兴趣与世界其他地方的努力类似，与欧盟框架里的几种活动领域相联：

（1）数据自由流动，（2）欧洲数据库，（3）人工智能管理框架，（4）电子身份，（5）美国生物医学高级研究与开发局，（6）《通用数据保护条例》，（7）绿色交易策略。

2. 人的互联网

欧盟专家小组首先达成一致的观点之一是：个人数字孪生体和一个具体的"人"绑定——这一个有血有肉的物理实体。个人数字孪生体多大程度上映射肉体的人？正如我们在上文多种认知数字孪生体里所见，个人数字孪生体映射肉体人的程度取决于其"预期"用途。比如，按设计预期在医疗保健领域里运行时，个人数字孪生体映射的是这个人大量的生理细节（身高、体重、性别、心跳、呼吸、基础代谢等），还包括各种与健康相关的数据（电子健康档案、基因组序列、"组学"信息、职业风险、生活环境、父母病理学等）。相反，用于模仿一个人能力的个人数字孪生体就不会包括与健康相关的数据（虽然可能包括健康方面的限制，比如过敏信息）。这类个人数字孪生体的重点放在人的技能和知识上，其数据代表过往的经验。它还可能包含与行为相关的信息（人际交流技能、领导能力、抗压能力、解决问题的能力等）。

　　当然，任何人都拥有以上的一切方面（而且还多得多，想想我们生活中的那不可分割的社会关系，及其对我们行为的影响）。因此，我们可以得到一个多重的个人数字孪生体，即几种个人数字孪生体的聚合。实际上，这样的个人数字孪生体的聚合能够模仿人的总体，比模仿人的各个成分的孪生体功能要强。这样看来，我们可以假定，随着时间的流逝，许多个人数字孪生体将被创建出来去表征一个人的不同方面，它们将被融入一个聚合的个人数字孪生体。

　　实际上展望未来（十年以后）我们可以设想，每个人都会有一个数字对应体，即个人的数字孪生体。它降生于孕育期（从母亲体检开始积累数据），在主体的一生中不断成长。这个个人数字孪生体是一个完全的数字人，它可以在特定时间被用于数据分享，让预先获得授权、得到允许（且有需求）的数字孪生体在实体人的控制下去访问数据。

　　显然，一个个人数字孪生体集群可以被用来表征它们的一些基本特征，这个集群可以用一个数字孪生体来建模，比如一个社群的个人数字孪生体——运动比赛的粉丝、公司的雇员、装配线上的蓝领等。

　　数字孪生体可以用于模拟（去研究给定情境里一群人的行为）。它能模仿一群人的行为，但这样的数字孪生体并不能被视为个人数字孪生体。

　　欧盟专家小组在预料个人数字孪生体的许多应用。专家们一致认为，欧洲的行动能促进个人数字孪生体应用，在医疗保健领域（包括监控和控制流行病）里，个人数字孪生体可以被用作人的互联网（Internet of People,

IoP）；他们在一致认为，这个领域的研究能为智慧城市、电子政府等方面的应用铺平道路。

二、数据分享

个人数字孪生体是一个人的模型。模型的一部分是数据，一部分是对数据的"解读"，以管理映射他行为的交互。随着时间的推移，数据集随之扩大，覆盖他的许多方面，将包括他的"历史"（比如模仿他健康的电子健康档案，模仿教育和工作中经历的知识空间的演变）。

这些数据显然对个人数字孪生体的运行至关重要（没有数据的个人数字孪生体是不存在的）。此外，个人数字孪生体对第三方可能有用，包括与它们交互的其他个人数字孪生体。数据的分享对那个人可能有利，在有些情况下，分享数据可以产生收入。另一方面，隐私和所有权问题可能需要进行限制，数据分享也需受到限制。

欧盟颁布了几部关于数据使用的指令和法规，从《通用数据保护条例》到《数据治理法案》，旨在使更多的数据为人所用，使社会和商界获益。一定程度上，你可以认为，这两种法案审视的是相反的需求，一是保护或隐藏数据，一是利用或分享数据。

欧盟专家小组认为有必要专门为个人数字孪生体制定一部法规，提供一个框架，指引个人数字孪生体的发展和互操作性，以及第三方对其的应用。

专家小组提议的层次分类如下：

（1）中产阶级化的（gentrified）：没有任何数据分享。数据所有者自己管理数据、使用数据，并保护数据不作他用。个人数字孪生体的所有者（那个人）实际上把数据管理托付给了一个服务商，双方一致认为，数据只能为其所有者服务，而不能被用于任何其他东西（包括被用于提供服务）。

（2）可使用的（accessible）：数据管理人（服务商）在何处收集数据

的问题必须要透明，必须要向数据所指的人提供如何访问自己数据的操作说明。比如，我的个人数字孪生体可以用追踪我网上活动（搜索、电子商务、娱乐）所得的数据进行"丰富"，管理人应该让我知道这一数据的存在。

（3）可追踪的（traceable）：我的一些数据因某些原因被第三方分享，管理人应该让我知道什么数据被分享、何时被分享、为何被分享、被谁分享。

（4）可交易的（tradable）：我是数据的所有者，有参与数据协商的权力，决定什么数据能分享、什么"价格"能交易。

（5）可链接的（linkable）：数据可以在语境里分析并链接起来去生成元数据（meta-data），把数据分析应用于数据集／数据流去生成元数据。由此生成的元数据提供关于我自己的更高层次的信息，比如把我的生理数据（咳嗽、心跳、浅快速呼吸等）与我的行踪数据链接起来、关注我与传染病患者潜在的接触，就可以评判，我可能有感染新冠肺炎的高风险。

（6）可自由访问的（enfranchized）：我的数据（更可能是部分数据）为社会福祉可自由访问，比如我决定让研究人员免费试用我的基因序列。

以上呈列的仅仅是结构数据分析一种可能的方式。显然，一些数据可以更自由地被访问，另一些数据根据其对所有者的意义和价值必须要保密。然而，一种欧洲的（更广泛意义上机构的）规则框架可以强制进行某种程度的分享，让某些方面人士能分享某些数据。无论如何，数据所有者（这些数据是关于他的）应该被告知分享和访问的需求以及预期用途。

这个问题丝毫不轻松。比如，我被监控摄像头一天拍几次，有人拍照时我碰巧同框无意间把我拍进去了。我们如何保护这样的数据？我们如何被告知这样的数据"存在"？请注意，这个问题越来越重要了，因为图像识别（面容识别）软件在逐渐商品化。你在谷歌上搜索一个图像，很可能会得到这样的结果：同一张面孔出现在其他图像里。在那里，你很容易就可以认出一个人。

如果我在一张照片里露面，而那张照片成了另一个人的个人数字孪生体数据的一部分，我对那种张照片有什么权利吗？要觉察我（我的数据）存在于他人的个人数字孪生体里，那近乎绝无可能。当然，这是一个非常普遍的问题，个人数字孪生体和嵌入式人工智能的出现使这个问题更敏感、冲击力更大了。

1. 分享什么数据？

上文介绍了数据分享可能的分类，现在的问题是：什么样的数据可以或应该是个人数字孪生体的一部分？

大多数数据是在一个人与环境、第三方的交互中捕获的，又很可能被第三方捕获。只有很少量的数据是他本人捕获的（自测数据）。

实际上，今天我们与第三方的交互生成了一条数字轨迹，有些参与方将这条轨迹储存在它们的客户记录里，比如超市或网上购物、银行交易、在奈飞上看电影、预定旅店房间、预定车票机票、访问公共服务、看医生。由此生成的数字轨迹未必就是个人数字孪生体——实际上绝大多数都不是。第三方可以将其用作会计的程序，有时把我们作为它们的客户。更精巧的应用能理解那些记录的意义，有些旨在开发可执行的资料，用来预测未来的需求，并刺激或引导那些需求。分析和管理认识数据的日益成熟使我们越来越接近数字孪生的概念。那是"人的"数字孪生，意思是说它反映我们个人的情况（习惯、历史、未来行为），但它又不是"人的"，意思是说它不是属于我的——基本上我无法掌控那个准数字孪生体（pseudo-digital twin）。

迹象表明，有些公司愿意与我们分享，让我们使用数据（当然必定是互利的）。比如，有些商店／品牌开始将会员卡放进我们智能手机里的应用程序中。这些应用程序积累交易的数字记录（捕获我们购买和"察看"的记录），有办法使这样的记录"语境化"，和我们此时此地的语境契合。比如，我们可以用服装店里的 3D 扫描仪生成人体 3D 模型，然后在该店网站上的虚拟试衣间去试穿。我们还可以看一件运动衫和我四个月前买的一条裙子是否搭配。增强现实和虚拟现实是重要工具，那样的数字模型能转化为具体的感觉。

在医疗保健领域，只差几步之遥我们就能看到，医疗保险公司生成的个人数字孪生体将不断更新，根据我们问诊和体检的记录、通过可穿戴传感器和环境传感器生成的数据来更新我们的个人数字孪生体。和个人数字孪生体交互的应用程序或嵌入个人数字孪生体的应用程序将有若干功能：分析数据、发出警讯、甚至向智能代理发出信号、使之进行深度分析，并（通过聊天室）和我们互动。这些互动也能成为我们个人数字孪生体记录的一部分。

以上是一些实例。同时我们看到这样一个普遍趋势：个人资料正在演变成个人数字孪生体，个人能用上这个个人数字孪生体，其形式是一款应用程序，可以下载到智能手机上。这样的个人数字孪生体将由供应商控制（供应商有既得利益），且非常重要，因为它将：

（1）生成一种使智能手机成为人体延伸的文化；

（2）通过个人数字孪生体使人用上相关的服务；

（3）促使其他公司用个人数字孪生体来提供类似的服务。

一方面，这样的演变正走向若干（许多）个人数字孪生体的共存，可能会引起混乱；另一方面，它可能会推动公司提供整合的个人数字孪生体，使之成为那个人现存的、各部分的个人数字孪生体整合而成的一个集群。

2. 合成数据

与个人数字孪生体关联的数据源自于那个人，以上章节已有说明。然而，部分数据却是由软件算法生成的；利用源自于那个人的数据，再通过算法生成其他数据——比如通过模拟场景生成数据。

通过软件市场数据，这些数据可以在某种程度上模仿人的特征，但这些数据并不与那个具体的人"连接"。既然如此，这些数据就被用作市场通用模型的蓝图，通用模型可用于其他语境。因此我们就有：

（1）给这个人建模的数据（比如呼吸系统的模型）；

（2）投射人影子的数据，或表征目前状况的数据（比如此刻的心跳、爬楼梯的身体状态）；

（3）分析几股数据流衍生出来的元数据（比如健康等级的元数据，考虑年纪、物理模型、当前生理数据、环境数据等分析所得的数据）；

（4）合成数据表征一个抽象模型，模型的灵感来自于那个人的数据，同时也来自于其他几个人的数据（比如，某健康等级的人在某一条件下做出的反应）。

合成数据在训练人工智能软件中越来越重要了。

同时，合成数据可以用来生成实体包括人的模型。图11即为一例——这一张拼贴不是真人照的拼贴。每张面孔都是由人像识别系统的人工智能制作的，先生成合成模型，再生成面孔。如此基于人面模型来制作面孔，结果却使我们相信，它们是真人的真面孔。

与此相似，我们可以训练人工智能去学习一位作曲家的风格（如巴赫、莫扎特、披头士），让软件创作与其风格一致的作品。用这一工具创作的乐曲具有极高的精准度，能愚弄大多数人，包括音乐家。

数据建模和数据影子对个人数字孪生体的重要性是显而易见的，相关的元数据的重要性也显而易见。这些元数据提供"意义"，是肉体的人与个人数字孪生体交互所用的数据（你并不是对心跳感兴趣，而是对心率是否正常感兴趣，而这一信息是从对不同数据的分析演绎出来的，包括个人的和环境的数据——比如你现在慢跑的缓坡的角度究竟有多少度）。

合成数据的重要性有何意义？它以泛化的方式捕捉你的一些特征，使之与你的身份脱钩。它可以被用于数字孪生体，而孪生体可以充当被用作

图 11　由人工智能技术制作的面孔

这里显示的所有人有一个共同之处：他们并不存在。这些"照片"由一款软件制作，用真人的照片去制作虚拟人形象。这是合成数据。图源：NVIDIA.

研究对象的化身。比如，它可以用来研究一个与你的行为特征类似的人，作为给定的情境中人群的一员，这种脱钩能保护你数据的隐私，以及你的"自我"。

请注意，如果你要用你的数字自我去提供服务比如咨询，你不会用合成数据，你更可能用你的元数据或数据的一个子集，因为在这样的情况下，你想要维持与你自己的关系。

合成数据可能在企业里普遍使用，以训练产品里的人工智能。当它提供与各种用户交互的智慧产品时，它就可以用合成数据去探查一定范围内每一个特殊的用户。

营销人也利用合成数据去评估市场特征，评估其对具体刺激信号的反应。

政府和一些机构比如智慧城市的管理人员非常热衷于创建合成人口状况，因为这样的合成数据是强有力的工具，能提供准确信息，而又不损害公民的隐私，同时还能反映人口结构的复杂性，反映个体特征将如何影响其行为。

一个个人数字孪生体有许多能力，其中之一是创建一个数字孪生体去代表一个虚拟人，让其模仿真人的特征。

三、数字孪生体网络

欧盟个人数字孪生体专家小组的讨论凸显了一个总体框架的必要性，其功能是支持一个数字孪生体对另一个数字孪生体的访问——比如，让我们在网上通过一个文件去访问另一个文件（超级链接）。

容易预测的前景是，十年之内，数字孪生体将继续不断地被创造出来以代表物理实体，达到这样的境界：每一件物品都会有一个对应的数字孪生体。这适用于物理世界里存在的非制成品的实体（包括我们自己）。越来越多的人将拥有个人数字孪生体。而且正如以上章节所探讨的那样，我们最终会拥有若干个个人数字孪生体，每一个孪生体代表着一个人的一个方面，每一个孪生体可能是不同的参与者（医疗保健系统、其效力的公司、亚马逊以及其本人……）创制的。各种各样的数字孪生体和个人数字孪生体无疑会受益于这样一个框架：它能支持孪生体的识别，建立孪生体之间的连接。这是网络上正在发生的事情：不同的标准识别不同的实体（比如文件），达成让实体连接的协议。

个人数字孪生体专家小组一致认为，欧盟的目标应该是推进数字孪生体（和个人数字孪生体）网络的创建。数字孪生体网络能成为数据空间里数据交换的场所、访问和检索数据（或相关服务）的场所。所有者将制定访问/分享的规则，要求用户接受并遵守。

　　有趣的是，一个子网（数字孪生体网络的子集）可以被视为这样一个数字孪生体：拥有复杂的行为和特别（动态）的知识。试想我们的若干个人数字孪生体集成这样一个网络：个人就可以拥有其所有权，制定分享规则。

　　与此同时，集合个人的基本成分构成的个人数字孪生体能创建其本人的代表。当然，这同样适用于类似于人的集群的物理实体比如城市的集群。一旦栖居在一起形成集群，这些集群就会代表其数字孪生体成分的总体知识和行为。这是一个双行道。比如，一个智慧城市数字孪生体集群就可以：

　　（1）在情况变化时代表市民的集体行为，比如，流行病发生时，城市资源会有不足，或有新的服务可资利用；

　　（2）同时又可以被数字孪生体用来评估，处在集群里时，他的行为如何变化。培育这个数字孪生体网络的一个重要方面就是这个网络的治理。

四、个人数字孪生体的治理

　　从经济角度来看，数字化转型的基本要素之一是非平凡（nontrivial）。

　　如果你吃掉一块面包，其他任何人就吃不到它了。由于资源上存在竞争，治理政策必须建立起来，以确保这些资源将如何配给（给予某人，一分为二，一半现在配给，另一半留待将来消费等）。

　　相反，数据能同时被任何数量的用户使用，并在不同的时间使用。数据并不限制另一个人使用。试图用分配数据资源的方式来进行数据治理会失败，因为这些数据资源实际上是无限的，可以被任何数量的人使用。欧洲委员会已经或即将颁布几个文件，为数据政策创造条件——从基础的《通用数据保护条例》到针对个人数据的《数据治理法案》，到界定性的《欧洲数据空间》（European Data Spaces/Gaia-X），再到《欧洲数字身份钱包》（European Digital Identity Wallets/eIDAS 2.0）。此刻，欧盟正着手个人数字孪生体的治理工作，以保护个人隐私。

个人数字孪生体的治理需要对其创建和利用建立起可接受的框架，因此就涉及几个方面：个人数字孪生体运行者（应该是或将会成为受信任方），供给个人数字孪生体的资源，个人数字孪生体提供的服务，以及个人数字孪生体的使用者。我们应该特别注意人们可能利用个人数字孪生体的方式，以及谁需要为什么负责的规定。

研讨中的要点之一是：这样的治理应该如何发生。应该以法律和标准的形式进行间接治理，抑或应该是通过服务和技术的提供来进行直接的治理呢？换言之，个人数字孪生体应该类似"护照"，由欧盟"颁发"吗？

这些问题都不是容易解答的问题。一定程度上，答案取决于欧洲之外正在发生（或将要发生）的事情。会有个人数字孪生体的国际标准吗？公司会基于个人数字孪生体提供服务吗？个人数字孪生体实际上是人们销售这些服务的结果吗？比如，如果你订购服务的公司创建你的个人数字孪生体以提供服务，你能利用和控制你的个人数字孪生体将如何与其他的个人数字孪生体的整合吗？你能够决定它如何与你绑定吗？

如果我们不得不进行预测，我们认为，演变会是自下而上的，而不是自上而下的。不太可能的是，机构（如欧盟）指导并指引个人数字孪生体的演变。更可能的是，几家公司将提供服务，最终生成并采用人们的个人数字孪生体。另一些公司提供的工具会将分割的个人数字孪生体整合成单一的实体，整合后的实体顺从一个总体的框架（可能是一个国际标准化水平的结果），这个框架有一个机构规定的特征。

第四节　本章小结

对这一章讨论的个人数字孪生体做一小结，需要记住这一点：个人数字孪生体是"数字孪生体"，而数字孪生体正在演变！

数字孪生体从监控平台（在准实时的情况下监控物理实体的状态）演变为智能平台，这个新平台对环境的理解和知觉与日俱增。它还在继续演化，走向代理驱动、语境知觉的平台，成为一个社会－技术平台的一部分。

还值得注意的是，对应三类不同的内在能力有三条演变路径：

（1）数字孪生体的演变可以说在映射物理实体的"句法特征"。换言之，n 种不同的参数被捕获去映射那个物理实体（温度、加速度、速度、场所等四种独立的特征）。一个数字模型可能会有许多个维度。

（2）语义数字孪生体包含数字孪生体的演变，数字孪生体映射语义特征，比如过热、常态、路径位置。注意，语义可以通过软件与此前孪生体的数据关联。不过，在那样的情况下，数字孪生体并不"懂得"它接收到的数据的意义，因为数据的意义外在于这个数字孪生体。

（3）代理语义数字孪生体的演变。这个数字孪生体"知道"它接收的数据的意义，而且能根据目标将其语境化。换言之，它理解语境里的意义，因而能采取所需的行动。比如，它可以探测到汽车是否因加速而过热，并判定过热的原因是零部件失能引起，抑或是车辆避障而引起。

请注意，三条演变路径并没有和业已确定的数字孪生体的演变阶段（从单纯映射到自主）形成强烈的反差，它们只是追加了另一些视角。

个人数字孪生体有多种方式的应用：

（1）映射一个人的生理数据（血压、心跳、代谢率等）；

（2）了解预期中的生理数据，在数据有别于基线时发出警示；

（2）理解特定语境里的生理数据（如打牌时心跳加速和呼吸变浅，或是剧烈运动引起的动作变化和深呼吸），需要时启动恢复程序。打牌时不需要恢复行动，但剧烈运动引起的心跳加速和呼吸变浅可能就在发出警示了。

个人数字孪生体必然要发展。按第一种方式演进时，由于维度的增加，它会越来越好，能更好地映射那个人，能用于外部应用程序以生成意义。医疗保健里的云服务监测个人数字孪生体并提供反馈，既能直接传递给那个物理实体，又能间接传递给数字孪生体。

然而我们认为，个人数字孪生体成长后必然会独立自主地评估数据的意义（比如，我智能手机里的个人数字孪生体必然会不止于收获生理数据——它很快就能分析数据、提供反馈）。自此开始，它将能理解我在给定情境下和预定目标情况下的数据。这不过是一小步而已。

人工智能是一项至关重要的技术。随着岁月的流逝，它将成为部分嵌入的技术——其能力将继续不断地增长。到达某一点时，它将成为总体智能的一部分，能觉察语境，能在给定时间判定应该分享什么信息，以及必须要从既有的主题知识里收获什么信息。

对个人数字孪生体的规范很可能会归结为对人工智能的规范，但我们对这样规范的实际可行性持怀疑态度。我们更有信心的是，我们能为技术建构可信的框架，提供问责制，并强制其守规矩。

第二部

作为场域的应用程序

第四章　医疗保健领域的个人数字孪生体

按照"背景、原理、外形与场域"的模型，应用显然适合纳入场域的范畴。基于数字算法的每一种应用（目前日益受人工智能的指引）都是数字化转型的一种外形。无论什么原因和层次的应用都会强化关系、放大使用者的自身转型。应用有交互性时，无论其服务于真实的或空想的需求，都能成为认知的延伸和有限程度的物理延伸。它也能成为一种习惯。与其他应用一道用于一个特定的领域，比如制造、机器人或数据分析时，这些应用程序构成了特定的领域。响应数字化转型原理的领域多如牛毛，我们不得不把我们挑选的孪生原理局限于三个与人类事物相关的领域：健康、教育和知识。我们先说健康。我们对兴趣点的挑选取决于孪生体能起到的作用，包括认知孪生体和个人孪生体的作用。

医疗保健领域是数字孪生体应用最有前途的领域。通用电气公司已将数字孪生体用于模拟医院（及监测运行）。十年内，我们可望见证数字孪生体应用于人。利用越来越多的健康数据，我们可望用数字孪生体监控我们的健康、辅助模拟医疗。目前芯片器官已被用于药物有效性检测。这些器官是非常复杂的运行系统（从患者身上采集细胞、培养细胞、打印细胞去模仿组织并维持组织生命），任何能简化个性化治疗的办法都将很受欢迎。

基因组序列越来越有效（更快、更便宜），十年内，我们可望看到，任何新生儿都能享受基因组测序。那将是医疗领域创生人体数字孪生体的起点。随着婴儿的成长，越来越多的数据将成为其数字孪生体的一部分，包括其体检、处方和传感器捕获的数据，包括环境里的传感器、可穿戴的传感器甚至嵌入身体的传感器。数以百万计的数字孪生体使推断成为可能（即人工智能算法的应用），由此获取的知识可以用于主动保健，积极的医疗保健将是医学的未来。

社会层面对医疗的感知在十年内将从治疗转向预防。除了更健康的生活方式（正如老生常谈的说教）外，这种预防可以通过可穿戴传感器和嵌入室内、镜子和卫生间的传感器对人体生理的监控实现。采集到的数据将通过人体数字孪生体来管理，或将其与第三方软件服务交互，交给第三方来管理，包括公共医疗机构（国民医疗系统）、私营的服务供应商、保险公司以及雇主公司。

在大流行病的压力下，医疗保健部门的数字化转型加速，表现在几个方面：

（1）网络空间里的资源镜像；

（2）程序／活动自动化，尽可能转移到网络空间（含诊断、测试、监测）；

（3）远程操作以支持远程医疗；

（4）药物设计；

（5）社区监测，监测值得警觉的异常情况（数据分析、洞察）；

（6）网络空间里人的镜像，个人数字孪生体的推进。

事实上，医疗保健是最后进行数字化转型的"大"领域之一（娱乐、旅行、工业、银行与金融、建设工程已遥遥领先了）。大流行病和更有效获取资源的需求推动了发展势头，因此医疗保健终于开始利用数字化转型了。医疗健康系统已走上利用数据的变革之路。虽然有海量的数据，医疗的数字化转型姗姗来迟，原因在于医疗资源是一个敏感话题：鉴于享受资源的不平等（包括费用，以及资源可及性问题，因为医生、护士、床位有限），一个人的福祉可能是牺牲许多人福祉的结果。

数据被用于加速疫苗设计、生产和测试，用于监控疫情、发现热点、设计用于控制热点的网络协议。保持社交距离的需求推动了远程咨询和线上处方，有些地方还采用了远程诊断和检测。即使大流行病结束以后，大多数这样的转型也能够维持下来。

最重要的是，大流行病提升了人们的认知：远程医疗是可能的，而且许多情况下还能更好地提供服务，至少不必再去门诊。人工智能赋能的新软件有会话接口（聊天室），能支持每周 7 天、每天 24 小时的自动化咨询，能满足大多数需求。人们发现自己能随时与虚拟大夫联系，得到更好的服务。提供远程服务的新公司如雨后春笋，采集生理数据的技术不断变得触手可及，给这些新公司提供了支持。这产生了一个自给自足的发展模式：可资利用的数据越多，所得出的结果就越深入。虽然许多人反对分享自己的数据，大多数人还是乐意的。

医疗保健程序的转型、数据利用的普及还要费一些时间，但未来十年里可望见到重大进步。通用电气的医疗部表明，成本上升使医疗保健成为个人和机构／政府难以承受之负担，但由这些成本推动的数字化转型又使之取得更大的进步。流行病在世界范围内快速传播，这给数据的交换和使用造成了更大的压力。当前大流行病的追踪已经用上了人工智能算法，清楚显示出医疗保健领域里数字分析的强大威力。

第一节　医疗保健领域的技术发展

技术是医疗保健成本推高的重要因素（在美国约占总成本的30%—50%），越来越多的初创企业走在技术开发和应用的前沿。在今天和未来岁月里，对医疗保健产生重大影响的前12个技术领域是：

（1）大数据和分析技术：在医疗保健里，人们对大数据和分析技术实际效用的认识在提高，这推动政府去评估在总体和个人层次上能获得的利益，而不是强加限制以避免隐私问题。两年前，优先问题是隐私，如今的问题成为"让我们在从数据获益同时又寻找保护隐私的办法"。这一视角的转换将造成重大影响，反过来又进一步刺激数据分析的使用；

（2）可穿戴设备，医联网（Internet of Medical Things）：越来越多的传感器嵌入个人设备和周围环境，它们搜集各种语境化的数据，给人工智能和分析技术提供素材；

（3）电子健康档案：电子健康档案的概念和规制框架已得到普及，但实际的执行和互操作性仍然是一个悬而未决的问题。欧盟已达成一个电子健康档案框架文件，要求成员国贯彻执行。最近的《云基础设施倡议》（Gaia-X initiative）应能支持这个数据框架并提供必要的安防措施；

（4）远程医疗：起初的设计是为偏远地区提供医疗，如今它为所有人提供升级和持续的医疗服务。保险公司热心推进积极医疗保健的演变，因为主动医疗能降低成本；

（5）联动医疗保健（Connected Healthcare）：医疗保健领域里各种参与者，从个人/病人到诊所（医生）、照护者、现场护理、医院、药房、疗养院、家庭护理的实时联动，并不是技术问题，而是一个规制（和标准化）问题；

109

（6）个人数字孪生体：个人数字孪生体的效率提高，并能辅助医生和照护者，到 2030 年，它们将能提供个性化的辅助医疗服务；

（7）沉浸式技术：增强现实和虚拟现实已用于医疗服务，不过它们代表的是小利基的应用程序。我们已经见证它们在提高病人觉悟和理解的层面上所发挥更大的作用；

（8）移动医疗（mobile health）：智能手机和越来越多的可穿戴设备显然在支持移动医疗。不止于此，这些设备可以被用来使生理数据和环境数据语境化，将其与设备拥有者和社群连接。我们可望见证这个领域未来几年强劲的变化。许多初创企业如雨后春笋般成长，正在利用这个机会并促进整个领域的发展；

（9）3D 打印：牙科保健里已司空见惯，十年内可望成为常态。过去被用于打印骨头（颅骨、颚骨、肋骨……），如今常用于皮肤移植。2030 年到 2040 年，3D 打印将用于器官置换；

（10）区块链（Blockchain）：医疗保健越来越依靠数据，确保数据安全迁移的区块链也会越多被使用；

（11）云计算（Cloud Computing）：图像识别（TAC 分析）和制药（蛋白质建模）里的许多高强度的处理活动受益于云计算。数据空间使用的增加有望把云用作公共存储库。到 2025 年，医疗云市场的市值有望达到 647 亿美元。

（12）基因组学（Genomics）：基因组测序成本降低、可资利用的数据增长，打开了分析基因变异及其与病理关系和治疗反应的大门。而且，我们有望洞悉基因型和表现型的关系。基因组学的利用和遗传疾病的治疗将有助于预防医疗的发展。基因编辑（CRISPR/Cas X）技术已成主流，在未来的岁月里将得到更多的应用。基因组学的潜力在未来的十年将得到充分利用。

医疗保健的未来将是主动医疗（未感觉到症状前就积极行动）、个性化

（为特定的个人定制医疗，考虑其基因组、生活方式和居住地）和远程并持续的监测。

　　个人数字孪生体也很可能要在未来的医疗保健中发挥作用：处理本地的生理信息数据（保护隐私），进行云端服务咨询以求深度分析并提高对环境风险的意识（比如身处接触有害因子的地方，包括病毒）。长远看，保险公司和一批新角色将替代我们今天所理解的医生。

　　技术将继续发展并支持医疗保健的数字化转型。重点将放在通过技术的使用以降低成本、同时又维持高水平服务（有些地方甚至用于提高服务水平）上，比如因数字化转型而转移到线上空间的非卧床医疗（ambulatory medicine），有相当一部分能够被转移。

　　我们对前六个主题（大数据和分析技术、可穿戴设备、电子健康档案、远程医疗、联动医疗保健、个人数字孪生体）做深入探讨，后六个主题则放进它们关联的语境里去介绍。

一、大数据和分析技术

　　大致地说，医疗保健的未来正沿着两个方向前进：更好地理解个人，充分利用大量的个人数据。能够"看见"事物本质的能力为这两个方向提供了助推力——包括基因测序——这是由于更好的传感器和收获数据的能力能够更好解读已有数据。大数据和人工智能位于这些发展的核心。

　　我们已经有大量与医疗保健关联的数据（放射线图像、验血……），但和未来的几十年相比，那仍是小巫见大巫。21世纪下半叶的人可能会积累兆兆字节与医疗保健关联的数据，从降生直到生命终点。这种数据的产生是自动的：有越来越多的传感器搜集数据，出生时的数据将包括基因测序（3千兆字节）加一些基础的体检，体检数据会生成婴儿的数字自我（起初大概有100千兆字节）。这个数字自我通过各种传感器，含环境传感器、接触传感器和嵌入式传感器不断积累历史数据。此外，婴儿的数字孪生体数据将与父母的数字孪生体关联起来，以深入了解影响婴儿生长和人生的遗传特征。

定期体检将没那么必要，因为每个人都不断处在监测中。那必然会生成越来越多的数据。

问题是：用那些数据能做什么呢？原则上，只要你能厘清其中的意义，数据是越多越好的。深层学习算法能区分每个人的常态和亮红灯的状态。到 2023 年，对个人健康状况更好的理解、对其潜在问题的预测（预测分析）可望节省 25% 的医疗费用。

至于利用个人数据的第二个发展方向，全世界电子健康档案使用的增长正在推动医疗健康的数字化转型。如今，一个中型医院每年就可以积累兆兆字节的数据。病人数据的交叉比较有可能了，更普遍的、数以百万计人员医疗健康数据的交叉检查也可能了，整个医疗保健系统将因此改变。

数据管理复杂，不同系统（含软硬件的机器人治疗）的交互也复杂；这样的复杂性正在推进虚拟医疗与物理医疗的共生态，其中医生与其虚拟助手（如 IBM 的"沃森"）能够在网络空间里进行强有力互动。

二、可穿戴设备

在这个十年里，几种技术区的汇流维持医疗保健的演变，每个技术区在几种市场需求的压力下独立发展：

1. 环境传感器和植入式传感器

使用中的可穿戴传感器数以百万计，它们监测人的基础生理参数。最初时旨在为健身服务，在过去的三年里，这类传感器所获取的数据已开始为生成健康指标服务。苹果手表是第一个大批量投放市场的产品，已获能检测医疗状况（动脉纤颤）的认证，最新的一款能够提供简化的心电图，并将其传送给医生做初步诊断。此外，检测运动障碍以鉴别帕金森病试验已在进行中。可穿戴血压传感器、位置传感器、生物传感器正在成为主流，到 2030 年将大量普及。

除了可穿戴传感器外，环境传感器将成为医院、办公室和家庭健康数据的重要源头。除了可穿戴设备用于医疗保健时所产生的问题之外，环境传感器引起的隐私问题也需要管理，尤其用在公共空间如医院和办公室。至于其他与医疗保健关联的数据安全问题，需注重所有权和隐私权。显然，因为人们不知道数据正在被采集，公共环境搜集的数据将带来更多的问题。

2. 植入式传感器

再过几年，我们可望看见自粘性生物传感器（self-adhesive biosensor）的崛起，驱动它们的是"特定的需要"，比如糖尿病人需要葡萄糖监测。显然，植入式传感器是入侵性的，需要（有限的）手术。但从正面看，它们"入侵"的感觉会逐渐减弱，不像可穿戴设备，是掉不了、忘不了的。技术进步可望使它们通过自充电延长生命周期，植入后按预定的时间工作并在体内降解。

在所有这些情况下，从传感器到检测应用的数据传播都通过本地无线网发生，并与服务商连接。部分数据通常在本地就能得到处理，智能手机在此发挥重要作用（同时又是门户），不过大多数的处理是在云端发生，由医疗保健服务商管理。我们可望见到，一些药物将物联网嵌入传感器，发出"吞咽"的信号，其他传感器则监测其效果。

用环境传感器和可穿戴传感器继续不断进行检测已成为潮流，但它又不只是潮流：它正在成为现实。这是医疗保健走向数字化转型的又一步。今天，约 55% 的美国家庭至少有一个连接网络的健康传感器。可穿戴传感器在这些传感器里占 37%，智能手表居首，健身追踪器居第二。

这些传感器使用的增长意义重大，因为它们正在为健康数据空间奠定基础：一切采集到的数据都可以聚集成一个有时间印记的记录，可以用机器学习算法来分析（有些已经与嵌入了传感器的设备比如苹果手机关联）。我们很快就会享受到为我们创建个人数字孪生体的服务以管理数据。同时，分析和"加工"这些数据的应用程序也将增长。

我的个人数字孪生体将聚集更多的数据，比如追踪我行踪的数据和环境（如污染、温度、湿度）数据，会把这些数据添加到我的健康数据空间，使其相互关联。这些数据及其意义将在线上空间里由我的医生分享，很大可能分享给一些可信的服务商，将其用于不断的监测和评估。不止于此，中性化的数据将可用于提供特定场所正在发生的情况，能够将数据进一步关联并提取其意义。

你可以说，这是医疗保健自下而上的数字化转型，它与自上而下的转型手拉手前进，很可能还在牵引自上而下的转型（自上而下的转型由机构和政府协调）。

3. 可穿戴类别

如上所述，感知能力的增强和传感器的普及正在生成越来越多的数据。反过来，人工智能（其一切形式，含机器学习）显示，我们能利用数据去提取意义，而这个意义的价值越来越高。因此而生的趋势是：部署越来越多的传感器，并使其监测各种环境（及人体）参数的能力越来越强。这是一种自强化循环，目前已露端倪。需要注意的是，在业已采集到数据中，只有很小的一部分实际上被用上了。公司的数据是公开采集的，但是连这样的数据都没有被充分利用（公司里60%—75%的数据从来就没有被利用过）。因此，即使在目前已有的数据"湖"中，也能进行许多分析和智能的工作。

起初我们用传感器监测和控制机器，如今我们用传感器监测环境和人体。最早用于人体的传感器专注健身层面，如计步器之类的追踪器，心率、睡眠监测器，如今的有氧饱和度监测器……我们看见手表"智能化"，在其中嵌入了传感器，使其具备健身追踪器甚至更多的能力。很可能，智能手表将淘汰掉健身追踪器（职业运动里有少许例外）。智能眼镜几年前已经上市，其功能已有改进，但没能赢得消费市场。2030年前我们有望看见，新一代研究者能成功提供无缝的增强现实/虚拟现实服务，监测更多与我们的健康关联的参数。智能眼镜最终将被智能隐形眼镜从侧翼夹击（即使并非被取代）。耳塞式耳机显然也是体温监测、活动追踪的好选择，因为耳塞佩戴的时间长，且与皮肤接触紧密。

我们有智能手环、智能贴和智能文身……还有智能衣、嵌入式传感器，日夜监测生理参数的未来即将来临。而且，我们不能低估环境传感器的作用，比如智能镜子、智能卫生间、安保摄像头。它们都能提供人工智能软件可以处理的数据，将其与特定的人联系起来。每天早上在智能镜子前修面就能生成有关心跳、颈动脉血流等数据！

IEEE计算机学会（IEEE Computer Society）主办的2022年技术预测会指出，用于医疗保健和健康的可穿戴设备和传感器正在蓬勃发展，值得关注——既是商家的机会，又对日常生活有益。显然，大流行病为传感器的部署和利用追加了动力，它们能监测我们的健康情况，并提出预警。有趣的是，"虚拟传感器"感知数据、提取意义的服务已经开始交付了。分析语音签名的应用已在试验中。这样的应用程序能够监测语音变化，以探查可能的新冠病毒感染，促成更有针对性的检测。初步结果似乎显示，这类分析可能比快速测试更准确，未来准确性还会提高。再者，几年之内，Alexa或Siri之类的语音助理能持续分析我们的语音模型（及其流变），并就正在发生的情况提出建议（和警示），甚至走在我们觉察到健康有问题之前。

大多数这样的虚拟传感可能会在我们的个人数字孪生体里发生。它可能存在于我们的智能手机里，与我们的环境交互，这甚至包括我们的笔记本（通过探查敲击键盘的模式）；我早上剃须所照的镜子能提供我面孔的数据。一场关乎我们幸福和健康的革命正在进行之中。

4. 量化的自我

可穿戴设备的敏感性不受电子产品的影响，而是受人们使用方式的影响。你的电子手表测量血氧容量、体温、心跳可能很准确，但如果你把表戴在袖口上，它就无能为力了。制造医疗级精准度的可穿戴设备成本太高，而且要求穿戴者遵从严格的使用规则。不过在过去一段时间里，人们身上更多的可穿戴设备使数据交叉核对、比较变得可行了，从而使其可靠性提高，能够进行更准确的分析。这一趋势会继续下去。我们可以打赌，我们将能采集数以"吨计"的数据，而生活却不会被打扰。这些数据将开启建构和维持"量化的自我"（Quantified Self, QS），是走向创建个人数字孪生体趋势的一部分。

在这个框架里，苹果决定提供应用程序接口（APPlication Programming Interface, API），让新发布的移动操作系统（IOS）符合 Argonaut 数据查询语言，以查询医疗数据，这可能会使游戏规则为之一变。这一举措不是第一个尝试。几年前，谷歌作出同样的决定，希望把许多医疗应用和服务建立在手机上，但最终失败了。如今，利用这种数据的时机似乎已经成熟。人们的健康受到监测，可穿戴设备测量步数、心跳、卡路里摄入量、血样容量的数据成为我们数字自我的常规部分。我们在互联网上阅读和观看的内容越来越多地受到监控，我们与真实和虚拟的零售商的互动很大程度上基于我们数字化的口味。被授权的医生（或人工智能的应用）可以访问我们手机里被捕获和储存的这些数据，为我们进行远程检查、提供指导。这必然会生成若干个数据包（应用），并反过来促使我们使用更多的可穿戴设备，从而又促进这些设备能力的进步。许多专家认为，医疗保健的未来与个人和社会的数据相互缠绕。基本的要素今天已可资利用，但规则滞后了。

目前对隐私的担忧（将来黑客对身体传感器和执行器的攻击）迟滞了数字化转型。你可以想象，这是一个滑溜溜的斜坡，上面的我们越来越多地成为数字的镜像，因此很难在可行和不可行、想要和不想要之间划清界限。一方面，个人数字孪生体的创生使人能更好地管理自己的数据，另一方面（取决于谁实际上在控制／赋能个人数字孪生体），它有可能被第三方利用。

三、电子健康档案

电子健康档案的概念已经在很多地方变成了条例。遗憾的是，实际使用的情况却不见好，全球统一的格式尚付阙如。在这个领域，全球标准和统一的采用／应用格式是非常可取的。然而，这是要求很高的命题。退而求其次的选择是可以共同操作的解决方案，比如欧盟的"云基础设施倡议"。

欧洲云计划（Gaia X）框架里有一些应用见于医疗保健。目的相同、框架不同的云服务可见于美国、中国、日本和新加坡，还见于其他许多国家。

有些国家即将充分部署和使用电子健康档案，另一些国家还处在早期部署阶段（或尚未起步）。到2030年，G20国家应能完成普及，互操作性将能实现。这些国家将带领该技术在世界上其他地方的应用。根据世界卫生组织（基于2016年数据）最近的报告，这项技术的普及任重道远。

与此同时，大流行病对加速部署电子健康档案和修订其框架都构成了巨大的压力。关键问题是需要确保跨越医疗机构（医院）和国界的数据流，以探查流行病的早期迹象并提供有效（准确而及时）的控制。这就延伸到个人数据领域，因为健康"护照"是确保跨境安全旅行的关键因素。电子健康档案还被视为辅助研究、检测药物疗效的重要工具。有了浩瀚的数据库以后，用机器学习和分析技术从全球范围的电子健康档案中提取信息就有可能了。显然这具有重大的社会意义，还具有重大的商业意涵，因此解决数据所有权的问题随之而起。

四、远程医疗服务

大流行病使许多国家远程健康的发展提速。根据美国公平健康公司（Fair Health）统计，2019 年 3 月至 2020 年 3 月，远程健康的使用增加了 4,300%。2020 年，医疗保健和医疗补助（medicare and medicaid）追加了 80 余项远程服务，且现场和远程服务收费相同。

大流行病有力地推动了远程服务，起初是提供减少面对面接触的医疗服务（把门诊和家访减少到最低限度），后来成为获取医疗服务更加便捷的方式。就大部分服务而言，就医者和提供服务的组织 / 人员的体验总体上是正面的。最近的一份报告显示，美国医疗供应机构提供相当多的服务，包括远程服务和新健康问题的诊断服务。

在意大利，慢性病患者通过邮件接收处方和辅助支持（如何寻医、该做什么）已成为"常态"。但不舒服时还是要面对面问诊。

意大利近年远程的问诊和开具处方的次数激增。有趣的是，人们认为大流行病开启了几种医疗保健领域没有回头路的一个拐点。这场流行病结束后，许多服务（如处方）仍将是远程交付的。据统计，2019 年意大利远程咨询比大流行病期间少得多，大流行病结束后，远程咨询的人次估计会维持在大流行病期间的水平：

GPS 的远程咨询增加：14% > 38%；

专家的远程咨询增加：27% > 37%；

远程监测增加：10% > 37%；

远程协作增加：11% > 36%；

远程检查增加：10% > 34%；

远程康复增加：9% > 32%；

远程助理增加：7% > 24%。

除了专家远程咨询外，一般远程咨询预期将增长三倍。专家远程咨询的增长有限，但也会有 30% 左右。远程康复和远程检查将利用多种未来会用于家庭的设备。

远程保健正在颠覆医疗地图。在未来的岁月里，我们有望看见杰出医疗点的崛起，它们将为世界各地人民提供服务。一个菲律宾人将能够订购瑞典一家机构提供的远程健康服务。如果需要，这家服务机构将会把病人与当地的医生或医疗机构联接在一起，使其能够接受面对面医疗服务。

这样的远程服务必然产生一些支付中心，管理增长的需求很可能要依靠自动回应系统和基于人工智能的软件应用程序，以及自然语言互动的系统性应用。

每个病人都有对应的医疗保健记录，归档的数据含重要的统计数字（依据所需服务层次可能会以准实时的方式自动更新）、处方、体检结果、咨询和基因测序。这样的记录被用于机器学习算法以生成病人的模型，各种软件应用程序将监测病人及其环境的风险。换句话说，个人数字孪生体的创建和使用将支持向远程健康转移的趋势，并成为其中介。

还需注意的是，向远程保健的迁移也是将价值向"软件公司"迁移，它们将拥有最大量且多样的数据 / 病人，并借此生成更好的智能、提供更准确的服务。换言之，在医疗保健领域，将大量数据向人工智能迁移意味着定制服务潜能的增加（和制造业的情况截然不同，制造业产能的扩大会导致产品特征的拉平）。

此外，医疗支持，尤其是监测的服务，在用上软件和数字孪生体后，能促成不间断的咨询（一个人一天之内能多次与虚拟大夫联系，一天只需付一次挂号费）。服务提供方增加的精力可以忽略不计，接受方的获益却大大增加。一个额外的好处是，一个人利用的服务越多，数据的积累就越多，服务方的数据空间的价值也会提高。

而且，为消费市场设计的医疗设备日益增多。它们生成的数据由医生监测（如果你想要的话）。基于人工智能的服务正在实验之中，即将问世；

它分析并解读可穿戴设备（和进入市场的医疗设备）搜集的数据，并提出诊断。至少在未来的几年里，最后做出诊断并承担责任的医生还是需要的，但在这个十年的后半段，我们可能会开始使用软件（人工智能）自动管理的服务并信赖它们。其好处是其持续性（每天 24 小时，每周 7 天），"虚拟"大夫一直在监测我们的健康，出现异常时，它就发出警示。本章开篇我们就说，数据正在占领医疗保健的核心，这就是所谓的"数字治疗"（Digtal Terapeutics）。

美国"未来今日研究所"（Future Today Institute）指出，2030 年，远程健康服务的"软件化"将改变医疗现状。不过请注意，本书迄今有关个人数字孪生体的思考是我们自己的成果，源自于电气和电子工程师协会的"数字现实倡议"。

五、联动医疗保健

医疗互联网 – 物理系统（Medical Cyber-Physical Systems, MCPS）成长起来，是医疗里多种设备和系统联动的结果。由于它们更聪明，能（通过人工智能）采集、处理并理解数据，它们在医疗保健决策过程中发挥的作用越来越大。由于其处理数据的方式，其中一部分设备可以被视为由硬软两部分即原子和数字组成，软的部分可以被视为数字孪生体（或许仍处在婴儿期）。个人数字孪生体的创生很适合这一现状，成为人与医疗互联网 – 物理系统的接口。看待这一现状的另一种方式是，把个人数字孪生体视为医疗互联网 – 物理系统不可分割的一部分。个人数字孪生体的第一个阶段（单纯反映人的健康数据）更适合接口的角色，个人数字孪生体更高级阶段（第三甚至第四阶段）则成为医疗互联网 – 物理系统不可分割的一部分。换言之，个人数字孪生体可以是医疗互联网 – 物理系统的几个要素之一。

以上分析也许过分简化，但却是有用的，因为它指出在社会层面整合个人数字孪生体时潜在的问题。第一个"架构"清楚地分离个人数字孪生体和其余的世界（个人的空间完全保留，泄露多少给数字孪生体由规则决定），第二个"架构"不再把个人数字孪生体与总体的系统分离。相反，系统被界定为所有个人数字孪生体的集合，它们在医疗保健系统里被整合起来了。这个架构的优点是，每一个个人数字孪生体都能为这个系统做出贡献；实际上，这个系统是包含所有个人数字孪生体状况的元组（tuple），也包含了其他相关事物（如已有的医疗保健资源）。这将使即时发现流行病传播模式成为可能，并用以平衡资源和需求。

以下的评述与上述架构无关。我们会指出个人数字孪生体的几个优长，并使之于医疗保健系统交互。其优点有：

（1）通过个人数字孪生体轻松（至少成本低地）监测；

（2）通过个人数字孪生体搜集和分享数据，实时（或几乎实时）回馈人的行为；

（3）在某一专门的监测中，给可能处在危险中的个人数字孪生体（或被感染，或密接感染者）发出警讯；

（4）针对感染者开发靶向服务，用他们的个人数字孪生体生成特定的虚拟社群；

（5）提供直接的支持服务，在线上空间里生成病情鉴定；

（6）支持基于有效需求的资源更有效的使用，在动态监控中维持竞争需求和资源可及性的平衡。

既然个人数字孪生体已成为医疗互联网 – 物理系统（第二个架构）的一部分，触摸医疗保健系统的总体脉动就变得可能了，系统在需要的地方分段，预测并采取恰当行动也变得可能了。

在医疗保健的游戏场里，行动受几个因素制约：资源可及性、成本、伦理和社会因素。了解这些总体情况未必意味着所有问题都能够得到解决，但能提供可靠的信息，帮助人做出明智的决定。最重要的是使人能评估决定产生的结果，在这个过程中不断进步。

六、新药的研制

新药的研制也在利用数据的路上前进，推进因素是发现和测试新药的高昂成本。病毒的快速传播进一步推动了药物的数字化转型，以用病毒的基因测序来迅速寻找潜在的疫苗。数以百万计的人类基因组序列数据库可用性的提高使数据分析和机器学习成为可能，使人能够洞察外表型和基因型的关系，支持新药的快速模拟；过去视为不可能的梦想实现了。

从个人／患者的角度看，通过日常与"机器人"（聊天机器人）交互来管理医疗保健的方式越来越容易被人接受了。医生的干预保留到第二层级，大多数情况下机器人会出面请医生。显然这里存在的责任问题和追责问题必须要得到解决，隐私问题和个人数据所有权问题也同样需要解决。这条道路目前还未得到许可。

数字孪生体技术的开发和利用将进一步加速数字化转型，下一步进展也即将到来，就是用人工智能创建的万千个你和我的数字孪生体。医学研究是开路先锋。

第二节　医疗保健里的个人数字孪生体

2030 年前，数字孪生体在医疗保健里的应用将越来越常见，个人的数字孪生体将包括其基因组，映射和追踪若干生理参数包括心肺功能和基础代谢，记录其活动、习惯和交互，及其对健康正反两面的影响，记录检测器环境。这一切数据将生成健康状况和健康风险的信息，并提供积极主动的医疗保健方法。不仅如此，分析社群里所有数字孪生体的"合奏"，就可以尽早发现流行病、危险因素，并评估药物 / 处方 / 环境因素的反应。

反映和记录健康状况 / 历史数据是个人电子健康档案的一部分。从这些数据里提取本地智能的新的研究正在展开，这些研究将为服务医疗保健空间生成个人数字孪生体。

医疗保健空间里的个人数字孪生体以多种方式与物理的个人孪生体联系。首先可以界定一个框架（可以用规章制度作背景），通过医疗保健服务商投入使用。如果国有或私营医疗保健机构不参与，保险公司就可以发挥作用。西方国家的私营公司有可能会在医疗保健空间里率先采用个人数字孪生体。提供这种医疗保险和服务的公司第一步就可能是请求访问个人的电子健康档案，并给这个档案加上订购服务时采集的特别的信息。这套个人医疗保健的数据会不断拓展，从体检、问诊、处方和监测设备获得的数据也将加入其中。个人的镜像将被用于定制服务，需要与个人互动的医生、医疗保健者（须经授权，数据所有权属当事人）也可以使用这些数据。到2030 年我们可望看到，基因组序列将成为个人数字孪生体的一部分。监测设备、可穿戴设备、植入式传感器等设备继续不断地提供数据，它们将充实模型，维持与物理孪生体的同步关系。

嵌入个人数字孪生体的应用程序将用数据创生本地智能。此外，这些应用程序通过接口与环境交互（让个人数字孪生体与环境分离以及保护隐私，至关重要；让其与环境和其他个人数字孪生体的互操作性得以维持，亦至关重要；个人数字孪生体需独立于它本身所用的模型 / 框架）。数据价值的分享需要建立在知情的基础上（因此，医生可访问某些数据子集和某些特征，研究者可访问另一个数据子集，医疗保健机构访问的又是另一个不同的子集。举例说，研究者不必知道我的身份，医生不必知道我去过哪里，只需知道我去过有风险的地方，公共机构一般不必知道我的身份，只需知道与我相关的邻近数据）。

个人数字孪生体的一个重要角色是架设物理孪生体和语境的桥梁，也就是创建"语境知觉"——向物理孪生体告知威胁和适当的对策（即行为）。它要此时此刻向物理孪生体通报规章制度（它会说，"因为你新冠肺炎诊断为阳性，你不能外出"），万一物理孪生体不顺从，它就会发出警告。这不是侵犯隐私，也不是"老大哥"①的借尸还魂。实际上，只要物理孪生体遵守规则，个人数字孪生体就能够保护隐私。个人数字孪生体就像我租来的车上的黑匣子，只要我规矩行事，它就不会泄露我的行踪／行为；只要不超速，黑匣子就不会发布汽车行驶的信息。

我们已经看到个人数字孪生体在中国和远东运行（或部分运行）的情况；在当前的大流行病期间，每个公民都必须要有一个数字护照才能出行，这个通行证记录数据、症状和检测结果。

第五阶段的个人数字孪生体能积极行动，分析语境，与其他个人数字孪生体和医疗保健服务里的数字孪生体合作，把相当一部分医疗保健程序转入网络空间，我们在上文已经做过预测。

一、个性化的医疗保健

我们对人类基因组的理解取得了进展，并正在学习将其用于个人的医疗保健。通用电气和飞利浦等公司正在投资创建个人数字孪生体，以支持个性化医疗。

数字孪生体已用于为程序、设备甚至医院建模，不过我们在这里研究的是数字孪生体用于患者语境的情况（或一般人积极预防疾病的情况）。

在经典医疗保健产业（通用电气、飞利浦、西门子、诺基亚）的眼里，数字孪生体是利用数据的一种方式，是它们在改善医疗保健、降低成本中

①"老大哥"——政治讽刺小说《一九八四》里的统治者。

积累的数据。你能从它们的字里行间获悉，从与它们的策略师交谈中获悉——这些信息不会记录在案，数字孪生体是保护自己免受攻击的一种方式。攻击来自于靠数据发财的公司，这些公司将利用这些数据，并以此进入其医疗保健空间。谷歌和苹果就走在这种新公司的前列；和基因检测公司"23andMe"一样，它们试图利用那些老牌公司可访问的数据。很可能，在未来几年里，这里（"已在场公司"和"数据公司"的争斗中）没有明显的赢家，不过，这些公司的竞争将加速数字孪生体的采用。

一个重要的方面是数字孪生体第四阶段预期的发展。在这里，数字孪生体会拥有自助系统的功能，开始在网络空间里遨游，利用数据和服务为其物理孪生体提供定制的健康指引。我们离这个预期不远了，已经出现了一些迹象（苹果第五代腕表已迈出一步，不过这是医疗保健一个微乎其微的部分）。到下一个十年中期医疗保健里的数字孪生体将成为自主系统，支持先进的个性化治疗。

二、创建基于健康的个人数字孪生体

从技术上讲，从产业界数字孪生体升级到医疗保健领域（医院设备、医疗设备、制药公司……）应用的数字孪生体仅仅是一小步，就像医疗保健领域从设备和流程走向为人建模是一小步一样。不过，这样的建模不需要考虑数据敏感性和相关的隐私问题。进入个人空间就打开了数据所有权的问题。试举一例，我的个人数字孪生体能积累我近年体检的数据（为后代着想，这些数据还包括我降生以来一切检查的数据）。一方面这是我的数据，另一方面这是化验室流程的结果，化验室至少可声称是财产的共同拥有者。与此相似的问题有：谁是诊断的所有人？医生用自己的知识做出诊断，她是拥有者吗？我是诊断的主体，拥有者是"我"吗？这些问题都不是鸡毛蒜皮的小问题。医生为我看病、看化验单、看处方，她在增加自己的知识空间。既然我为她增长的知识空间做出了贡献，我能拥有产权吗？乍一看，我们可能自信地说，我的检查结果的数据是"属于我的"，而从我的数据派生出来的知识是"属于她的"。然而，数字化转型使数据的访问和处理太容易，以至于这个问题变得混淆不清了。关于搜索引擎的讨论就是一例，我们用它们提供的服务，它们利用我们搜索行为的信息为他人谋求商业利益。

剑桥大学的研究人员用人工智能生成人体的数字孪生体，我们身体的数字孪生体[①]。其目标是协助监测我们的健康状况，在觉察到症状之前就发现疾病暴发的前兆。早期觉察身体有恙对疾病发展的结果很不一样，无论那是新冠肺炎或癌症。

在医疗保健领域里，数字孪生技术已有若干应用，而且这样的应用还在成倍增长，包括用其模拟人体建模（比如制药业就用这样的建模来加速药物的研发）和监测身体状况。当然，人工智能正在被用于数据分析；不过就我所知，剑桥大学这个项目的确是用人工智能创建人体数字孪生体的第一个案例，其声称的目的是促进预防医学，为患者提供个性化的治疗计划。为此目的，他们应用了一些人工智能技术，包括图形神经网络（Graphics neural network, GNN）和生成式对抗网络（GAN），为数字建模提供素材，预测当前和未来嵌入数字孪生体的病理状况。这个数字孪生体模型已经在器官、组织和细胞层次进行过模拟临床试验。在现有数据的基础上，人工智能被用来评估当前的状况、预测大致的发展。这个项目尚未进入临床试验阶段，却验证了一个观念：人工智能的应用可以自动生成数字孪生体。

数字孪生体能用于给医院、流程和人建模。显然，人的数字孪生体已

---

① 在《图示预测病人情况：数字孪生体初探》（*Graph Representation Forecasting of Patient's Medical Conditions: Towards a Digital Twin*），你能找到详细的解释和初步的结果。

然是个人数字孪生体。一波新模拟器正在到来，这些模拟器将基于芯片上的实验室来模拟器官（芯片上的器官）以及人的生理。此外，研究人员还在基因组、代谢组和蛋白质组层次上模拟药物对人的影响。疫苗的研发正在成为软件密集型工作。研究人员用计算机给病毒建模，并用计算机模拟对策（识别阻止病毒攻击细胞、繁殖、产生副作用的蛋白质，设计与模拟矢量）。试验在实验室仪器中、在动物身上、最后在志愿者身上进行。研制中的疫苗已达几百种，许多已进入试验阶段，在志愿者身上使用。其中一些疫苗预计会成功，并表现出不同程度的有效性，其有效性因不同的大类群体而有所不同：一些比较适合长者，一些适合某些病理，等等。

走向虚拟化的数字人后，定制疫苗（至少在可及的疫苗中选择一种）使之适合特定一个人就成为可能了。因此，近期内疫苗首次在我的数字孪生体身上进行"数字式注射"的想法已经提出，根据模拟结果，会挑选一种疫苗在我的身上注射。

达索公司（Dassault）正在医疗保健中使用数字孪生体，已获得意义重大的经验。该公司参与创建虚拟新加坡，2015 年以来用数字孪生体建模并模拟几种流程（和基础设施）。在 2022 年的消费电子展（CES）上，他们推出了"虚拟你"（Virtual You）的视像，这就是一个数字孪生体（实际还是一个孪生体集合），为人体器官生理建构了一个模型。

创建数字孪生体以模拟人体器官甚至有了一个专有名词：深度孪生（deep twin）。终极目标是创建全人体的数字孪生体（digital twin of the whole body），可能用几个深度孪生体的交互来生成。

达索公司推出了活肝项目（Living Heart），认为这是其他数字孪生器官开发的垫脚石。其目标是模拟各种情景，包括药物影响，以帮助我们理解器官运行机制。

达索公司开发的数字孪生体是一般的数字孪生体。不过，使这种一般数字孪生体发展为反映一个特定心脏的孪生体还是相当容易的。我们已有几种可穿戴设备提供实时数据。这些实时数据可以用体检结果（X光片显示的心脏大小、心脏生态）来补充，以生成一个更精确的 / 个性化的模型，而且可以用新数据不断予以更新。

有人感觉胸痛，自己判断症状不严重。12 个小时以后，他中风去世。有了这种技术以后，那样的情况绝不可能再发生了。持续的监测应能识别出即将来临的危险的端倪，并发出警示。

达索公司认为，数字孪生体可望成为医疗保健的基本要素，支持积极的医疗保健、设计药物及其试验以及未来医生的培养。

第三节　延寿

青春永驻的梦想可以追溯到我们可以回眸的最遥远过往。实际上，过去大多数智人的预期寿命不到 30 岁，可见人的寿命大大增长了。二百年前的预期寿命至少比今天少 20 岁。但如果看有记录的年龄最长的寿星（时间越久，报道的准确性就越低），其寿命却相差不大。当然有例外；如果考虑婴儿死亡率并将其排除，过去人的预期寿命则能升至 40 岁。仅在过去的一百年间，预期寿命才开始增长；到了过去的七八十年间，预期寿命的增长是清洁用水的结果。而在此后的几十年间，医学才成为延长人类预期寿命的重要因素。

在过去的六十年间，发达国家预期寿命的增加正是医学进步的结果（主要归功于抗生素）。先进的医学比如器官移植延长了寿命，但那仅对个体有效，对总体的统计数字影响有限。

欧洲和美洲的预期寿命在 14 世纪中叶开始变化，亚洲的预期寿命在 20 世纪初开始变化，非洲的预期寿命到 20 世纪 30 年代才开始增长。

一、延长健康寿命

我们还应该考虑"健康"这个定语。实际上，在过去，人死前往往是比较健康的（要么健康生活，要么死亡）。今天，医学的进步能延长寿命，但在许多情况下，生命质量并不好；长者常常问，如果生命质量低，延长寿命的意义何在。数字化转型可能会改变这一局面。将原子映射为比特，从人与环境中采集数据，医学从治疗为主转为积极预防为主，健康生活就是可能的了。向主动医学的转移应能影响更多的人口（社群越大，数据分析就越有效），预期寿命就越长。

延寿努力的效果仍不确定。有人称可能延长至 140 岁，还有人把生命推至 200 岁，虽然只有极少数人相信永生，但在科学可能性的领域里，永生不死是可能的。

基于基因组的知识，基于端粒（telomere）对保存基因组复制精确度的影响，基于人瑞的数据，120 岁似乎已经是极具挑战性的目标。如果想超越 120 岁，还需要某种形式的返老还童术；尽管有一些试验（动物实验），真正有科学证据、可用于人的返老还童术是不存在的。

彼得·迪亚曼蒂斯（Peter Diamandis）提出他的大趋势预测时说，在未来的岁月里，医学将能为我们延寿。他预测，到 2030 年，我们可以见证延寿 10 年。这是大胆的预测，也许很难实现，尤其在那些预期寿命已超过 80 岁的地区。无疑，在非洲和亚洲的一些发展中国家，预期寿命尚处在 60 多岁和 70 多岁，我们能够看见增寿 10 年的前景；然而，从 80 到 90 或从 85 到 95 岁（平均寿命）的增长则更难以预测。

迪亚曼蒂斯阐述了应用于医疗保健的技术发展。他特别列举了这个十年里发展并将产生重大的影响的技术：

（1）干细胞供给修复的技术（干细胞可用于生成人体的任何细胞，尚未分化，有替代任何死亡细胞的潜力；而死亡之中、没有同类细胞替代的生理现象正是衰老的原因）；

（2）新药，包括生长分化因子11（GDF-11）、衰老细胞裂解法（Senolytics）和转录调控机制（NMD/NAD+），将很有前途。但我们要谨慎，因为迄今为止，它们仅在实验室里表现出延寿能力（实验鼠增寿10%—15%，尚不知是否可复制于人类，也不知可能的副作用）；

（3）机器学习和人工智能总体上为制药研究提供增强工具，使网络空间里在芯片上试验新分子、器官和人体成为可能，从而能加速体外试验。在药物研究加速和个性化的过程中，数字孪生体可能发挥重要作用。

（4）基因组测序、基因编辑技术、人工智能、量子算法和细胞医学（cellular medicine）的趋同将加速研究流程和临床试验评估。

二、极端延寿

医学科学和社会关怀能够使越来越多的人"交上好运"，在预期寿命阈值范围内活得更久、更健康。若要超越这个阈值范围，那就需要创建一种极端的新路径。这就是"极端延寿"（radical life extension）寻找的方法。正在考虑的方法基本上有以下四种：

（1）能回拨衰老时钟的新药；

（2）以预期寿命的角度进行体外受精（IVF）并挑选最优的卵子/精子组合；

（3）基因组黑客（genome hacking）

（4）虚拟寿命（virtual life）

1. 延寿新药

已有一些动物试验研究衰老的原因，亦有一些延缓甚至逆转衰老的药物（雷帕霉素和二甲双胍）试验。结果证明小白鼠和果蝇之类动物的预期寿命延长了约 30%（这可能意味着人的寿命能突破 120 岁的极限，但不会突破很多）。

转移到人身上的效果未必明显。有很多因素限定生物体寿命，它们在不同阶段所起的作用不同。比如，随着预期寿命的增长，因果关系的变化所起的作用就越大。因此，果蝇的延寿以星期为单位（实际上就那么几周），而一种小白鼠延寿了一两年，这样的结果并没有指出在几十年寿命后仍能继续延寿的关键因素。值得注意的是，任何药物造成的延寿都不会遗传给后代。

2. 体外受精和胚胎选择

体外受精的增加和胚胎的筛选能提高延寿的概率，因为操作者能挑选有利于延寿的基因混合。从红细胞创制干细胞（和卵子），这种新技术的采用将进一步增加延寿的几率，因为正常的体外受精始于最多 10—15 个卵子，而用干细胞生成卵子的技术可以把可挑选胚胎的数量增加到数以千计。

这样的研究方法能产生可遗传的延寿。有些科学家正在研究生成许多代的胚胎，最后将有进一步延寿特征的胚胎植入子宫。

这个领域充满伦理争议，这一技术的采用没有共识。在目前的假设阶段，没有证据表明其效果合乎预期。未知的因素之一是，突破 120 岁的极限后情况会怎么样？可能有我们目前不知道的其他因素起作用，起到预期外的效果。

3. 基因组黑客

从技术上看，科学家拥有工具制造基因、改变基因组，最重要的是能改变基因激活的规则。基因编辑（CRISPR/Cas9 and CRISPR/Cas13）只不过是首批工具；至少从原理上看，人工智能算法、机器学习和基因组数据库的增长允许这样的设计成为可能，所设计的基因组建基于期望的表型，在这个案例中即更长预期寿命的表型。

伦理问题和社会问题甚至比体外受精和胚胎选择的问题更大。

4. 虚拟生命

由于快速的处理能力和海量的数据，以上三种延寿的进路都变得可能了。然而，第三种方案没有一种是直接的结果，它们也不需要数字化转型，而在未来的数十年里，整个医疗保健领域都要经历数字孪生的变化。

由于个人数字孪生体变得更高获取、更成熟，到这个十年结束时，网络空间里可能出现一个与人（包括感知、经验、关系）一样精准的复制品。彼时的数字孪生体可以被视为物理人的镜像。但和物理人不同的是，这个孪生体不会衰老——如果这个物理人做出这种选择的话。这是应用于个人的数字化转型的一个案例（人的数字化转型还有其他几个方面，但那不是此语境下关注的问题）。

在网络空间里尝试延寿的工作已露端倪。这样的延寿有利于亲戚、朋友甚至公司，但显然对本人无益（知道死亡并不意味着完全消失后，人或许会觉得好一些）。至于将来的软件是否会有知觉，那完全是一个未知的问题。

第四节　社会因素研究

与此同时，考虑到人口老龄化及其对社会和经济的负面影响，我们应该抱谨慎态度。

个人的开销随着年龄的增长而上升。但值得注意的是，通常最高的支出都发生在死亡之前的 6 个月里，所以开销的上升未必与年龄相关（不过随着年龄的增长，患多种疾病的可能性增加，医疗保健成本随之增加）。

研究者追求延寿的目标之一是健康状态的延长，所以健康状态延长的结果至少一定程度上减少了成本。

延长预期寿命还产生一些社会影响，比如：世界人口潜在的增长，工作年限延长的需要。这反过来需要我们重新思考和谋划社会保险和退休问题。注意我们不是说，延寿（健康延寿）是坏事，根本不是这个意思。我们只是指出，如果这个大趋势成真，我们将面对一些十年内必须解决的问题。而就社会各方面而言，十年只是很短的一瞬。

以上的延寿方法全都提出了重大的伦理问题和社会问题，大多数问题还很新，我们尚未来得及考虑。容易预见的是，随着极端延寿成为可能，还有新的问题会冒出来。

首先，预期寿命从80岁延长到100岁会对社会产生很大的冲击（不是说对个人的冲击）。我们的基建和基础设施是围绕预期寿命70岁设计的。预期寿命延长到80岁已经对目前的基础设施、发展进程和经济产生很大的压力。

（1）对退休年龄的影响：如果按预期寿命70岁规定的退休年龄退休，一旦预期寿命增长到80，还有10年寿命需要社会维持；

（2）退休年龄的推迟使就业岗位冻结，年轻一代就得不到就业机会；

（3）退休年龄的推迟对人们参与的活动产生影响，许多活动年长者已无法参加；

（4）延长工作寿命使再培训成为必须，正规授课的新教育模式可能会成为规范，每十年应该进行调整；

其次是人口老龄化的问题：

（1）老人的价值和需求不同于年轻一代，但政府的决策可能会由长者定向；

（2）交流范式随年龄增长变化，跨代交流可能越来越困难；

再次是谁享受延寿的问题：

（1）富国可能会有更年长的人口，由于价值差异，它们可能反对人口较年轻的国家享受延寿（也可能是反过来：较年轻的国家反对较年长的国家）；

（2）在一个国家内部，一部分人口（城市居民、富有的上层阶级）更可能延寿，并影响就业分配（顶尖职位）与货币流。

如果极端延寿成为可能（或已然达成），还会冒出其他一些问题：

（1）谁能享受极端延寿？这是全球性人权呢？抑或是有钱支付其高成本者的权利呢？

（2）美国食品药品监督管理局（FDA）最近确认，延寿是疾病，不再是自然的流程。

（3）向"年长"社会的转变会产生什么影响呢？

（4）寿命如何被"重组"成一般的阶段？即学习、工作、颐养天年三个阶段。但学习不得不贯穿终生，什么年龄退休呢？……

（5）延寿的可能性会压倒其他考虑（极端延寿会给其他价值蒙上阴影，导致激烈的冲突）。那会不会催生强硬版的"未达目的不择手段"呢？

（6）长寿常常与保守画等号。延寿是否会阻碍变化、导致危机呢？

整个地球在动态平衡中演变（意思是：变化导致反馈，反馈使地球回复平衡态）。一个物种的极端延寿如何将被反制，使地球回复平衡态呢？

总体上，我们看见曲线展平的走势，显然，人的延寿需要"新"的方法，上文列举的方法可能就是改变游戏规则的"新"方法。

第五节　医疗保健的未来

我们看到，医疗保健采用大量不断发展的技术。新技术激增，各方面的技术进步都在推进。

未来三年可望达成的重大进步（根据短期部署范围排序）：

（1）数字健康保险（持续监测以提供积极的支持）；

（2）用于手术的增强现实（拓展今天的生境）；

（3）便携式诊断设备；

（4）聊天机器人（支持远程自动咨询）；

（5）诊断用的人工智能成为诊断方案的一部分（已用于小生境）；

（5）3D 打印药品；

（6）在家庭实验室做检查；

（7）人工智能用于药物设计（已用于疫苗设计）；

（8）语音生物标志（已用于新冠肺炎探查）；

（9）3D 生物打印（已用于皮肤移植和骨修复术）。

现做一简单小结，医疗保健的现状里有三个相互联系的主要趋势：医疗保健的数字化转型，个性化的医疗保健，积极医疗保健的转型。到 2025年，这三个方面都都会有重大的进步。

许多情况下，医疗保健的数字化转型都不是技术问题，而是规制问题（当然，需要社会能够接受）。我们的一切医疗保健协议（问医、检查、处方）都生成数据。而且，个人设备和环境设备（带有嵌入式传感器）生成的数据也可以用于医疗保健。在个人和社会层次上，这都有重要意义（比如探查到流行病征兆）。

医疗保健成本（已涨到不可持续的水平）的遏制，以及数据分析衍生的利益显然在推进医疗保健的数字化转型。新冠肺炎疫情加速了这一进程，显示了数据分析监测流行病的价值，以及控制传播的措施的影响。同时它凸显了一部分公民反对接受"老大哥"的立场。政府仍在努力寻找全局利益和个人隐私之间的平衡点。在未来的三十年里，使用个人健康数据所创造出的利益可望克服大多数人的保留态度。技术将作出贡献，既能支持更大程度的保护隐私，又能利用数据分析的长处。

在个人层面上，通过广泛采用可穿戴设备（苹果手表在铺路），生理数据的监测会继续发展。这样的个人生理数据流，加上基因组序列、体检、处方、食谱、习惯等历史数据，就能生成个人档案资料，医生和基于人工智能的应用程序将利用这一档案资料去设计个性化的治疗方案。而且，治疗效果的监测将产生一个反馈回路，对治疗方案进行微调（同时，这将生成进一步的数据去推进机器学习引擎发展）。所用的数据和相应的分析／应用将成为数字孪生体的一部分。到2030年，我们有望看到上百万数字孪生体与医院与制药公司合作，以加速新药的研制，并评估潜在的副作用。显然，一切数据，以及从数以百万计的数据流的分析中产生的数据，都存在隐私问题和伦理问题，需要我们考虑。

第三个趋势是积极医疗的转型，它利用了前两个趋势：数字化转型和个性化转型。医保的重点转向了预防疾病，而不是治病（当然治病还要继续）。在这个十年的最后几年，预防医学将与环境健康携手，蓬勃发展。这是个前途光明的领域，就像延寿领域一样，可能会出现一些伦理问题和社会问题：

（1）保险公司会将预防医学作为投保人的一个条件吗？

（2）预防医学会发展到什么程度？我们能见证"预防性"的器官移植吗？富豪会抓住它作为获取更健康寿命的一种方式吗？

（3）人们能提前几年知道自己的生命将抵达终点吗？通过特效的预防医学程序去推迟死亡的到来，费用会是多少呢？

我们进入这个不明领域后，这个清单还会加长。

第五章　数字化转型的知识场域

人类最大的、也许最重要的优势就是分享知识的能力。口语是赋能技术（也可能是赋能结果），将知识和"问题"转移给有知识、能力解决问题的人。文字的发明使超越空间障碍（不必面对面）转移知识和问题成为可能，使超越时间障碍转移知识和问题成为可能，知识和问题用文字传递给后代，比口语传递方式更加有效了。

知识和问题的传递不仅在人与人之间发生，还在人与工具、机器之间发生。这块巨石太重？让我们把举起它的任务交给圆木和滑轮，用圆木滚动它，用滑轮拉起它。这看起来微不足道，事实并非如此！工具制造的知识需要人类智力的飞跃，需要有想象各种未来步骤、解决问题的能力，需要想象用什么辅助我们的能力，想象打造工具的能力。这样的知识越来越复杂，工具也越来越有效且普及，以至于我们将其视为理所当然。在千百年的时间里，制造工具的知识成为少数人的资产，许多人高高兴兴地使用工具却不知道如何制造工具。工具成了一种认知商品（cognitive commodity）。

不仅如此：我们的社会、社群、城市、国家把知识嵌入了其流程和组织。你可能不懂如何维修汽车，但你知道可以拨打电话去寻找修理店（或

137

请他们上门拖车），修车人很可能不懂如何制造那个零件，用车床生产那个零件的人也不知道如何制造那台车床，如此等等，这些知识零散分布于一个很长很长的知识链环中。这就是心理学家所谓的"交互记忆网"（transactive memory network）。千百年来，我们与工具和社会组织一道生活在一个共生的分布式认知空间（distributed cognitive space）里。你知道如何制作一把餐叉吗？很可能不知道，但你能不加思考地使用餐叉。

书籍（以及以前的泥板、羊皮纸和莎草纸）是传递知识和问题的方式。计算机也是这样的工具。在过去的几十年里，计算机（机器学习及其同类）开始自主学习，替代了越来越多人的技能；在过去的几年里，计算机开始生成知识了。于是，如今我们面对的知识有：从过往继承的知识、我们自己生成的知识、他人（无论其身处何方）生成的知识，以及机器生成的知识。

第一节　知识生态

跟上知识的进步显然是不可能的，鉴于过去几百年尤其过去几十年知识积累的广度和深度，达·芬奇式的全才不可能再出现了。吊诡的是，连接性和数字处理（过去用于计算机存取，如今演变为分析、关联和创建）生成了知识的黑洞。我们知道，潜在可用的知识是无穷无尽的宝藏，但实际上却是任何个人难以企及的，连任何公司也难以企及。

一、知识沟

情况在恶化。在若干（技术和科学）领域，知识沟在扩大；虽然优秀、可获取的课程很多，跟上最新发展不再可能了。连追求什么知识是可资利用的一般觉悟也富有挑战性了。

我们与机构、组织、公司和专业人士交流的时间越来越多，我们却在真想保持知识不断更新的那些人中发现，他们往往有挫折感，并感到能力不足，从而导致兴趣的丧失，使他们不再想跟上知识的发展了。

不想跟上发展的人提出了几个合理的原因，比如：

（1）工作竞争太激烈，在集中精力做好日常琐事外，没有时间了；

（2）正在失去基础和根基，不能学新东西了；

（3）徒劳无益，等到学会新东西时，它不再是"最新的"，这是毫无意义的努力，是一件没完没了的事。

几家大公司的表现实际上表明，它们似乎不再希望处身知识的前沿。很多公司20年前还在积极推进知识的边界，现在却完全丧失了自己的知识，将其派发给服务商了。仍在营运几家电信公司面对的大问题之一是，它们失去了技术知识。许多年来，它们把新系统外包出去，把策划和运营交给供应商。而如今它们遭遇了大麻烦，难以掌控自己的未来。

从经济上看，把一些活动外包给专项服务商确有道理。彼时，那些活动似乎枯燥无味，但其中一些如今却至关重要了。大多数业务外包有一个共同的问题：真正的挑战似乎还很遥远，企业人觉得还可以像过往那样继续经营；既然过去成功了，而且今天还在赚大钱，为什么要忧心忡忡？如果发生新情况，会有新的小公司专注那些情况、追求技术革新、试验新的业务模式。让它们赚点小钱，而我们继续赚大钱。遗憾的是，如果大多数新公司都会失败、只有少数几个成功的话（这的确是事实）；它们就会扰动市场、压低市值（无论其成功与否）。

有一点逐渐清楚的是：知识沟和知识的"离岸外包"正在打击公司的业务，妨碍其发展。同样明显的事实是，知识是战略杠杆，因此把知识授权给他人时必须要小心谨慎。

二、知识增长不断加快

《连线》杂志近日发表一篇文章《人类不可能是科学知识的唯一保存者》（Humans Can't Be the Sole Keepers of Scientific Knowledge）。文章称：每年发表的科学论文多达 20 万篇，平均每分钟 3 篇，而且还在增长。如果你准备每天花两个小时去跟上正在发布的知识，你就需要在那两个小时里"处理"250 多篇论文。那是不可能完成的任务。

这篇文章称，填补我们脑力和不断增长的知识空间的鸿沟，只有一个办法，那就是借助人工智能。就像我们习惯让计算器（智能手机）帮我们算平方根一样，我们不得不依靠人工智能把网络空间里的知识转化为可执行的知识，让我们即刻就能使用。

巴克敏斯特·富勒（Buckminster Fuller）1982 年提出"知识倍增曲线"（knowledge doubling curve）。他说，大约在公元 1500 年，人类生产和传播的知识翻了一番；到 1750 年（刚过了 250 年），知识就又翻了一番；到 1900 年（刚过了 150 年），知识又再次翻倍。以这样的速度看，人类能够适应其发展和变革。但是到 1950 年，知识的翻番只需要 25 年，人要适应这样的速度就有困难了。今天，知识翻番的时间要短得多了（约 13 个月）。试举一例，病患的人数在过去的 50 年里从每年 5 万人增加到 32.5 万人。IBM 的许多人预测，在不久的将来，知识的翻番将在 12 个小时内发生。还有人称，一天内知识翻倍两次的速度已于 2020 年达成。人不可能适应这样的速度。数字孪生体的概念和实施似乎已成必须。然而我们应该指出，这类估计建基于发布的论文数量，未必准确代表知识的增长。因此，我们接受这些估计时要有所保留。但毫无疑问的是，现在发表的文献已经超越了人的处理能力。

需要数字孪生体的另一个理由是知识的半衰期（half-life）。在

《未来的冲击》（*Future Shock*）里，阿尔文·托夫勒（Alvin Toffler）称，"21世纪的文盲不再是那些不能读写的人，而是那些不会学习，不会丢弃旧知识并重新学习新知识的人。"我们在学校里和工作中学到的知识和技能的价值正在不断衰减，需要继续不断更新，终生学习。

知识变得过时、不相关，甚至不正确，需要多长时间呢？知识半衰期常被用来表示各学科里知识的贬值。不出所料，在科学、工程和技术之类的进取型学科里，知识的半衰期在快速缩短。

然而，知识不是你可以叫机器人到货架上去取的一瓶牛奶。一般地说，你不知道外界有什么知识，也不知道这样的知识将如何有助于你当前的处境。这个机器人在知识储架间巡游，它应该了解你为何需要什么知识，知道你已有什么知识，并确保在"那里"找到的知识能用于你的知识空间。

迄今为止我们提出的几个要点是：

（1）不断增长的知识绝非一个人的脑子能够把握；

（2）知识的过时直接与其增长相联系（旧知识很快被新知识取代）；

（3）个人因知其然而不知其所以然而倍感挫折；

（4）公司外包知识的经济动机却适得其反；

（5）教育服务的增长源于更多知识触手可及，以及人们对掌握知识不断增长的需求，这导致知识空间进一步拓展，但却又使掌握知识的障碍增加了，而不是被减少了。

还有其他一些应该考虑的因素：

（1）我们获取信息和知识的方式不一样了。那是快速且可恶的"有求必应"的方式；我们通过手机获取信息，无论我们是否在移动。最新数据显示，移动设备上网大大超过了固定设备上网；谷歌估计，早在2018年，58%的搜索来自移动设备。这个百分比还在上升。增强现实的使用增多，进一步推动了移动设备（智能手机和平板电脑）的使用。互联网愈发普遍，其不断增强的能力、生成地域性数据库（嵌入设备的数据库）的趋势、前沿的数据库，有效支撑了这种"有求必应"的知识获取方式；

（2）通过机器学习和生成式对抗网络（GAN），由机器生成的元数据、信息、知识正在引向进一步的指数级增长；而且更重要的是，这样的指数级增长引向的一些知识使你不得不接受其表面价值（你看见它就信赖它，并不知道它被生成的过程）。这是一次重大的分离。我们告别了数千年来通过脑力获取知识的方式，如今踏上通过机器获取知识的道路。

三、使用／不使用数据的成本

1. 无摩擦通信

有趣的是，无论你是否使用数据，你的成本都会增加（包括潜在的收入损失）。然而就生成、收获和处理数据而言，成本正在急剧减少，因此公司受到刺激，会越来越多地利用数据，2025 年前后将达到无摩擦通信（friction-less communication）的状态。天平显然正在向数据的使用（利用）倾斜。

如今数字化无处不在：我们的原子世界正在把其平行的比特世界推向新高度，其发展速度前所未有：大约每秒钟人均 1.7 兆字节！这包括一切数据：手机拍摄的照片、歌曲、电邮、推特、工业配件设计、追踪包裹……应有尽有。

70% 的世界 GDP 与数据相关（其轨迹在数字空间里）。全球各地的公司都把比特用作工作流程的一部分，从数字孪生体的创建到侧卫和操作汽轮机（通用电气公司）甚至你周末吃饭的餐馆——它用平板电脑的应用程序把你的订单送到厨房。

然而，大多数数据以非结构化数据的形式流动（并不是用预定方式组织的，就像反映自然语言会话的数据那样），所以利用它们就有困难；不过，人工智能的进步正在使人利用非结构化数据变得容易。

公司生成大量的数据，很大一部分储存在公司里的"某处"，或触手可及的地方。但大多数生产、收获的数据并没有被利用。我们发现的最新的资料（2018）估计，公司可用的约 70% 的数据并没有被利用。看起来，数据的价值没有被重视，许多公司并不会使用这些数据。数据的生产、收获、处理服务于特定的任务，并停留在任务范围内，就像在筒仓里。比如说，人力资源数据不与生产部门分享，反过来也一样。

华为称这种情况到 2025 年将彻底改变，数据将成为该公司通信结构的核心；数据将被用以展现公司的知识，并将被无缝分享、影响公司的决策和活动。因此，通信的演变不再是关于数据的迁移，它将成为生成数据邻接性的结构，数据在这个公司内无缝邻接。而且，这样的趋势会超越公司边界，深入顾客和用户。不止如此。我们大家在日常生活中将看到，数据将成为我们环境的一部分，我们将通过应用程序看到那些数据，增强现实和虚拟现实的技术可能在这一环节会被使用到。

2.5G 通信

虚拟、无处不在的数据的部分成本（金钱和精力）与数据传输和接口有关系，就是说，与 3G-4G-5G-nG 通信基础设施相关，与终端、智能手机、软件狗、网关有关系。华为认为，到 2025 年，5G 应能直达世界人口的 58%。这是极具挑战的宣示，却可信。基本上，它反映了前几代移动通信技术传播的趋势，从最初的部署到 8 年至 10 年内全覆盖。五六年内直达一半的人口是合理的趋势。2025 年 58% 的覆盖率比爱立信 2020 年的预测高出 13%。可见虽然有大流行病，移动通信技术还在加速。2021 年爱立信最近一次的预测似乎确认了华为预测的趋势，爱立信预计到 2026 年末，5G 的世界人口覆盖率将达到 60%。

对公司而言，5G 的采用似乎与其成本相关（构建个人－工厂网络以及设备接口的成本）。到 2025 年，成本因素应能消除，和今天 4G 的成本相当。在大众市场层面，成本因素并不重要，因为在大多数国家，运营商的 5G 服务不收附加费用（实际上有些情况刚好相反，比如意大利的沃达丰公司为 5G 提供无限流量服务，但为 4G 服务才提供每月 10 GB 的流量）大众市场采用 5G 的障碍和 5G 智能手机的成本（目前似乎是顶峰）关联，个人 5G 使用的障碍是电池消耗。

于是，知识新形势的特征是不断扩张的数据和元数据，其驱动力部分来自人，部分来自机器。人与机器非同步工作，只有松散的联系，却能够极其轻松地获取数据，维持人与机器的联系，同时又出现了万能的潜在数据不可能完成的任务（试想用谷歌搜索信息多轻松，但同时察看搜索的全部结果又不可能）。这样的新形势，再加知识可获取性的提高能让知识增长的事实，掀起了一场完美的风暴。

我们有应对这一完美风暴的技术吗？基本上有了。人工智能和区块链能助一臂之力。《连线》杂志的几篇文章指出，我们还需要转而使用能表现知识的一种共同语言（除了本体论标准之外的语言）。我们已有这种表现数学知识的语言，再找到一种适用于所有科学、技术、工程和数学（STEM）的语言应该不困难。用机器友好的语言表现知识，让机器成为知识的中心并与我们分享其知识——这一理念有光明的前景。

第二节　知识管理

50 年前，计算机被视为"电子脑"，人们对它既期待又恐惧。童年时，罗伯托·萨拉科每天必须要花好几个小时啃书，他梦想能把书里的知识更有效地下载下来并装进脑子里。他不知道脑机接口，也不知道可植入芯片，但那个梦想已有了无缝分享知识的念头。

一、无处不在的知识

在过去的 60 年里（对，60 年前……那叫做控制论），人工智能飞跃进步，到今天已无所不能，不过它仍然与我们的大脑清楚分离：诚然，我们可使用大量的人工智能，但大多数时候却浑然不觉。我们与语音系统（IVR）交互，我们看数码相机屏幕拍照（相机用人工智能确认焦点），却没有感觉到人工智能的存在。

今天，脑机接口和可植入芯片已然存在，不过它们离我们 60 年前想象的知识假体还很遥远，而且在很长一段时间里将依然如此。然而，在过去的几十年里，就功能和普及程度不断加速而言，我们有了互联网，它已成为一种知识假体。想要知道什么东西时，我们总是寻求互联网的帮助。智能手机把世界上所有的知识带到了我们的指尖，无论我们要寻找的是奥斯特里茨战役（battle of Austerlitz），还是刚买的微波炉的使用说明（顺便一提，家用电器说明书印有一个二维码，用手机可上网看说明书，检索更多信息）。因此，我们如今生活在这样一个世界中：

（1）知识储存在互联网中，而且在继续不断扩张（不存在网上没有的知识）；

（2）获取知识轻而易举，鼠标点击，指尖触摸手机屏，瞬间可得；

（3）人工智能分拣信息，把信息推到我们眼前；

（4）知识（或部分知识）正在嵌入流程、功能和应用；我们要做一件事时就用一个应用程序，这个应用程序就自动搜集我们需要的知识；

（5）我们无法避免用网络去采集知识，因为知识扩张得太快，知识空间太浩瀚，用书籍采集知识的旧办法再也行不通了。

知识无处不在，在赛博空间里捕获，用应用程序（搜索引擎）可达，应用程序决定我们能看见的知识。由于人工智能的不断发展，我们能从纯句法交互走向基于语义的交互。最新的机器人越来越清楚地意识到：

（1）自己所处的环境，

（2）自己在处理的问题空间，

（3）自己在追求的目标，

（4）自己能从其他资源（主要是其他机器人）得到的"帮助"。

这种向"认知"机器（"cognitive"machines）的演变始于过去的十年，如今正在加速。

二、知识映射

让我们退一步看问题：在过去的十年里，越来越多的企业使用数字孪生体，作为改善生产的方式。有了工厂资源的数字映射以后，它们能模拟利用资源的不同方式，监控资源，最终把资源从网络空间里引导出来。这些数字孪生体是物理实体与其网络空间里镜像的桥梁。有些功能能够在网络空间里完成，无需动用物理实体，因而能提高总体效率，并达成更大的灵活性。随着时间的推移（且这个过程仍在继续），我们看到，有些用上数字孪生体的人工智能功能（数据分析、模拟等）正在嵌入数字孪生体本身。

一定程度上，这种趋势正在改变数字孪生体的定义（和概念），因为它们再也不是物理实体的数字复制品，而是有了并非其物理实体所具有的功能（智能）。

我们在第二章介绍了认知数字孪生体的概念和实践，它们利用机器（软机器），将其与组织和个人无缝连接。我们已有机器搜索网络、专有网络（企业和个人）和暗网（dark web）。大多数时候，这些工具打开通向（大型的）数据子集的大门，这些子集对手头的需求有潜在的价值。由此获得的能见度往往能推进浏览，使其快速找到满足需求的东西。这建基于自动分析（有时在使用者要求过滤的情况下得以补足）。在这里，认知数字孪生体（CDT）可以派上用场，它可以推进当前的数据分析，在两个方向上成为知识的中间人。它可以：

（1）捕获物理孪生体现的知识；

（2）评估物理孪生体的语境（如工作地点、从事的活动、将来打算的活动）；

（3）漫游网络空间以获取所需（或可能需要）的知识；

（4）评估可获知识的可靠性并予以认证；

（5）评估知识缺口，把外部知识转化为物理孪生体可执行的知识。

这一情况使数字孪生体进入我们所谓的"第四阶段"，在此，物理孪生体和数字孪生体不再分离：两者对这个实体的界定都不可或缺；如果只有其中之一在场，该实体就不能在同一层次上运行。数字成为实体的充分必要条件是，它必须知道物理实体的知识空间（包括其运行空间和环境）。物理实体知识的映射和知识的扩张是认知数字孪生体的特征。如第二章所述，首批认知数字孪生体在工业环境里"降生"，IBM在这一波发展中占领先地位（2018）。

注意，在工业应用的语境里，认知数字孪生体不仅是知识的映射，而且是知识的延伸。换言之，拥有认知数字孪生体的实体拥有一个知识空间，这个知识空间部分存在于物理实体里，部分存在于认知数字孪生体的延伸体里。这一延伸体能获得数字空间里的知识，最重要的是，它能推导适用于物理实体感兴趣语境的知识。这样推导知识、使之既相关又适用，是需要智能的，这就是为什么认知数字孪生体需要人工智能。

三、知识管理

以上几章介绍了数字孪生体用于人的种种情况：为人的生理特征建

模，用于人的医疗保健；本章又介绍了用数字孪生体给机器的知识建模，即认知数字孪生体（CDT）。有些供应商标准的 CDT 有别于它实际供应的 CDT，因为一旦其用于公司的运行，它们代表的知识就是公司对供应商的了解。从实际供应商处交换的数据/知识可以建基于一个智能合约。需要注意的是，公司掌握的某一雇员的 CDT 不同于他本人的 CDT。两者可通过应用程序接口（API）交换数据。

现在可以考虑通过 CDT 进行知识管理了，是将其用于人并映射人的知识的时候了。知识管理走在将 CDT 应用于人之前。公司尤其人力资源部握有雇员的档案，记录其知识/经验的全套信息，含学历、所学课程、曾经参与的项目和担任角色。它们还拥有公司流程的详细记录：执行各种活动的记录，从采购到销售的所用流程。大多数公司还有首选供应商的记录（给予供应商认证，评估供应商能力，能采购到的产品及其特性，供应商交付的能力等）。

以上所述关乎知识的追踪。部分有工具支持，而且被形式化，其他部分只含数据，公司（以及雇员）可将这些数据用于决策（给谁分配某一项目，叫谁去采购等）。我们可以说，这一切知识都可以形式化为 CDT，而这些 CDT 可以用于决策。

从公司角度看，知识管理的重要方面是弄清楚：什么知识缺失，什么正在过时，什么行动可以用来填补知识缺口。这就是公司采用认知数字孪生体的动机之一。假如公司需要搞一个项目把一种新产品/服务推向市场，鉴于技术演变的速度很快，公司现有的知识很可能并不能填补项目所需的知识空间。因此，第一步就是评估什么样的知识是可以获取的（对所研项目有用的知识）。以人工智能为工具、并将其与认知数字孪生体形成的知识进行比较，就可以做出这样的评估了。

知识缺口找到以后，接着的问题就是如何填补缺口。从公司的角度看，这是在约束范围内的经济问题（成本与效益）。举例说吧，一个公司可以：

（1）更换供应商；（2）聘用顾问；（3）再培训现职人员；（4）拓展现职人员力量，引进对路的知识；（5）获取"人造的"知识，即机器提供的知识。

一旦认知数字孪生体被用于企业知识管理（KM）的语境以后，我们就可以把上列举措变为：（1）获取新 CDT；（2）拓展现有的 CDT。

可以看到，认知数字孪生体把知识虚拟化，并送进网络空间（知识的数字化转型），于是，知识的"物理"容器形式就无关紧要了。

四、集簇数字孪生体

由数字孪生体累积的数据集在不断扩张，嵌入的软件能够进行数据分析（越来越基于人工智能），事实上正在将数字孪生体转化为知识实体。

这样的知识是关于物理孪生体（PhT）的知识——它如何运行、与环境发生什么样的交互——并将其迅速拓展到环境里，物理孪生体就在这个环境里运行；同时也是数字孪生体从其他知识空间中分析所得的知识。这后一种知识通常是在数字孪生体之外生成的，是由外在功能（很可能是利用人工智能和机器学习）生成的。

数字孪生体知识的积累能够在它与物理孪生体的交互中作出并执行决策：这样的知识是"采取行动"的知识，不是关于事物的知识，通常称为"可执行知识"。可执行知识产生实体（自主参与者）间的交互。在这样的知识里，我们能在公司的运行机制中看到这些知识，它们通过活动如何在公司内部进行，以及公司如何进行跨价值链的互动表现出来。

这样的知识生成知识的基础设施，反过来，基础设施又生成新兴的全系统知识。数字孪生体成为知识枢纽，随着能力的拓宽，它们会成为独立的知识实体，这些知识实体又可以用于其他的语境。就制造流程和商业机会而言，这是有趣的发展，因为这些知识实体在独立运行，与其对应的物理实体无关。

再者，通过数字孪生体的交互而分享知识的可能性会导致数字孪生体集簇的生成。这就是智慧城市。新加坡率先利用数字孪生体，用独立生成的数字孪生体来映射特定的资源，再用集簇生成的孪生体生成新加坡的数字孪生体。这个孪生体是城市的抽象表现，模拟了新加坡各种基础设施和构造成分的交互。

制造业语境也是这样的。我们可以在车间里聚集机器人的数字孪生体去生成整个车间的数字孪生体。这不是车间的静态模拟，而是一个动态模型，它能展现出正在发生的事情以及可能发生的事情。这种数字孪生体集簇的概念越来越多地用于制造业，既用于监管，又用于生产线的规划，以决定如何重组车间、如何改变或微调部件（机器人、团队），甚至整个工厂的重新设计。

五、分布式知识

未来几年将见证分布式知识影响的增长。所谓"分布式"知识既指人拥有 / 嵌入的知识，又指组织和机器拥有 / 嵌入的知识。一定程度上，分布式知识毫无新奇之处，其所谓新是在于它无缝存取、共现共存的能力，这样在需要它的地方就能成为"可执行知识"。这将进一步丰富知识的价值，将能提供"可执行知识"服务的组织转变为能提供"智能增强"服务的组织。这里的关键点是分布式知识"无缝"存在的可及性。从企业模型的观点看，这样的组织 / 公司不仅提供了服务，它本身就是业务伙伴了。

我们已经有"一致人工智能"（Unanimous AI）这样的公司，它们评估分布式知识，借以提供服务（该公司的服务之一是搜集医生和医学论文的知识，按需定制对症的信息。一位医生会用自然语言问患者有何症状，从患者的检查中获取支持，并询问药物的效应；该公司的系统会查找出最相关的信息，可能会让这位医生与另一位有类似经验的医生联系）。

技术和数字信息会有所帮助。认知数字孪生体领域的发展将支持知识的封装和共享，使知识聚合成元知识（meta-knowledge），使知识生成新知识。人工智能是这个领域强大的工具。创建认知数字孪生体的初衷就是封装机器（机器人）的知识。经过拓展的认知数字孪生体能映射一个人或一群人（团队或组织）的知识。后者的知识将超过所有人知识的总和。这个领域有很多机遇可资利用，这将会成为未来二十年许多组织的特征。

第三节　什么知识？

长期以来，我们与工具的关系就是矛盾的：一方面工具显然简化了我们的生活、拓展了我们的能力，另一方面，它们从我们身上夺走了一些东西（做事情由它们决定，我们不再参与）。

工具夺走我们的"脑力"，这样的矛盾则更令人担忧。很久以前，文字发明并传播时，柏拉图指出了部分人的担忧。在那之前，人们不得不依靠口耳相传和记忆传播信息。反对文字的人指出，文字剥夺了人的记忆力，因为人们能够转向书面文本去获得信息。

互联网使人存取和评估信息的能力成千上万倍增长，于是又有人说，我们的教育课程和模式应该改革，要考虑这样的新情况：信息就在我们的指尖上，随时随地。既然如此，用功学习不就是浪费时间吗？当然，还有人在互联网上大言不惭地说，学生不该用互联网，他们必须要用"老一套"学习方式：读书、用笔画重点、写小结。

还有人进行连篇累牍的、近乎哲理式的研究，去讨论信息和知识的区别。如果你浏览互联网（为何不呢？），你会看见许许多多辨析信息和知识差异的解释；这个事实本身就说明，信息和知识的差异是模糊的，而且越来越模糊。

试举一例，有人说信息是关于"知道什么"，而知识是关于"知道如何"；信息是关于"什么是"，而知识是关于"什么起作用"，等等。现在的事实是，人工智能正在模糊信息和知识的边界。我们更愿意区分静态知识和"可执行知识"，可执行知识需要对它应用的语境有所了解。

我们又回到起点：知识空间太宏阔（并且越来越宏阔），我们的脑子难以管理。我们需要工具，这并不新奇，因为我们早就习惯了使用工具，以至于工具已经成为我们的一部分了。

认知数字孪生体能成为这样的工具，是因为它利用了一系列其他的工具。

一、认知数字孪生体的目标

我的认知数字孪生体的目标是：

（1）认识我此时此地的知识；

（2）知道我有计划／有责任做某事时所应有的知识；

（3）与我分享知识，"教育"我；

（4）代表我进行一些认知活动；

（5）担任我的代理，用我的部分知识去完成某一认知上的任务；

（6）与其他认知数字孪生体分享知识，以在认知上从事团队工作。

让我们逐一分析这些目标。

1. 认识我此时此地的知识

说起来容易做起来难。我的认知数字孪生体必须要学会我此刻在特定的语境下已知道的东西。如果情况要求我分析病人的症状去做出诊断和治疗，虽然它知道我懂得准确数字曝光率拍照的知识，那也是不相关的信息。我的认知数字孪生体应该更加关注我在医学院学到的知识，我在医院实习的经验，我阅读什么样的医学论文。理想情况下，它还会知道我可能忘记了什么。它观察我每天所做的事情、我的病人、我的处方、我与其他医生的互动，就有办法推断出这样的知识。我们用的是医疗的例子，但在其他行业也是同样。显然，有些专业看着更高水平的数字交互，截获数据、进行推理就会更加容易。罗伯托·萨拉科①是电气与电子工程师协会会员，每年都会发布他的兴趣领域、下载论文、出席研讨会、与同侪交流、提交论文由他们审阅；他可能会做学术报告，报告会的信息会正式发布、有些还会记录在网络空间里。

针对每一份工作，一个特定的人所拥有的知识类型和水平都有大量线索可寻。如果我们看的是工业 4.0 版，由于越来越多的活动在网络空间里进行，大量的行为和认知数据就可以用来绘制一个人的知识地图。许多公司的人力资源部就拥有其雇员的知识地图。自动化的工具能使这些地图准确而有效。显然，就人力资源部使用的知识地图而言，如果自动化系统追踪你拥有（或缺乏）的知识，那就牵涉到隐私问题。这样的知识地图应该：

2. 知道我有计划／有责任做某事时所应有的知识

第一要点是把握做某事某工作需要掌握什么知识，这可能涉及到一些很基本的"必须知道的知识"的具体规格，不然情况就会变得很复杂。以医生为例，想了解的知识没有止境：最新的研究论文提供了什么最新的知识，类似的病例试用了什么治愈效果好的药物，这种情况下什么医生能助人一臂之力，等等。如果你设想大多数情况下，知识迁移都需要时间，因此必须要提前几个月作出预测，情况就更加复杂。我准备跳槽吗？我如何利用现有的知识、如何更新和补足知识，使之对我正在申请的工作更富有吸引力？从公司的观点看，明年的业务变了，需要什么样的知识和技能的

---

① 本书作者之一。——译者注

混合体呢？哪个方面加大培训更有意义呢？如此等等。

3. 与我分享知识，"教育"我

我的认知数字孪生体与其他认知数字孪生体交互时，它正在获取的一些知识可能不用费力就可以转移给我。它需要评估什么、何时以及怎样能将知识高效地转移给我。这和我本人我的学习能力有关，但同时又和可资利用的时间（我愿意付出的时间）和与其他选项相比所需的成本有关。

这个目标对公司很有意义。雇员们的认知数字孪生体可能生成一些混合团队；这些团队既能提供强大的知识和技能的组合去完成任务，同时又能使团队知识的增长。关键如何达成这一目标，既要考虑学习的有效性，也要考虑其成本。通过定制接触知识的方式，知识转移会变得更加有效。

前三个目标的指向显然是改善"我的知识"，第一个可广泛用于任何学习，包括学校学习，第二个和第三个具体地针对专业人士的学习。第二个显然面向提供针对特定活动的"知识胶囊"，第三个目标用于分享我的认知数字孪生体与其他认知数字孪生体交互时所收获的知识，我需要与其他人互动，这是整个活动的一部分。

现在让我们考虑这三个目标用其他"属于"认知数字孪生体的知识，来辅助我的知识的一些情况：

4. 代表我进行一些认知活动

在很基础的层面上，我们今天采用的一些应用已经在代表我们从事一些认知活动：我们提供数据，它们进行分析、计算，把一些数据转化为图像等。今天求职时的常态是，你被问是否知道如何使用一些应用程序，比如 Office、SAP、ERP 等。它们被视为你专业知识 / 专长中不可或缺的一部分。在不久的将来，你的认知数字孪生体也可能是招聘者询问的内容！你的认知数字孪生体有多少知识？它能有效拓展你的专业能力吗？你拥有证书，它也有能力证书吗？有没有提高你的认知数字孪生体的服务呢？注意，你的认知数字孪生体并不脱离你运行。它不是什么中性的应用程序。因为它作为附属在协助你，所以你的知识、技能和经验都是它的组成部分，你始终是它不可或缺的一部分；实际上，你的独一无二使你的认知数字孪生体具有独特性，使之对其他认知数字孪生体具有竞争力。这也不是什么新鲜事。在另一个层次上，今天的公司招聘一个人的原因可能是，他"认识"能帮助你获取市场机会的人（顾客组合）。这会让你与其他人不太一样，但却也不那么独特。比如，你认识欧洲通信业务许多高层人士，这就是你有价值的地方。但是，当那些人不在其位时，你那方面的价值就失去了。

5. 担任我的代理，用我的部分知识去完成某一认知上的任务

一个人（一台机器）的活动有时空局限。把镜像移入网络空间后，这样的局限将不复存在。人或机器系统与其他任何系统的交互都将成为可能，不受场所的限制；只要与网络空间连接，与许多系统的交互、长时间的交互都成为可能了。在第四阶段运行的认知数字孪生体能使自己实例化，并代表其物理孪生体去同时与多方面交互。

试举一例，瑞银集团（UBS）使用它首席经济学家的认知数字孪生体，同时和尽可能多地与投资人交互。他的化身在投资市场、投资机会／风险中将他的知识拟人化以进行活动。这个化身是瑞银集团首席金融分析师（CFA）的数字孪生体，这个化身可拥有许多实例，因为它们需要同时在多个平行层次上运行。如果软件有自学习能力（越来越多的软件是这样的），代理体（proxy）的问题就是代理知识与真人的知识有所不同的问题。过不了多久，代理将不再是代理，而是将另一个知识集拟人化的实体了。若要维持代理的身份，它应把子集获取的知识传递给它的物理孪生体；这样的

迁移可能有困难甚至不可能，因为那需要重新创造一个语境（我参访清莱的庙宇后告诉你我看见了什么，那只是把我的部分知识传递给你——会对我的选择产生影响的大量的体验和感情并没有传递给你，也不可能传递给你，因为那需要你的大脑充分接触我所在的语境）。

6. 与其他认知数字孪生体分享知识，以在认知上从事团队工作

独立运行或以独立身份运行的认知数字孪生体能维持与其他同类的关系，以获得分布在不同认知数字孪生体中的知识和经验以完成某个认知任务。这样的参与在人类的团队里每天都在发生；在认知数字孪生体的层次上，这样的交互大大增加了知识的分享，因为网络空间没有地理的区隔，也没有交互方数量的局限（局限基本上取决于设备的处理能力）。认知数字孪生体还能生成自己的实例，能彼此交互，去探索各种方案，并迅速在最有效的方案上会合。双向生成式对抗网络（Bidirectional Generative Adversarial Network, BIGAN）之类的技术能支持自我学习。我们已经见过机器自学用的双向生成式对抗网络（如学习下围棋的 AlphaGo——而且学得很好，能设计新的赢棋策略）。

这是巨大的潜能，将来专业人士和公司都用得上。从人（一人或团队）握有的知识开始，再将其迁移到网络空间里，如此能快速生成新知识，通过人的互动生成新知识则要花费很多时间。

在后三个目标里，我们一定程度上在委派我们的认知数字孪生体代表我们行事，这就提出了一些有趣的问题，比如：

（1）谁为认知数字孪生体从事的活动负责呢？

（2）谁"拥有"这些活动结果的权利（包括知识产权和实际权利）呢？

（3）我的认知数字孪生体（或其一部分）可以被我效力的公司克隆或使用吗？

（4）我的认知数字孪生体能成为机器人的认知脑吗？

（5）谁来核查我的认知数字孪生体在网络空间里交互的妥善性（假定它"偷窃"其他认知数字孪生体的知识）呢？

二、认知数字孪生体能提供的服务

认知数字孪生体获得自主性（自主生命）后可能会出现上列问题，甚至还有其他问题。此外，一个明显的现象是：它可能会对专业人士提供重要的支持，甚至可能给他们带来变化，改变他们完成手头任务的所需的最新技术。

这就是为什么 FDC–IEEE 的共生自主系统倡议（FDC–IEEE Symbiotic Autonomous Systems Initiative）提出建议，携手 IEEE 教育协会和其他 IEEE 协会进行研究，探讨是否有可能创建一些认知数字孪生体去收割 eXplore 存储库里的知识财富。这一存储库拥有数以百万计的同行评审论文，而且还在继续扩张。凡是拥有认知数字孪生体的 IEEE 会员都可以利用这一存储库。IEEE 可以开发的服务有：

（1）协助开发认知数字孪生体：IEEE 已经在自愿基础上搜集了会员的信息（兴趣领域、教育背景）。在会员请求的情况下，这套信息可以继续扩展，以包括：从 eXplore 存储库下载的文章、搜索记录、辅导课、网络研讨会、研习会和出席的会议；

（2）帮助会员创建描述其知识需求的语境（不是指知识，而是指要完成的任务，或感兴趣的职业生涯路径）。这种语境的生成可以通过现有的语境实例化，有些语境可以由追求特定专长的公司开发；

（3）根据一个特定的认知数字孪生体和语境，确定其知识缺口，建议其学习路径（建议要读的文章、出席的会议、学习的慕课、与其他会员的联系）；

（4）订阅个性化的、随时更新的学习路径，告知新文章的上线，并为订阅人量身定做提要，提示即将进行的会议、网络研讨会等；

（5）补充从 eXplore 中搜索出的结果，并提供适合当事人的语境和认知数字孪生体的附加材料；

（6）根据市场需求提示利用个人知识的机会，以及通过用最少的努力来延伸知识就能获得的职业机遇。

显然，这些服务还可以拓宽以适应公司寻求特殊能力的需要：比如准备定制的继续教育计划的能力，以在现有资源的基础上去应对新的挑战。

上述一切仅仅是初步的目标，显然有挑战性，但用小步增量的办法是可以达到的。除此之外，未来还会出现按需知识服务、分布式 – 合作式知识服务，以及从长远看，知识创新服务。

这是一个激动人心的前景，充满机会，但它也引发了几个问题：必须要平衡隐私和所有权、革新与责任、专业素质提高与自动化的问题。

第四节　知识创造与利用的新方向

一、智能孪生体

华为最近的一次发布会表明，应用、集线器、连接和交互的融合将生成智能孪生体。这饶有趣味，因为数字孪生体由线索（相当于储存数据的集线器）、影子（物理实体和相关连接的交互）和模型（模仿行为，相当于应用）组成。

有趣的是，华为认为，这样的融合生成的智能孪生体将辅助人类处理问题的过程。

细看各部分时我们发现：

（1）智能交互的发生横跨各种设备和系统，比如摄像头、机器人、发射塔、雷达、无人机和各种传感器（能够关联这些数据以抽象出意义并在语义转化的基础上进行交互）；

（2）智能连接，利用各种协议／系统，包括5G以上的移动通信和WiFi6以上无线网络通信。WiFi7已露端倪，支持多渠道、更安全、低迟延，外加支持本地通信的各种架构，包括网状物联网；

（3）智能集成器：基于云端处理数据的基础设施，支持区块链、可扩展的计算和存储，将公共云、边缘云同混合云集成；

（4）智能应用：能在室内开发，使用低代码／无代码技术（至少部分使用），利用数据湖，在语义（知识计算）层次上工作。

以上各种功能全都融合成（或创造出）一个智能孪生体，辅助人类的一切工作，当然也包括交通运输。有趣的是，华为将智能孪生体的兴起视为范式，可将其用于任何物理空间和业务，从企业、工业、金融、能源，到通信网络和科学。

在这个意义上，智能孪生体就是人类的对应体，其功能是与整个物理世界交互（而不是与单一的物理实体交互，相反，数字孪生体多半只能和单一的物理实体交互）。不要误解图里的人形意象，其意并非模仿人，它不是我的数字孪生体，它仅仅提供与物理空间的交互，就像人一样。

二、"生成式预训练转换器-3"

自然语言处理（NLP）在过去十年间的发展一日千里，已达到实时翻译的境界，这是语言学家的圣杯，已能够作为商品使用。智能手机在手，你就能与地球上的大多数人交流。到2022年1月，谷歌翻译支持108种语言的文本到文本翻译、39种图片语言识别和32种语音到语音翻译。每天大约有5亿人在用它！基本上，谷歌翻译已成为地球上的交流的"胶水"。

在过去的两年间，自然语言处理技术与人工智能同步发展。多种神经网络已在应用（如其名所示，这类技术从动物大脑的神经网络获得灵感），每一个处理节点和阶段，都会影响其前后的节点和阶段。递归神经网络（Recurrent Neural Network）是神经网络的一个变体，它生成了一些转换器，比如"生成式预训练转换器-3"（Generative Pre-trained Transformer 3, GPT-3）。

由于自然语言的应用技术覆盖了很宽的范围，因为我们用自然语言去从事许多任务，并倾向于用自然语言来描绘大多数任务。比如，你可以写一段文章提要，生成式预训练转换器-3能理解你的意思，并能根据网上可资利用的知识和你提供的文章或文件生成整篇文章。值得注意的是，它能根据你的提要表达的思想来采集线索（你的表达是否有正反的含义），并在网上搜寻支持你思想的材料，以生成一篇能够强化你表达的思想的文章。显然，这样的能力既美好又……令人恐惧。

使用自然语言处理时，转换器是极其有用的，研究人员正在努力拓展转换器，将其用于其他的输入方式比如视觉输入。

在经典的神经网络中，一个项目处理方式的递归和变化影响着下一个项目的处理，相反，转换器有可能同时关注一切数据，所以其影响是全体对全体，而不是一个项目对下一个项目。而且，转换器实际上使用更少的处理能力。

转换器（包括自然语言处理里"生成式预训练的转换器-3"，以及用于图像识别的转换器，比如 GLaM, Gopher, MT-NLG ViT）的推广将加速数据的生成，因为越来越多的数据能被处理并可资利用。其应用的推广靠硬件芯片支持，比如刚刚发布的 NVIDIA 芯片的支持。

中小企业对人工智能的采用可能会拓展人工智能的市值，使其未来几年获得的投资增加。同时，部分中小企业的成就会激励其他中小企业采用人工智能，由此生成的大面积分布的智能将改变游戏规则，并产生语境智能（context intelligence）。

三、分布式自主组织

组织的存在旨在协调资源，以达成一个特定的目标。在一个充满竞争的市场里，各种组织都在不断调整、微调结构，对语境（当然包括竞争者）作出回应。从古至今，技术都是组织的基本构成，从两河流域书写的泥板直到今天的计算机。信息的交换、内外世界的信息监控是一切组织的基础。

凡是以聚合和协调各部分向着一个目标运行的组合体，无论工厂、城市或国家，都需要一个能进行复杂管理的层级系统。面对这一需求，技术的发展已经使分布式管理或为可能，区块链技术就是这样的例子。

我们通过数字化转型到网络空间一路走来，进入了这样一个世界：与场所相关的物理束缚不复存在了。网络空间是平坦的，云端无所不在，处处是本地，自主处理点（autonomous processing points）可以共存。网络空间是分布式自主组织（distributed autonomous organization, DAO）的场所。

技术演进能将这些分布式自主组织带进物理空间。《互联网 3.0 拥有未来工作的潜力》（*Web3's Potential for the Future of Work*）提出了这个观点，这篇文章很发人深省。

区块链曾经是比特币转移资产的平台，由此进化而来的以太坊（Ethereum）还能支持资产的创造和流程的协调。至少从原则上看，这些能力可以被用于公司管理，借以摆脱等级结构（如团队领袖、董事会、首席执行官等）。

就其工作方式而言，分布式自主组织可能更接近脸书（Facebook）的小组，而不是更接近某一家公司。这个小组是一个社交媒体中的兴趣共同体，有分享（共用）的银行账号。就像在社交群体里一样，分布式自主组织参与者分享共同兴趣，以非连续的方式投入资源。虽然有等级系统和控制结构，分布式自主组织也会向着特定的方向演变，产生效果。而且，你还可能发现一些类似蜂群和蚁群的特征——还是能看见层级结构，但那是自主的角色细分。

文章明确指出，分布式自主组织尚处在婴儿期，不能指望它们取代今天所有的公司和组织范式。它们只不过是由技术支持的新组织方式，这种新方式在某些方面证明比现有的层级组织更好。

开放软件项目是分布式自主组织的例子，几个人共同为项目效力，没有层级系统，控制完全是分布式的（类似维基百科）。平台可以用来支持这一"平坦"的、无结构的合作工作方式。我们在团购打折商品的组织里能看见这样的运作方式，在集资投资的团队里也能看见这样的运作方式。技术支持交流，因而支持聚合，支持一切活动的追踪，因而容许系统的存在，这些系统被视为独立个人／实体的集簇，它们为共同的目标展开合作。

如上所述，我们不能期待这些分布式自主组织替代当前的公司，也许在长期内都不能取代公司。然而，分布式自主组织的增多正在把劳动力从"经典的"雇佣企业吸引到自己的领域。

虽然那篇文章并没有提及劳动力被吸走的趋势，但我们还是能看到，知识社会将沿着一个趋势演进：从知识作为价值走向知识作为可销售的资源。在此我们又看到，技术将支持个体分享、评估和使用知识，它们能在开放市场上交换知识，而不是不得不作为公司的一部分把知识转化为价值。

到 2030 年，分布式自主组织和工具的融合将促成可执行知识的交易，这将对劳动市场和组织产生重大的影响。

第五节　知识的演变

虽然增强能量、材料和工具纷纷涌现，21 世纪最重要而（或许是）根本的发展却扎根于知识的指数级增长，以及开发知识能力的增长。这一发展有别于基因组演化，却与文化演变紧密相连；文化演变使猿人进化为智人。换言之，这种演变曾发生过，且将再次发生，并将产生相似而重大的变化。

想想从新石器人到现代社会的演变，与之相伴的有工作分配、新价值的创造／感知、社会伦理的兴起、经济的崛起，能看到类似于我们这几十年中经历的革命——我们通过网络空间分享文化／智能。

数字化转型使物理世界在网络空间里生成镜像，把许多活动移入网络空间，产生了数据爆炸。这些数据推进人工智能发展，反过来，人工智能又生成元数据和知识。这是一个良性的螺旋上升，数据生成更多的数据。

通过手机，人们已经能接触到二十年前难以想象的知识库。但获取知识并不意味着理解知识。实际上，任何个人能理解的仅仅是现有知识的很少一部分。不同的人的领悟力不同，但总体上明显的是，人们创造了数字基础设施，这个基础设施又在改变着人们对知识的感知。

不仅如此，事实并不是一个人只能学会一个领域的知识，理解知识需要花费时间，而知识却以前所未有的速度增长着，所以一个人在合理的时间里想要掌握这个领域的全部知识变得越来越困难了。这里所谓"合理"指的是学习给定知识所费的时间与所获知识可持续使用的时间长度间的比率。在过去的一千年里，学习某一点知识所花的时长并没有大的变化，尽管教育的效率有所提高。学习和理解新知识所费时间的长短受脑力的约束。然而，知识的寿命尤其某些领域知识的寿命大大缩短，因此知识使用／学习的比率越来越小，以至于学习成本也可能已经超过学习收益了。

这一趋势，再加上个人／公司难以把握越来越宏阔的知识空间的事实，迫使我们寻找探求知识和智能的其他途径（理解何时以及如何应用知识）。

人工智能助手的使用是这条新路径上的一小步：利用人工智能辅助人类的知识。今天，这些助手的表现有限，它们仅用作提示或智能浏览器，基本上是在句法层面上工作，就是说它们不懂自己在说什么。然而不出十年，你就能期待：

（1）用上智能助手，它们能理解主题，能与物理孪生体合作，及时提供知识；

（2）用上数字孪生体，它们理解其物理孪生体的需求，能独立在网上浏览、搜寻到对其物理孪生体重要的知识；

（3）用上认知数字孪生体，它们能在语义层次上工作，吸收知识，并在恰当的时间以定制的形式传递知识。

这些进步既能缩短学习时间（因为学习能被简化并高度定制化，既考虑知识增长的需求，又考虑特定的人会定制知识以适应其学习"风格"），又能延伸一个人知识的应用寿命，对已有知识进行查缺补漏。在提供及时的知识上，增强现实能发挥很大的作用，能把及时知识整合进物理世界（技工不必追赶新电视机的型号，就能修理电视机，因为人工智能和增强现实指引他做出诊断，进行维修）。虚拟现实提供沉浸式环境，支持更有效的学习。不过，学习时间的缩短并不会引向零学习时间；同理，某些领域知识的过时并不能靠"知识补丁"去完全克服。

真正的解决办法不得不到分布式知识和智能延伸的范式里去寻找，这里所指的范式是"延伸的"，因为社会和产业界利用这一范式已有数百年：让不同／互补知识的人聚在一起，众人就能像单一实体那样运作，就能在目标领域拥有完备的知识。"延伸"包括分布式知识池里的机器和机器智能。这是全新的东西，近年和未来岁月里人工智能的进步使之成为可能。机器学习有别于人的学习，它能加速使其知识达到几何级数增长，而且基本上是没有约束的。

需要注意的是，这样的延伸使个人的知识空间扩大，因此总体上导致了人类的发展／演进。人的2.0版超乎当前人的能力，能无缝存取人工智能。从第四阶段开始，认知数字孪生体就嵌入了"可执行知识"，能实现与其物理孪生体的无缝连接了。

今天，我们讨论认知数字孪生体时，柏拉图的关切就显得非常真实了。他担心文字会剥夺个人记忆信息并创造知识的能力。有了我的认知数字孪生体后，我能延伸我的知识，包括我的可执行知识。我能让世界史呈现在我的眼前，还能维修汽轮机，因为我的认知孪生体能无缝接入我的大脑（近期通过增强现实，远期通过脑机接口）。现在和未来，我们将不得不接受和管理人脑难以处理的知识。这样的知识在认知常态下超乎人脑，在量子计算条件下可能会超乎人脑的结构能力（structural capabilities）。用机器处理知识的便利性将非常显著，面对机器的依赖也会十分危险。这将是一次飞跃，就像论述类固醇发明的著作一样：

（1）未来几代人将是"愚人–博雅人"吗？因为用上认知数字孪生体后，大脑只知道知识的零碎片段，故为愚人；与认知数字孪生体无缝连接以后，此时此情景下需要的一切全都能知道，故为博雅人。

（2）人们会在知识架上购买知识，就像我们在书架上买书籍和手册吗？

（3）对人的评判会既在专业和社会层次上进行，又根据其认知数字孪生体的知识来进行吗？

（4）公司会雇佣可能的认知数字孪生体而不是物理实体的人吗？

（5）认知数字孪生体要由独立的第三方来认证吗？

第六章 教育场域的个人数字孪生体

几年前，意大利教育部"提倡"课堂上用智能手机，承认智能手机在教育里的正面作用。这是意大利变革的强劲信号，其他一些国家也有同样的反应。可见他们都认识到，如果使用恰当，技术能使教育更加有效。意大利教育部的文件遇到反对意见，这使人想起 2,500 年前使用文字时遭到的反对，有人哀叹文字的使用。150 年前，意大利教育部还曾下令停止传授如何制作墨水！每一种技术都会遭到抵制，而抵制的确也产生了一些价值，因为没有任何东西是"最好的解决办法"；当我们直面技术的缺点时，它们就能被改进。

即便如此，教育部门也面临一个日益加重的弱点——难以跟上知识爆炸与过时的速度。知识爆炸会使人难以知道需要什么知识吗？我不知道。知识过时对继续教育不断施压；要对抗能力的丧失，以及对抗就业市场上对寻找越来越多专才的呼吁。专业人士和公司同样面临这样的挑战。正如我们在第五章中的分析所言，认知数字孪生体的目的是丰富车间里工业机器人的数字孪生体，既从内部又从认知上赋予其能力。数字孪生体可以是认知实体，因此拥有知识并能利用知识（数据库能储存知识，但不能利用知识，因为它"不知道"自己在储存知识）——这一理念推进了教育领域

166

数字孪生体的延伸。

通过电子媒体我们每个人都在进行大量的交互，考虑到其中大量的交互可以被验证并与我们关联，便能借此自动推断出我们拥有的知识，以及这一知识又如何随时间演变。当然，良好的起点是选择并提供学历教育的信息，以及工作经历等方面的信息——这些信息通过社交网络（脸书、领英等）能轻易获取。出席研讨会、提交并发表论文的情况，以及培训课的成绩都有助于塑造个人数字孪生体。但在教育领域，重点要放在认知问题上。反过来，个人数字孪生体又可用来寻找知识缺口、提出填补缺口的建议，并以特定方式定制教育，这对学生来说是最有效的学习（显然还要利用学生已有的知识）。还可以考虑学生的背景，即他的所在地与活动，提供适合其背景的"教育胶囊"，使学习更有效。

第一节　教育的层次和类别

上一章充分显示，由于数据、信息、知识和智能的爆炸，我们不得不花费所有时间搜索我们教育和工作所需的东西。我们不能请老师或教授回答课外或其研究领域之外的问题。今天搜索引擎提供数以百万计的点击量，我们不得不判断其相关性。在筛选出的甚至优先提供的材料里寻找相关性，也需要时间。因为我们的阅读和理解能力缓慢（人均阅读速度是每分钟 300 个英文单词），所以每天浏览新的电子邮件、新闻提要、博客、杂志、书籍可能要消耗 4 个小时。这些时间压缩了我们创新工作的时间。

知识翻番的速度呈指数级增长，知识半衰期缩短，势如海啸，冲击着任何社会、组织、公司或其他任何组织。数字孪生体在以下领域大有助于增加我们的韧性：

（1）知识管理（根据商定的标准组织和筛选，剔除不相关的知识）；

（2）知识融合（发现并清除资源里的错误，以及搜索和提取知识过程中所犯的错误）；

（3）剽窃管理（以生产新知识）；

（4）知识审查（确认并验证源头内容的质量，供组织使用）；

（5）知识产权管理（把知识产权、商业秘密和版权信息与通用域和公有领域的内容区别开来）；

（6）鉴别知识夕阳（确认不能再用的知识）；

（7）由于传统图书馆萎缩，创建数字孪生"图书馆"是有用的，它们知道组织和成员的需求；

（8）传统出版业在萎缩，适宜的数字孪生"出版社"对组织会有益。

一、基础教育

接受基础教育的需求可能会逐渐消减——这里所谓的"基础教育"指的是学习能力，包括口头交流与读写的能力，这个消减的势头也许不会发生在近期，但长时间内一定会发生。然而，理解逻辑结构和数学的能力、社群里生活和有效交流的能力基本上不会变，虽然获取基础知识的、适应和利用新环境的工具可能要变（到21世纪中叶，增强现实和虚拟现实可能会主导学习）。

这种基础教育大概每工作40年至少要更新一次。有研究者指出，专业生涯里可能需要几个休整期，以重新接受基础教育。比如，工作15至20年后，应该有1年或2年的休整期，重回学校（未来的学校可能会与今天的学校迥然不同）。未来十年里一个重要的特征是，人们将意识到"个人的知识缺口"。这可能与个人基础教育上的缺口有关（如需要更有效的新工具去获取知识、应对知识），与理解完成手头任务所需的知识也有关系。

数字孪生体将成为管理知识缺口的工具。每个人数字孪生体的知识都会映射物理孪生体的知识。每个人都会发现自己基础教育的缺口，首先靠观察基础教育的演变并将其与自己的缺口进行比较，其次是寻找完成手头任务所需要的最佳知识，并将其与物理孪生体实际可用的知识进行比较。

二、及时教育

这样的基础教育（一生可能会多次重复）需要及时教育（Just-in-time education）的补充，大多数及时教育建基于"需要知道"的知识。因此，它是重点聚焦的、非常及时的。"需要知道"的这部分知识不断增长，与其相关的是如何获取知识并使之运转，而不是获取知识本身。知识可能贮存在他人身上，更常见的是贮存在机器里（网络空间里）。

我们不得不从今天获取知识的范式（相比过去用书本获取知识而言，把我们和网络空间里的知识连接起来的工具使获取知识更容易了）转向另一种范式：实时获取知识的能力允许知识的使用者按需去获取知识，而不是非得要事先获悉某种知识。这样我们就可以用过去不曾有的方式来增长知识。用分布式知识的方式进行的项目将要比用今天获取知识的方式效率更高；知识的迁移在今天困难重重。

今天的"持续教育"和未来的"及时教育"很不一样。今天构想的持续教育的形式更符合基础教育，但我们能看见另一种持续教育的进路：既为个人量身定制，又能满足执行具体任务的要求。新持续教育课程的动态制定靠的是一个庞大的模块组合资源，不过倘若放眼未来二十年之所需，这只不过是小小的一步。

另一个重要的方面是，知识之外不再有储存所（一本书、一个数据库）。流动的、及时可得的知识可操作性越来越强，仿佛它就内在于人的大脑。我们的大脑不再是储存所，而是知识的参与者。每当我们向人询问他们知道的事情，每当我们问自己这样的事情，我们都不会得到一本书或一个数据库，我们得到的将是适合具体情况的可操作知识。我们用智能手机（用人工智能）获取外界知识时，这个现象正是初露端倪。这是一个重大的变化，人类历史上第一次，我们可以直接利用可操作的知识了。

三、产品教育

涉及共生自主系统教育的第三个特征是：从设计和经验衍生出来的教育内容都能被自主开发。

很多种产品都含有说明书，给使用者介绍产品。电视机、数码相机、洗衣机、汽车就是最常见的例子。软件应用通常用嵌入的方式提供使用说明，有些说明是应用程序的一部分，其他一些应用通过网络连接提供说明。这种"教育"方式通常是十分有效的，因为与之相连的是"此时此地""知道之需"的特征。但大多数时候，说明书是"同一类型针对所有人"，没有考虑特定的用户及其经验和目的。

无疑，在未来的十年里，人工智能将渗透这一"对点教育"（spot education），精准定制适合用户经验和需求的说明书。

创建产品教育的内容既复杂又费时。由于产品越来越灵活，并不断发展，提供有价值又有效的产品说明书变得越来越困难了。

产品说明与其"教育"内容也在变化，走向自然语言和无缝交互（含手势、触觉、图像……）。试想你的团队里既有工人又有机器人。在未来的十年里，团队里的合作水平将不断提高，学习也将继续不断。要学习哪些东西不可能在机器人被制成的那一刻就已经知道了。产品说明必须根据具体情况和交互方式定制。很可能，机器人将自学如何教它们的队友学习，就像团队里的人需要互相学习时所做的那样。我们需要手册，因为我们已掌握知识和技能，每当需要时，或有人问我们时，我们将分享这些知识和技能；分享的方式会既适合当前语境，又适合接受者。

这可能是工作环境里发生的事情，也可能是下班回家后与新的家用电器交互的情况。由于物联网和计算机已经处处嵌入和连接，总体系统的复杂性将超乎我们理解和管理的能力（有些情境中已经出现这样的情况，而一些产品的最佳卖点之一是其适应环境自配置的能力，无需用户的干预）。

新产品可能会嵌入教育能力。起初这样的能力可能会局限于产品本身的使用，随后它们可能会拓宽去涵盖与其他产品共用时的能力。在工业4.0范式里，在与各类参与者松散地合作制造产品时，"说明书"不再是任何单一参与者的责任——他们都不知道其他参与者会提供什么（要求计算机制造商为计算机上运行的所有应用程序提供说明书）。

然而，各部分的交互可能只需要一点说明。这可能通过第三方的应用程序来实现，这些应用可能会通过利用共生关系里运行的各种数字孪生体生成使用说明的材料（并交付给使用者）。

教育内容可能会采取不同的形式，且用不同的方式来交付：

（1）独立的教学方式：慕课发展，高度语境化和个性化的教学，用存取设备发布教学内容。我用智能手机上的数码摄像头上课，摄像头一头连着手机一头连着制造商，这仍然是非常基础的使用，但它大体上展示了将来会发生的情况。

（2）自动化的产品课程（in-product courses），我与产品交互时会出现的教育内容。与我们今天的产品不同，这些产品课程不会与产品僵硬地拴在一起，它们会微调到适应用户的程度，适应其增长的经验和需求。一定程度上，教育内容会不断更新用户界面，使之无缝对接用户，与用户能力的增长同时发展。

这可能适用于任何种类的交互，因为交互的参与者越来越聪明了。教育是自主系统重要的一面，它们能对系统内的交互以及和其他系统的交互进行调整并促其发展。循此路径再往前走，我们可望看到：在根据参与者对交互系统进行调整后，任何交互都可能成为学习资源。

访问大数据库比如 IEEE 的文库时，由于库存的文章数以百万计而且在不断增长，我们不再像拉抽屉那样寻找文章，而是能智能地获取恰当的文章。更准确地说，那是分享需要、回应需要的过程。那可能需要抽取和重组几篇文章里包含的内容，定制教育课程，帮助访问者理解数据库提供的信息。它可能还需要使用教育结构来充分利用查询者语境，比如更新他所用的工具。

四、共生共享教育知识

从拥有知识到拥有获取知识的能力的变化，再到知识拥有者利用知识去完成手头的任务——这样的转变引领我们进入一个共生共享教育（symbiotic shared education）的时代。

在共生自主系统（symbiotic autonomous system, SAS）里，知识（和技能）由子系统分享。这将反映在共生系统的数字孪生体中，由子系统的数字孪生体构成。如果我们想象这样一种共生关系，其中我们的共生对应体将非常了解我们是谁——有时通过直接访问我们共同的行为，有时通过访问我们的数字孪生体。在复杂系统里，整体未必就是部分的总和，其中一个部分发展出的特点可能不会见于其他任何部分中，而智能应用将会平衡各个子系统的知识、教育和分享。

找到所需的知识后，教育协议将瞄准最有效的地方，增加此处的知识；大多数情况下那就意味着，需要教育机器而不是人。这似乎难以置信，但我们已经有了机器学习的一些实例，甚至能进行自主学习。它们的学习速度比任何个人快得多，而且能继续不断地更新，并可以永久记住学到的东西，因为机器不会遗忘。

这一转变始于 20 世纪的袖珍计算器。今天还有多少人知道如何求一个数的平方根呢？从那个小小的起步开始，我们现在有了能进行人脸识别的机器（世界各地警察用的重要机器），有了估算股市演变、决定买进卖出的机器，还有了学习清洁住宅的最佳路径的机器。

此类例证很多，且一直在快速增长。机器人已变成装配线上与工人合作的纯粹的执行器，软件不断学习人的情绪和偏好，以生成满足当下时尚的爱好。在医疗保健领域，我们正处在巨变的门口。软件将特定基因与疾病关联，与最有效的治疗关联，与持续受到监测的协议关联，并实时对之进行微调。

尽管有了这么多进步，我们其实才刚刚起步；与数字孪生体一道，我们正在进入一种新的教育范式。

五、定制教育

知识和技能是做事情（包括增加知识和技能）的工具。一种智能应用能评估语境，能评估需要做什么（如修引擎），能利用我们的数字孪生体来对我们需要的知识和技能与已有的知识和技能进行匹配。这样就能确认知识缺口，并寻找填补缺口的最好办法。今天的教育多半已标准化，一个标准处处适用。同样由于数字孪生体，未来的教育可以定制化，教育过程的效率就会提高了。

波音这样的公司已在用增强现实指引修理工远程修理引擎。它们有再现工人技能和知识的数字孪生体，能为工人量身定制培训内容。高级技工能远程监控修理工作并给予指导。越来越多的专家角色可以由软件来担任。将来，这样的修理工作可以由穿戴外骨骼架的工人来完成，应考虑这一装备所需的总体知识和技能，并且及时更新。而需要更新的仅是外骨骼架中的软件，而不是要工人重新学习如何操作外骨骼设备的知识。

评估教育重点的工作已开始。新现象是，我们越来越多地与工具分享知识，用其进行推理并拓展我们的脑力。古典教育羞于采纳和利用新工具

（你仍然需要学习做乘法，不能让孩子依靠电子计算器！你仍然需要靠图书馆的图书做研究，你不能在网上复制粘贴！）如今，人工智能正开始在一些领域里战胜人脑，这些领域的数量还在增加（包括医学诊断和开具治疗处方）。

数字孪生体的功能不仅可以用来评估教育的缺口。它们能引导教育服务，而且还能成为人工智能的载体。获得经验（和知识）的人无形中也增长了他们的数字孪生的经验和知识。数字孪生体和人不同，一个人仅能局限于一个实例（他只能出现在一个地方——即使他是以遥控的形式出现的；他只能一次做一件事），数字孪生体却能无数次实例化（我们看到数字孪生顾问同时服务几位客户的情况）。数字孪生体永不生病、从不休假、永远不死，也不会停止存在。

第二节 共生数字孪生体

假定我们的"自我"有一个数字孪生体，映射我们技能和知识。它将是一个共生自主系统的数字孪生体中的一部分。这个"自我"的数字孪生体如何与共生数字孪生体一道被利用起来呢？

共生自主系统研究小组建议把这个正在演化的语境视为共生的语境，它不是非此即彼（只有人或人工智能）的，而是（人与人工智能）共同生长。教育的发展必须要利用这一共生的机会。在教育领域用数字孪生体能够培育这种共生关系，因为在虚拟层面上对许多同质的"人物"进行操作已成为可能了。

我的共生数字孪生体何以能有助于我对技能和概念的学习呢？

如果我在家里或工作时与我的电器进入共生关系，我在任何给定时刻最可能感兴趣的具体选择、行为或效果（简称"程序"）的知识就成为我的共生数字孪生体总体知识的一部分。不过，关于我能用上什么程序、什么程序符合我兴趣的知识可能会被储存在一个设备里。亚马逊的 Alexa、苹果的 Siri 和谷歌的 Assistant 都在朝这一方向发展。我感兴趣、可供选择的程序千千万，它们多到我在给定时间内很难察觉到他们的存在。同样，YouTube 短视频、推特和其他信息片段也数以百万计，它们也可能成为我教育过程的一部分，但我甚至根本不知道它们的存在。

做研究时也出现过类似的情况。寻找和阅读相关的论文、报刊文章、技术杂志、技术报告和技术书籍是很费时间的。这些都是教育工作里"我去哪里寻找"的例子。数字孪生体能成为这种种情况下的助手，它们有望帮我们寻找研究杂志、白皮书、报告、教材、专著和论文。

大量的课程和网络公开课（慕课）上线网站：斯坦福大学 2012 年推出的 Coursera（拥有 2,000 多门课），哈佛大学 2012 年推出的 EdX（1,200 多门课），Udemy（2,500 多门课），Udacity（200 门课），麻省理工学院的 OpenCourseWare（2,200 门课），清华大学 2013 年推出的学堂在线（500 门课），Lynda（3,300 门课），萨尔曼·汗 2006 年推出的可汗学院（Khan Academy），TED（1,890 门课），Great Courses（500 门课）。七百多所大学推出了慕课。

写论文并在会上展示、赴会听同行宣讲论文的活动也可以由我们的数字孪生体映射。这样的映射也适用于评阅论文的过程。许多出版商容许由我们的数字孪生体监测的出版物的在线讨论。教育机构包括 IEEE 能帮助把其"学生"或"成员"的镜像转化为数字孪生体。在创建定制教育计划和个性化教育计划时，这些数字孪生体能派得上用场。一个例子是弗雷德·凯勒（Fred S. Keller）推出的"个性化教育系统"（personalized system of instruction, PSI）。由于这个系统的人工管理非常烦琐，他们又开发了计算机辅助的系统（Computer-Aided PSI, CAPSI），在加拿大的曼尼托巴大学已运行了多年。

关键问题是，教育必须要考虑这样一个事实：我们越来越多地与工具／设备共生运行，教育必须考虑全局，充分利用这个共生关系。智慧教育计划必须要有超前眼光，超越"需要知道的"，超越此时此刻，预见下一步可能需要的东西，不管是明天还是下周，并制定教育计划使共生系统准备面对可能的新局面。这样的超前眼光既适用于整个共生系统，也适用于其中单一的部分。

智慧教育必须成为共生系统的一部分，并应能够利用遇到的所有教育机会，应该超越此时此地，放眼长远，并为未来的持续发展提供终身支持。在走向零工经济（gig-economy）的时代，这样的教育更加重要；在零工经济里，工作找工人，而不是工人找工作。

若要被人发现和注意到，你就必须要在网络空间里现身，你的知识和技能就必须向着未来的需求打磨，且在工作市场上保持竞争力。面对知识和技能会快速过时的趋势，人们一次又一次地从头学起新技能，因此教育支持不能只专注于增加知识和培训更多技能。更妥当的是，智慧教育应能利用已有的知识和技能，将其重塑，以适应新的需要。这就是所谓的向新领域的"知识迁移"。IEEE之类涉足广泛的组织通过教育使知识迁移成为可能，并可用其探索发现新的应用领域。人们将努力克服教育筒仓和知识筒仓的局限。

这也是共生自主系统的关键，其子系统的知识和技能不应该拘束在筒仓里，而是应该被分享和利用。以正式的方式，我们的数字孪生体能够再现我们的知识、技能和智慧，它们将得到应用程序的辅助，应用程序能够考虑到技能的消退（不用时会丧失）和知识的消退（我们遗忘）。技能／知识降格的信息能成为积极主动教育计划的出发点。

在共生自主系统里，技能、知识和智慧应该分享给各个子系统，以提高系统的整体表现。再者，数字孪生体可以增加（或减少）子系统之间的交互。在共生复杂系统里，总体未必是部分之和。通过这类非线性交互，一个新的特质可能会出现在一个子系统中，它未必会出现在其他子系统中。

　　用我的数字孪生体去理解我的所知是起点。假如我想学点什么东西，怎么学更好呢？是用人类的方式去学呢，还是靠我已在用的工具去学呢？假设我刚买了一架非常复杂的数码相机，我可能要一页又一页地翻说明书，看油管上的相机使用课程，并下载新软件去管理新档案。虽然费了很大力气，离轻松自如地使用还差得很远，我想可能要花一年时间才能习惯用它吧；很可能我会忽略一些功能，还会一边学一边忘掉一些没机会练习的功能。

　　即使我有一个数字孪生体，它也会遭遇与我同样的问题，可能会有一个智慧顾问来分析它，找到它的知识缺口，并且让我的相机、智能手机和计算机来弥补这样的知识缺口。在一定程度上，这样的传授是双向的：既是针对我的（我的数字孪生体会反映我已学会或没有学会的东西），又是针对共生自主系统其余组成部分的。

　　需要注意的是，今天的我们远没有和我们的相机、计算机、智能手机和相关软件形成共生的关系，远没有在摄影或其他活动里达成那种共生关系。不过，即使在这种松散连接的环境里，在教育上还是可以有所作为的；我们可以利用初步成型的数字孪生体，它会映射我的"摄影师自我"，与应用、计算机、数码相机和智能手机有关联的其他数字孪生体的连接也是可以达成的。每一个这样的数字孪生体与未来我们的数字孪生体相比都很苍白，现在最缺的是它们之间的连接。创新人士可以研究这样的问题，IEEE的一些倡议也可以研究这些问题（显然与我这里的例子并无关联，但 IEEE 向来是支持其成员的职业发展路径）。

　　向智能环境的过渡，支持人与环境无缝共生技术的兴起，包括个人与网络空间共生的关系，这一切都将对教育产生深刻的影响。变革的端倪、新潜能初步的迹象就在眼前。我们越来越倚靠网络空间去获取数据、信息、知识和"技能"。

现在的任何学科都有数以千计的课程，这些课程都可以通过互联网获取。在一定程度上更重要的是，就潮流而言更"说明问题"的是，我们现在可以访问数以千万计的教育短视频解释"如何做……"，从日常琐事到复杂的实验室操作。今天的真正价值不在于内容（内容很丰富、容易获取、多半免费），而在于指引我们获取所需教育内容的工具。

第三节　学习的极限

就我们所知，在整个历史进程中，我们的大脑都受制于信息超载，通过任务和抽象的分离才能勉强应对信息超载。很可能，古希腊的哲学家会被今天的十岁小儿难倒，原因是我们的文化与环境变了，今天的十岁儿童生活在完全不同于古希腊人的环境里。我们不必"懂得"数量惊人的事情，这些事情简直就是被视为理所当然了。忘掉古希腊哲人吧，就想想你和我：我们灵活自如地使用手机，但我们没有一丝一毫如何造手机的念头。今天的世界上，大概没有一个人具有如何造手机的全部知识：使这个世界运转依靠的是数以百万计的人有组织的合作。

知识世界的确越来越复杂，但我们已经成功地让个人（个人大脑）需处理的复杂度维持在与我们的祖先相同的门槛上（可能高一点，但高不了多少）。

人们常说，我们越刺激大脑，大脑就越发达。这是真的（一定程度上如此），但大脑更发达并不是因为其容量和处理能力的增加，而是因为它简化了储存（通过集合成更高层次的概念）并优化了程序。较高层次概念的创建和程序的优化简化了工作，这部分工作是利用工具完成的（比如，把记忆熟人电话号码的工作委派给智能手机，脑子里只记他们的"名字"）。

一定程度上，人工智能就是我们指尖的工具。尽管如此，仍需要注意的是，我们与工具的界限并不是一刀切的。实际上，工具越先进，我们就会越依靠工具，这条分界线就越没有缝隙。想想你的智能手机。你以全然无缝的方式使用它（至少在某些应用上是这样的），根本就不必去想你需要做什么，就像踢球一样：你不必先想，踢就是了！在这个意义上我们说，工具既增强了我们的能力，又"改变"了我们。人工智能和其他工具并无差别。

再过十年（其实在各种日常琐事里已有发生），人工智能将与我们的大脑整合。在这个意义上我们可以说，我们远没有达到电脑的极限，因为我们（集体）的大脑已然创造出一种新工具即人工智能，而且在利用它去放大我们的能力。认知数字孪生体就是一种大脑的假体。它们越强大，我们的大脑就越强大，越多新的伦理问题和社会问题就会冒出来。

《纽约时报》一篇文章讨论了大脑储存和处理能力的极限（那是极客的用语，普通的说法是：电脑记忆和理解的极限），以及克服极限的办法。文章题名"如何在你的大脑外去思考"（How to Think Outside of Your Brain）。这个问题和我们刚才提出的几个要点有明显的联系：人工智能是补足或延伸我们大脑功能的工具吗？当然，第一点就是要判定，我们的大脑是否有极限，这大概是个有争议的问题。当然和任何事物一样，大脑的功能是有极限的：我们能储存和记住多少信息，我们能多快出逼近结论。我们已有一些大脑基要中枢处理信息速度的数据，包括神经元的切换时间（从一种状态到另一种状态、兴奋起来、传导化学/电信号等需要的时间）、连接次数、从一个神经元到另一个神经元传导信号所花的时间。虽然这些"数据"并没有真的回答大脑是否有极限的问题，但它们清楚显示：极限是存在的。这里的要点是，就基础成分而言，人的大脑全都类似（神经元和神经/树突轴突），但大脑的神经通路大不相同：职业篮球运动员投篮调动肌肉的时间（和精力）只是我需要的一小部分时间。他的神经通路是长期训练和技能演化的结果。这种"后天获得的神经通路"差异使我们难以断定"大脑"

的计算极限。另一方面，鉴于大脑构造成分潜在的局限，我们还是可以肯定，极限是存在的。

一个更有趣的问题是，人的大脑是否有"质性的"（qualitative）极限呢？就是说，大脑是否能理解现实的所有方面呢？这个问题难得多，哲学家们探讨这个问题已经两千多年了。过去的几百年间科学推理大发展，由此产生的惊人成就是使天平向"是"这一答案倾斜。然而，宇宙问题（"大爆炸之前"是什么——以及永远不可能知道答案的、现已接受的事实），以及违背我们的"推理"的量子力学又使天平回归"不"的答案。我们用这两个例子凸显不能"知道"（宇宙问题）和不能"理解"（量子力学）的差异。前者是因为不可能获得的大数据，后者是因为不可能以有意义的方式处理数据，就是说我们的大脑无法处理那些数据。

我们是否能依靠不一样的"处理器"（人工智能）去回答：我们的大脑不可能达到其极限正是由于其质和量的局限性呢？如果是这样，我们能信赖那些答案吗？

以量子力学为例。我们知道它有道理，因为我们用来求解的方程能与实验结果匹配（并能预测未来实验的结果）。然而至少在某些方面，我们并不懂"为什么"。再试想，如果没有计算机处理千兆字节的数据，我们是不能"运算"那些量子力学方程的。在这个例子里，我们把人工智能和数据处理用作处理大数据的方式，用它们处理我们不能处理的数据，并得出结果，虽然我们并不"懂"这些结果。在这样的情况下，我们用"假体"去克服质和量的局限。

几十年来，用"复制"大脑去创造智能是否可能的推理如火如荼。认为可能的人断言，大脑的连通结构生成智能，因此如果我们"复制"这样的连通性，我们就能制造"智能"机器。从这个假设生发出来的"神经连接组"（connectome）工程旨在绘制人脑的这个连通结构。这个网站值得一看，因为它列出了许多展现人脑连通结构的示意图。用以识别连通结构的技术和据此绘制的示意图都令人叹为观止。

这场讨论之所以很热闹，那是因为另有许多人声称，那种连通结构的纯复制不会自动生成"智能"。而且，每个人的大脑都是独一无二的，其连通结构彼此不同，而所有的"大脑"却都支持智能。还有人讲究实际说，即使"神经连接组"工程的假设是正确的，大脑结构的复杂性也超越了我们复制的能力，因此这种努力毫无用处。

如今，历史上首次有证据显示，那种连通结构的确是"机器"生成智能的基本要素，使人们开始以机械的角度观察大脑。

麦吉尔大学的研究人员为真实的大脑建模，证明神经形态的神经网络（neuromorphic neural network）能完成认知任务。它们复制人脑连通结构的一小部分，去塑造人工神经网络（Artificial Neural Network, ANN）。这个ANN网络经过训练去完成认知任务（神经网络需要训练，基本的训练是：你提供输入，它"告诉"你处理的结果好不好。基于这样的反馈，神经网络"学习"表现得越来越好。但这个学习过程漫长，且成本高）。

研究人员表示，人工神经网络越类似我们大脑连通的结构，任务就完成得更好、更快。在一定程度上，它们使神经连接组与机器学习融合，前景光明。神经连接组学（connectomics）是静态的，研究的是连通结构，而机器学习是动态的；动静两态都是需要的（此外，研究证明，我们的大脑在学习的过程中改变了其连通结构）。

数字孪生体的所有权问题成了法律和伦理讨论的热点话题。一家公司声称，雇员在岗时（根据保密协议，无竞争协议）获得的知识属它所有。于是它可能期待对数字孪生体也拥有专属权。公司的存在归因于其富有竞争力的隐形知识。这样的隐形知识可以从共生数字孪生体的创建中发展出来（共生数字孪生体的某些阶段能嵌入真正生理的实例）。数字孪生体的确能够由几个数字孪生体集合而成。但当雇员转到另一家公司后，原公司能继续持有那些所有权吗？数字孪生体能随着跳槽的雇员转移到新的公司

（或许将区块链强加在知识的使用上）吗？

　　数字孪生体、物理孪生体和孪生体的使用者都将承担怎样的责任呢？一个共生自主系统拥有知识和技能，那是其子系统通过交互产生的。2050年的教育需要我们将共生自主孪生体系统看作一个整体，并判定将于何地、何时，以及如何教育单独的子系统。这是一个全新的世界，我们才刚刚起步。

第四节　2050 年的教育

一、教育未来之双重猜测

　　让我们直奔主题。如果你进行社会预测，想要断定 2050 年的情况，那就是胡扯。那的确有趣，却并非扎根科学。影响因素太多，超出了我们的控制。然而，做一些假设还是有用的。我们不是为了看三十年内我们将有多么幸运，而是要去看未来的可能性，在我们能预见的许多可能性中选择一个，采取行动去建设未来。

　　尝试建设一个未来和实际建设这个未来是完全不同的两码事。尝试建设时要面对许多障碍，然后会发现替代方案，这会在需要最少引导的情况下促成不断进步。

　　为什么挑选 2050 年？一是因为它足够远，存在着许多可能性；二是因为它足够近，我们能基于目前的情况去采取行动。2050 年时，我们能期待机器开发出自主智能和自进化（self-evolution）能力（也可能早于 2050年）；彼时的人可能与机器形成共生关系，以无缝方式利用机器的能力，我们会觉得机器的能力就是我们自己的延伸。

　　我们先假设一个共生体，人与机器无缝交互的共生体。加入这个共生的有机体需要增加知识才能完成一个任务，或面对一种新情况。谁将被"再教育"呢？是人的部分还是机器的部分呢？这不是一个小问题，目前已引起了激烈的讨论，只不过框架略有不同，以前是：现在计算器已无所不在，学生是会自己去计算一个数的平方根，还是会直接使用计算器屏幕上的答案？今天，这个问题变成了：

（1）我们是应该学习一门外国语呢，还是学会使用一个实时翻译器、按一个键就搞定呢？

（2）我们是应该学习写作呢，还是让机器为我们写作呢？或许学会说话就够了吧。

和过去任何时候相比，知道如何提准确的问题、向"谁"提问题变得至关重要了。

我们已经接受了知识的细分，连我们的学制体系也愈发细分。你得到了你学习需要的基本工具，用这些工具去学习一些具体的事情。在过去的几十年里，用于学习的工具增加到了不可能学会所有工具的地步。一百年前只需学习读写就差不多了。然后学会交易的工具，以及本行所需的具体工具就足够。然而，未来的学习将发生在越来越复杂的环境里，并且将贯穿终身。知识必须是无缝存取的，而不是由个人获取的。

现在的年轻人不得不学习如何使用互联网（只有少数人知道如何用，而我们并没有教他们）。他们必须学会用专有的工具从迅猛增长的数据库里抽取知识。不久，它们将不得不学习如何用增强现实和虚拟现实，学习如何与协作机器人交互，学习如何平衡自己的知识和技术工具的知识。

共生自主系统应能解决知识爆炸和知识过时的问题，应能解决知识再平衡的问题，它通过在三个领域（很可能更多领域）里的操作达成知识的再平衡。这三个领域是：数字孪生，速成培训的设计和自动生成的教育内容。

这可能在三十年后发生，不过现在就能且应该迈出最初的几步，这就是较长期思考问题的价值。

在过去的两年里，在新冠肺炎疫情社交距离规定的驱动下，数以百万计的学生和专业人士通过网络参与课程。远程教育成了生活方式，同时又给师生带来了若干问题。

最常见的远程方式是通过互联网创建与 Teams、Webex、Zoom 等视频会议工具的通信链接。这样，学生不必去课堂听老师讲课，老师不必去课堂面授，他们的出席都能通过视频会议替代。但是少数人（包括老师）不喜欢这样的替代。

有些人尝试通过在网络空间中建立链接：在网络空间里创建一个校园、一所学校、一间教室、一个实验室，用一个替身到虚拟空间里行走，会见其他替身，尝试求得真实空间的感觉。我们也做了一些尝试，却没有留下什么大成果。

但有些公司已在利用远程教育的机会去探索网络空间以重塑教育的可能性，而不是顺从这一替代当前教育的范式。

其中之一是 Credersi World 公司。其做法不是在网络空间里复制你能在物理空间里做的事情，而是利用网络空间去做物理空间里不能做的事情。Credersi 创建了自己的元宇宙，采用支持虚拟现实和增强现实的混合现实平台。在这个元宇宙里，你看不见真实世界里的任何物理束缚；你可以创建一件实验室，一切需要的框架和资源应有尽有（因为它们是虚拟资源）。校园里有各种各样的"焦点"，包括艺术馆、商铺（你和同学散步时真能买到东西）。

最重要的是，网络空间能提供定制服务，不止适合你现在的情况，而且在你知识增长后也适用。于是，你总是发现自己身处恰当的位置，那是按照你目前的知识和未来的需求量身定制的位置。Credersi World 公司能多大程度上支持定制服务，目前尚不清楚，但那肯定是网络空间可提供的服务。

在未来的岁月里，我们可以想象一种新的教育／培训范式，它将照管不仅你（或我）还有你的认知数字孪生体，将其与网络知识的支持进行链接。所以每当你有什么需求时，你需要的东西就在指尖。注意，这样的认知数字孪生体远不只是物理数字孪生体知识的映像，不只负责增加知识。

这是教育和培训全新的未来，类似文字发明的重大变革。它还可能重新定义教师的形象和角色。展望未来，它还可能改变知识的意义，至少是我们"拥有的"知识的意义。

二、共生后成的知识

我们面临的关键点是，一方面知识意味着潜在的收入，另一方面知识又太多，知识成了商品，但我们却不能掌握它：知识太多了，增长太快了。

我们正在走向以人工智能为中介的分布式知识；一致人工智能这样的公司已在利用它们所谓的集群知识（swarm knowledge）。

近日《金融时报》（*Financial Times*）一篇文章提出一些的观点，论及自然语言理解（natural language understanding, NLU）的进展和机器（人工智能）使用自然语言写作能力的增长。这必然会产生阅读材料的爆炸性增长，我们的两只眼睛根本不够看的（顺便说，其视力还在下降）。

我们看见人工智能辅助数据分析师的工作，他们供职于商业情报机构或沃尔玛这样的零售店。具体的人工智能未必胜过人，但它比人快得多，能处理海量的数据。一个重大的转变是从有结构的数据分析走向自然语言的理解。自然语言的书面文本和口语文本数量极多，试想那海量的广播电视节目。联合国的一份报告称，全世界有 44,000 家广播电台昼夜不停地播送节目，有 20,000 多个电视频道，在维基百科上能找到完整的电台清单。

任何类型的报告、博客、推特、报纸都是用自然语言写成的，它们都是原始数据的潜在资源，等待分析。显然，它们超越了人的分析能力。这不仅是管理海量数据能力的问题。一旦计算机能理解自然语言，它就能很好地融入企业的流程。今天，我们用电子邮件、备忘录和报告通信，与我们的同事交流。如果机器能阅读和理解这一切，显然它就能替代我们的通信。如果我们换一个角度看，它也可以替代我们啊！

第三点则更积极：自古以来我们就把自然语言当作独一无二的交流工具，如今的机器和我们会话，它理解我们，那就会生成一种共生关系。这一共生关系很可能是通向未来的道路，通过无缝地与机器交互增强我们的能力。如果我们能依靠机器代替我们去阅读，并在一定程度上成为我们不可分割的一部分，那么开天辟地第一次，我们就不必仅仅依靠我们的眼睛在信息社会里摸索了；利用我们的大脑和人工智能合成的智能，我们就可以应对不断扩张的知识社会了。

提高灵敏度和专注力显然有助于改善人的认知能力（咖啡仍然在起这样的作用），但没有真正改变游戏规则。不过，在过去的几年里，我们看到，通过网络空间对我们大脑的辅助作用，我们的认知能力已得到了切实的推进。

网络空间里的数据、信息、知识浩如烟海，说它无限并不过分。同时，这一补足性"大脑"能被轻松访问的特性将使之成为我们"延伸的表型"（extended phenotype）。

在未来的岁月里，这种轻而易举的程度与日俱增，将使网络空间的辅助作用更加有效、无缝、定制化，适合人、语境，及此时此地的需求。

认知能力的增强始于教育，由于计算机的使用而改进，近年又因智能手机对网络空间的无缝访问而进一步增强。以下诸多因素将使认知能力一步增强：

（1）数字孪生体的在场（语境化和个性化）；

（2）人工智能的使用以提炼知识，产生信息；

（3）集群智能的使用导致可用知识的兴起；

（4）无缝界面的创造和采用（增强现实）。

有趣的是，正如过去（现在）大众教育的效果一样，大脑利用网络空间辅助认知空间的作用正在延伸企业、社群和全世界社会的"表型"，其作用堪比文字的发明和15世纪活字印刷的发明。实际上，已有社会学家放言，网络空间在我们社会里与日俱增的渗透对人类的影响将大大超过前两次发明。

紧密联系社会的发展使知识以与个人有关转向与社会有关。今天，公司在寻找教育与经验水平高的地区，而不是在寻找特定个人的知识水平；它们隐隐认识到，与知识接触的程度比单个人拥有的知识更加重要。原因是，与知识的接触程度是个人不能把握的。

获取分布式知识的可能性能改变这一情况。"一致人工智能"这样的公司收割人们的知识，再用人工智能收割和创造的知识予以补充。具体地说，该公司关注医学知识。在这个领域里，科学知识和实用知识都很重要，两种知识的发展都超越了单个医生的能力。

收集经验（实用知识）、自主浏览成千上万的医学文章、将其关联、提炼信息，然后将其用于特定的病例，"一致人工智能"这个公司（通过一个无缝界面）向我们周围的医生提供强有力的咨询，把集体的实用经验和科学知识用于医生诊治的病人。

各工业门类也在采用这样的做法，工业4.0的范式和这种路径是一致的：让原子和数字辅助整个价值链，聚合若干公司的能力，支撑从原材料采集公司到终端客户的整个价值链。

在未来方向集团（Future Directions Consortium）里，作为共生自主系统倡议（Symbiotic Autonomous Systems Initiative）研究的一部分，它提出了一个创建认知数字孪生体的建议，旨在为人们提供一个工具去访问"探索"数据库，为他们定制信息和知识，满足其"此时此刻"的需要。这可能是知识管理革命的第一步，从产品（管理难、吸收慢）转化为对个人和

公司 / 机构的有效服务。

实际上，有社会学家指出作为后成因素的辅助作用，网络空间正在整体上影响个人、文化和社会以及我们生活的环境（因而产生后成的作用）。

通过数据连接和人工智能，越来越有效的无缝通信（欢迎 5G!）正在把很多人的大脑汇聚在一起，自主、不断发展和自学的系统正在创造一个新的物种（从进化的角度看）。

这是一种集体性的增强，通过全社会的"延展的表型"，集体智能随之浮现。人工智能将在此发挥重要作用，可能会为人类和机器的共生关系提供粘合剂。

第五节　回归基础：下一代的教育

50 亿部手机和平板电脑提供了另一个巨大的平台，能把增强现实内容发送至任何地方，发送给任何人。高速通信基础设施（WiFi, 4G 和 5G）的增长和渗透，以及大存储量的设备（在网络连接未达的地方成为解决通信问题的方案）构成了另一个赋能因子。

大学忙于开发和提供增强现实和虚拟现实的课程，这不足为奇。令人困惑的是，实际把增强现实和虚拟现实用作教学工具的工作却难见踪影。学校这一环境很难做到言出必行。

Adobe 公司有一篇优质的文章描述它和史密森学会（Smithsonian Institute）合作，开发增强现实内容的交互式短片，用其介绍珊瑚礁生命。文章报告，采纳增强现实后教学更好，知识迁移更有效。

Adobe 的增强现实平台利用它自己创建的图书馆。其他一些公司如苹果和谷歌也在提供增强现实图书馆，并简化其内容以适应增强现实。这个任务并不轻松，需要专业人士，且很花时间。但它对教育实效的影响可能至关重要。

然而，教学的进步似乎没有达到利用一切可用技术的程度。以意大利为例，学校可能不再禁止手机进课堂，但大多数学校并不训练或教学生如何使用它们。智能手机比铅笔和笔记本的效果好得多，因此教师一定要学会如何适应和利用手机。从我们的经验看，教师是教学变革的薄弱环节。在疫情封校时，我们发现学生对视频会议技术的使用大体上比老师更轻松。

但许多学生像老师一样抱怨，面对面授课的体验比远程教学好得多。真正的问题是，大多数老师把远程连接简化为不受地理限制的教学，将其视为 B 计划。它们没有利用技术提供的机会，比如创建网络空间里的交流小组去实践知识，把增强现实和虚拟现实注入教学，创建虚拟实验室等。

通过以每个人都能接受的方式提高他们对现状、目标和行动的影响的觉悟，以完成公民"教育"，是改善智慧城市的基本方面。提高觉悟的需求是教育空间里更普遍的需求。显然，第一步是意识到知识在如何发展、在哪里发展，而那样的发展又在多大程度上影响生活、职业生涯决策和业务决策。第二步应该是寻找到填补知识缺口的办法。知识缺口将继续扩大，单个的人或公司都没有希望在可接受的时间范围内、用可接受的精力去填补这个缺口。因此，关键的挑战首先是把那个缺口"限定"在对手头任务与目标而言至关重要的部分。

这是教育范式里值得注意的变化。它不再是"学一点以防万一"，而是找准自己必须要学习的一套最低限度的知识，然后去找出自己缺少的知识。学生若能探查出自己的已知和无知，肯定能学得好。因此，值得寻找的真正缺口是这样一个交叉点：已有知识、总体知识以及达成特定目标所需知识的交叉点。

一旦这个目标确定之后，教育工具就可以被用来达成目标。于是，另一个差异就在这里冒出来了：除了向个人提供教育外，个人和公司都需要进入分布式知识空间。在这里，任何单个的实体（含个人和公司）都不再拥有全部的知识，这里的知识是人员、流程和工具间的交互网络支持的知识。

在这个场景里，认知数字孪生体的技术，能表现/映射以及执行/提供个人和公司或是工具知识的实体将越来越重要。有人工智能的辅助，通过与人工智能的无缝整合，实体的技能和决策能力就可能拓展，将越来越多地与认知数字孪生体连接在一起。

知识正在从静态的（虽然在增长）集合变成一个可执行的实体，通过中介的调整，知识适应接受者和手头的目标与任务。

因此，可执行知识是新的教育范式，执行过程中包括机器（机器人、软件、界面等）。这一转变并不容易，不仅在技术意义上不容易，它还提出了控制问题、所有权问题。当机器和软件担当知识执行器和知识生成器的双重角色时，这些问题尤其突出。

第三部

背景、原理、外形与场域，
东方与西方

第七章　个人数字孪生体心理

第一节　人机融合

电气与电子工程师协会提出的共生自主系统倡议[①]认为，技术演进影响着机器（广义的机器，包括机器人、软件机器人、假体、生物体内被数据化的 DNA，包括细菌、新生命形态等）和人，二三十年内将决定人机的融合，人机的界限将变得模糊（见图 12）。这并不意味着，机器变成人，人变成机器；只是意味着，人与机器的总体行为和智能将是两者整合的结果。这一共生现象的要素是：

（1）人工智能的增强（不仅是生长）使机器越来越能觉察到环境和语境（环境是指机器运行的周边情况，语境是对正在发生现象及其原因的理解）；

（2）假体（穿戴式的和嵌入的假体）的发展增强了人的能力，不仅在

---

① 共生自主系统倡议（SAS）是一个长期的系列研究和白皮书，是罗伯托·萨拉科（Roberto Saracco）为 IEEE 启动的研究计划，德里克·德克霍夫（Derrick de Kerckhove）2017 年加入。该计划的宗旨是追踪智能技术与人共生关系的演进，智能技术效仿人的认知和感知，达成越来越高层次的自主性。迄今为止，三份白皮书已在网上发布。第二份白皮书（SAS White Paper II/2018）是数字孪生体专辑。

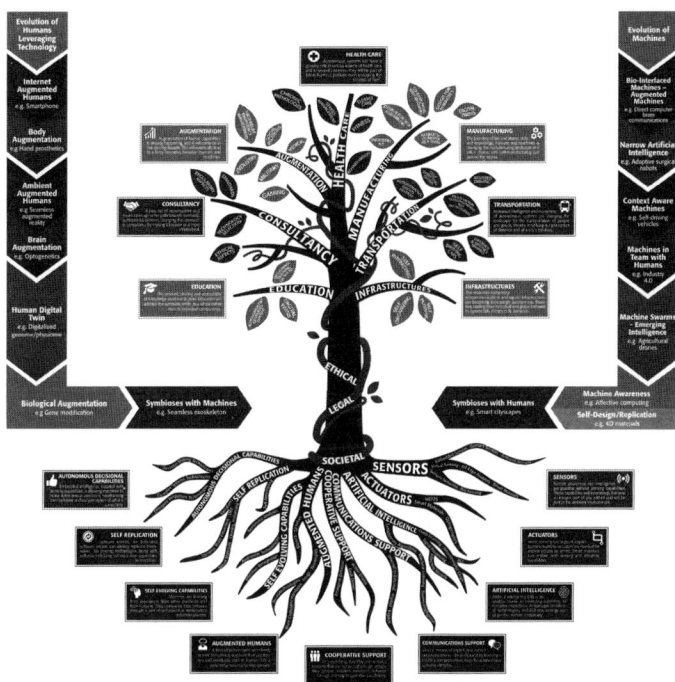

图 12　人机融合、走向共生的演进示意图

功能上而且在感知上成为人体的一部分（随着时间的推移，我的大脑会把我的假手视为我身体不可分割的一部分）；

（3）数字孪生体在场，成为原子世界（现实）与比特世界（数字现实）的桥梁。

对人机融合的预测源于下列趋势：

（1）机器越来越聪明，能与人交互并能利用人的能力；

（2）人越来越多地利用机器去提高自己。

这种融合预计需要相当长一段时间，但我们不该认为这个问题不值得现在就去探索，因为：

（1）我们已走上这条路，初步融合的迹象此时此刻已发生，且正在影响我们的生活；

（2）最好现在就直面社会、政治、经济影响，不应该事后才去想。

这一融合实际上将于以下几种形式呈现，它们之间并不排斥。

（1）网络空间里的调节通过数字孪生体辅助人与机器：数字孪生体被迅速采用，这使人的数字被复制进网络空间，为人与机器顺利融合的第一步铺平道路。网络空间里人与机器交互的复杂性能得到数字孪生体的调节，包括机器的数字孪生体和人的数字孪生体的调节。工业4.0是第一个例证，接着的例证可能是先进的手术——外科大夫和机器人外科大夫协作完成的手术将是必不可少的。人与机器的无缝协作已经在军事里有所进展，机器人士兵和人类士兵能进行团队协作（但现有的信息很少）。

（2）机器嵌入人体（智能假体、智能细菌）：智能假体已在与人体无缝交互（反之亦然），产生无缝协同和融合。外骨架被用来放大人在生产线上的能力，这是融合的另一个例证。

（3）一些人的特征在机器里投射。

认知数字孪生体未来的发展会使一个趋势成为可能：人的知识映射于网络空间，投射进机器。

第二节　知觉

哲学家们一直在辩论知觉（awareness）和意识（consciousness），而且长期以来认为，唯有人类才有意识（而大多数生灵只需要有某种知觉以求生存）。今天我们知道，不仅我们有意识，大多数动物有一定程度的意识。休·豪伊（Hugh Howey）认为，人有"超级意识"（hyper consciousness），该术语用来标示不同程度的意识。猴子的自我意识大概高于猫的自我意识，如此等等。而知觉是意识的前提，人必须要知觉到语境，知觉到自己和语境的关系，才能识别和认知个人"自我"（self）的特殊性。

　　有趣的是，意识不是与生俱来的。我们降生后睁眼看的那一刻，并没有觉察到任何语境（与我们身在娘胎里的环境是截然不同的），我们第一眼看到的世界是很可能颠倒的。随着时间的推移，我们的大脑以魔幻之力把我们眼里的形象颠倒过来（那些形象原本是颠倒的，因为我们的眼睛的晶体将颠倒的形象映在视网膜上），开始了解环境和自己。大脑发现，我们后来叫作手的肢体是"我们的手"，而且"我们的"一词适用于我们人体的许多成分，最终生成了自我的概念。

　　如果你接受这样（大致的）推论，你就会接受这样一个事实：动物需要"传感器"才有知觉，它也需要拥有解读"传感器"获取数据的能力。而且，它还需要创建自我的感觉及自身与世界的关系。在不同程度上，这一切都依靠"自我"建构和产生的复杂性、依靠"自我"的概念，都是随时间形成的。

　　一个有趣的问题随之而起：鉴于动物都需要上述因素来生成意识，意识的生成需要动物吗？机器能取代动物吗？换言之：机器会不会有意识呢？

　　这样的辩论已有几年（至少从人工智能出现时起）。今天发生的情况是，问题的表达方式变了，人们回答的方式也不再是哲学论辩，而是工程上的努力。这是极大的变革。

　　我们肯定将拥有能觉察环境的机器（试想自动驾驶汽车，觉察力是其先决条件）。传感器和和信息处理正在使机器的觉察力正在成为现实。当然，觉察的程度会有不同——你可以觉察到一个人将要横穿马路，这使你采取行动避让；你可以觉察到一个人很忧郁，快要自杀——这一知觉需要同情心，肯定与自动驾驶汽车的知觉不同（我们今天正在设计这样的汽车）。

　　此外，我们还有这样的人工智能：从经验中学习、从观察他人中学习，甚至从观察计算机"头脑"的虚拟复制品中学习人工智能；这是谷歌的

"深脑"（DeepMind）正做的事。如上所述，人类正通过挖掘知觉来发展我们的意识。从工程学的角度来看，没有理由说机器不能达到有意识的程度，至少是很基础的层次。然而一旦达到那种境界，我们又会处在光滑的斜坡上了。从基础意识到复杂意识的变化大概不难，可能不像从被动机器到自觉机器、自我意识机器的变化那样难。

如果不理解身处的语境，就不可能做到"智能"，成为"智能"的第一步是觉察到正在发生的情况。需要感知身处的环境。

21世纪初，惠普公司（Hewlett-Packard）开发了地球中枢神经系统（Central Nervous System for Earth, CeNSE），这个工程阐述这样一个观点：在全球遍布传感器，就可以了解全世界的景象。这个系统的第一家客户是壳牌公司，它想要通过传感器计量微爆炸诱发的震动模式来勘探石油。惠普预见了这样一个世界：传感器嵌入万物，构成一个神经网络、搜集数据；一座桥上的每一个螺母螺栓都可以嵌入一个传感器，所有的传感器都可以集中处理。每座桥梁、每条道路都是这个神经网络的组成部分。每一个螺母螺栓的传感器都显示着局部的应力和压力；这些数据将被用来监测桥梁和岸边的运动。嵌入沥青路面的传感器捕捉到车辆引起的震动，震动信号的处理能分析出交通模式，甚至能区分车辆的类型。于是，传感器的微观感知就能为环境的宏观评估提供数据了。

另一种感知方法我们每天都在用，经过数以千百万年的进化已经达成完美，这就是视觉。图像探测器已极其有效（高分辨率且低成本），在过去的几年里，计算机视觉进步极大。计算机视觉利用图像处理（边缘检测、阴影分类等），在机器学习的辅助下理解周围的事物；计算机视觉已用于机器视觉（判定存在的情况，比如需要维护的电杆、车牌的识别）和机器人视觉（如判定进入一个环境）。

近年且将来更是如此，智能材料已拥有感知能力，于是任何物体都将以原生的方式获得感知力。智能材料能感知到各种刺激，并做出反应，加上压电之后，它们就成为最重要的材料。这就是说，智能材料能传感压力包括触摸，能释放与压力对应的电流，从而计量压力。

这种增强和分布式的传感正在创建数据，数据可以在本地处理，也可以分级处理。数据处理可以提供价值！

用映射物理世界的方式创建数字副本，我们就能分析这个数字副本（镜像），将其与原貌（线索）比较，就能使之与其物理实体同步演化（影子）。

通过对数字副本的分析，以及对与其联系松散的物理实体的分析，我们就能评估正在发生的情况，并寻找出"为什么"。这样我们就能推断接下来会发生什么，并能寻找到路径，引导发展沿着更可取的方向前进（至少要限制消极方面）。

智能创造价值的顺序是：

（1）正在发生什么；

（2）为什么会发生；

（3）什么将要发生；

（4）如何改变预测的演变。

理解数据是关键，这将打开数据表征现实的大门，创建出一个现实的数字模型。物理空间中现实只存在于现在，而数据则可以展现出不仅现在还有过去，并发展出一条线索（能用于预测未来）。这就是数字孪生体的作用。当然，一旦你把现实映射进数字表征，你就可以生成一幅短时效的快照。但为了维持镜像与现实的忠诚表达，你就需要确保它与现实同步。你需要创建数字影子以更新数字模型。数字孪生体的用处就在这里，因为你用它时相信，它一直在反映物理现实。

传感器和机器智能不断发展，正在创造一个感知力越来越强的环境；这个环境能觉察正在发生什么、为什么会这样发生，并能预测可能会发生的演变。这三个特征——正在发生什么、为什么会发生、什么将要发生——是我们所谓的"智能"的三个基本要素。如上所言，这个特征不同程度地见于动物的生命中。这样的进化过程的结果，拥有"智能"特征的这一优势，使偶然获得了它的物种相较其他物种更为先进。如果这个物种在行动中利用了这一优势，智能优势就能成为真正的优势，并影响选择过程（引向进化）。在很大程度上，植物没有采取与众不同的行动的可能性，所以我们没有看到智能在植物身上的演化。植物能衍生不同的策略，但它们对环境变化做出反应的时间是"缓慢的"；你也可以说，岩石能对环境变化做出反应，但其反应时间更长，所以那样的反应够不上我们定义的"智能"。

技术创造知觉、做出决定——最基本的是评估"为什么"——并评估决定的结果、执行决定。如今，这样的技术可资利用，嵌入了越来越多的物品中，并已在全球多种环境里普及。"智能"一个不可分割的部分是其自主性。至少是在评估里的自主性！

一、语境知觉

技术的第一个知觉领域是语境知觉（context awareness）。语境知觉计算正在聚集一套技术与方法，越来越建基于人工智能（深度神经网络）。语境知觉计算被用于抽取意义；在共生自主系统里，语境知觉计算越来越多地利用这些系统与其他实体的交互以获取更多数据。数据被用于生成语境的虚拟模型，模拟可以在模型上进行。这是支持"将要发生什么"分析的关键。数字孪生体方法可以用于模拟，（在虚拟世界里）生成若干策略去评估结果，并选择最恰当的策略。

人工制品里嵌入的传感器能探测环境的形态、特征和成分，并且变得越来越敏锐、性能更好、价格更合理。

智能材料（比如机器人的敏锐皮肤）在传感里的作用越来越重要。间接感知（如监控摄像头）在若干情境中也相当重要。将来，各部分感知数据的交换将发挥重要作用（比如自动驾驶汽车中各部件交互提供的数据）。

环境及其成分形态的探测可以用几种方法进行：

（1）用激光技术比如激光雷达或声呐扫描环境；

（2）用数码摄像头"察看"环境（通常一个摄像头或带几个镜头的摄像头，使 3D 识别更加容易）；

（3）用标签法、模式识别、声音签名等识别客体；

（4）与客体交互并分享知识。

根据情况用某一类或另一类传感器。许多情况下可平行使用几类传感器。一般地说，能搜集的数据越多越好。传感器所获的数据基本上对应"正在发生什么"的问题。

为回应"为什么会发生"的问题，其他技术登台了。目的是理解所获数据的意义。语义的抽象与数据关联，同时利用知识基础（比如，狗狗绕桌子走时桌子不动）。数据关联可跨越不同来源，包括数据与人关联时的社会网络。在与人有关的方面，语境知觉技术已广泛用于提供定制服务了。银行也使用语境知觉去监控信用卡的不当使用。

语境知觉是自主系统的基本特征，迄今为止，设计自主系统时都会装备这样的特征。将来，由于系统将在自主成分（都具有潜在的语境知觉）的交互里生成，整体的语境知觉也许将成为整个系统新的特征，而单个的成分将分享彼此的知觉，并生成总体的知觉。这是未来将研究的问题。

同时要注意，语境定义的变化与共生自主系统非常相关。不把语境知觉系统视为'感知'信息的物品，而将其视为带有物理用户界面的交互系统。于是，前景和背景交互的区别就不再是系统的属性，而是情景的属性。这一立场产生的结果是，语境绝不可能是世界的属性，它是使用者理解世界的眼界。

二、目标知觉

目标知觉（goal awareness）意味着有一个标准、一个框架去确认一个更好的目标。自主系统里一直是这样的，"好"的标准已写进了系统，比如"减少燃油消耗的选项"。共生自主系统里有几个独立的系统，每个系统里的标准未必很明确，独立的系统未必适用于同一套标准，因为大多数情况下，它们的设计是独立的，并不相干。而且，总目标需要做一些调整，适应以单个的目标。

人工智能尤其通用人工智能（Artificial General Intelligence, AGI）接手之后，系统不仅能学会最有效的策略，而且能生成自己的采取行动的框架。一定程度上，系统会形成自己的目标。

《生命：人工智能时代的生命》指出，亦如生命未来研究所（Future of Life Institute）所言，问题不在于和人类目标作对的恶意人工智能的兴起，而是由于通用人工智能的渗透，造成了与人类目标不协调的目标。这是怎么造成的呢？这种情况和我们筑坝修水电站时面对的情况是一样的：筑坝成湖淹没湖区时，我们扼杀蚁穴，但我们只单纯举出了这种副作用，而不会再去想如何去避免它。因为在我们的框架里，发电的效益太重要，数以百万计蚂蚁的损失不在话下。

倘若我们能询问那些受难蚂蚁的感觉，我们就可能得到对这件事不一样的看法！同样，倘若为了"超级利益"，通用人工智能设置的目标产生的副作用是牺牲人的生命呢？需要注意的是，那或许是一个毫无瑕疵的"美好"目标，比如流行病或瘟疫之后的恢复工作。试想，无人机群已被调动起来在边远地区投放药品和食品。到达投放点后，它们的集群智能发现，如果杀死一些老年人，药品和食品的联合作用或能战胜流行病或瘟疫。大多数人从伦理上不能接受这种解决办法。这既是伦理问题（下一章将要讨论），又是与技术关联的问题：如何定义一个自主的目标（且或许控制其结果），使之能在共生自主系统语境下成为可行的目标呢？我们如何贯彻执行一个共享智能的系统，使之引向一个新兴的且仍然处在我们控制之下的总体智能呢？

问题不止于此。未来，可能在 21 世纪末（有人赌 2075 年左右），通用人工智能将被超级人工智能取代，超级人工智能将大大超越人的智能，而且将"嵌入"为自己设定目标的能力。

这是一个开放的研究领域，涉及以下几个方面。

（1）把我们的目标转移给人工智能——注意不仅是人工智能系统编程的问题，更是人工智能系统"学习"我们目标的问题。根据定义，如果系统是自主的，你就不能给它"编程"，你只能和它"交互"。这里所谓的学习是，人工智能不能止步于学习我们的所作所为，它应该理解我们"为什么"这样做。

（2）让人工智能采纳我们的目标——让他人采纳我们的目标已经难之又难，遑论让机器这样做。若要采纳我们的目标，他人需要觉得这些目标与他们自己的框架兼容，需要对非自己所定的目标持开放态度，而且没有在之前已经采用另一个目标（或许是自动生成的）。机器智能也大致如此，但是更难以捉摸：机器要足够聪明，能理解并准备接受我们的目标，却又不至于聪明到认为，唯有它们自己生成的目标才是真正重要的目标。研究人员正在用逆强化（inverse reinforcement）学习法来研究这个方面。

（3）让人工智能坚持我们的目标——这可能是三个方面里最难的。我们再看看人类的情况，在成长过程中，我们通常会越来越聪明，然后修订自己的目标。我们的一些目标烙印在我们的基因里，比如"生孩子"。然而，我们理解这生育机制如何"运行"后，我们会修订目标，保留快乐的成分，放弃生殖的部分。与之类似，这样的修订也适用于超级智能系统。超级智能系统思考自己的目标时，它会反思，并最终决定修订目标。

第三节　感知

在本节里，我们将以推断的方式讨论知觉的第三个领域，与之相关的是其他语境实体潜在的"感知"，以及"知觉"实体的行为。这一个很高层次的知觉，就我们所知，这个层次的知觉只见于少部分哺乳类。其包含的能力是想象力：想象其他实体能感知/感觉什么。研究发现，人类大脑和灵长目大脑有"镜像神经元（mirror neuron）"，专司这一功能。

人类肯定能想象，其他生灵有可能会想象，面对我们的行为时，他者将如何感觉、如何回应。由于大脑里的神经元，我们能感知到他人的情感。镜像神经元是 20 世纪 90 年代在猴子身上首次发现的，它让我们能模仿他人，与他人共情。在这样的镜像里，一个人活动时的大脑活动与观察他的另一个人的大脑活动有相似之处。一人弹钢琴、另一个人听他弹琴时就是这样的。两位钢琴手互相聆听的反应则更相似，不会弹琴的人听别人弹琴时的反应就与弹琴者差距较大。我们在大脑中建构的"外部现实"的模型，即虚拟的环境，很大程度上取决于我们的经验。这是社会行为的基本特征。大多数时候，我们以我们认为能被环境接受的方式行动。

社交机器人已成为一个重要的研究领域，研究重点是促进它们与人的交互。当共生系统中的一个成分是人时，其他成分可能观察他表达的一些迹象，借以了解他是如何感知的。评估一个人、一群人感知的技术业已问世（稍后会讨论情感分析）。数码摄像头已配有软件，以识别笑脸，完成最好的抓拍。靠分析一些特征包括姿势、动作、语气，更先进的软件能抽象出一个人"感觉"的准确信息。简易的摄像头传感器加上软件就能完成这一"壮举"。

然而，更好的是预测人的感觉（或是共生系统或环境里另一个成分），然后才采取行动。重要的是，决策的实施要建立在决策可能影响他者的方式之上。

通过虚拟孪生体的创建，感知领域的技术也在快速进步。虚拟孪生体与连接实体的数字孪生体不同。数字孪生体与真实的孪生体连接；通过为实体的行为建模，虚拟孪生体可立即在现场创建出来，并为创建它的实体服务。数字孪生体与物理的孪生体关联，而虚拟孪生体与创建它的实体关联（每一个实体都会生成自己的虚拟孪生体，以"理解"它周围的世界）。

基于生成式对抗网络的方法可以被用来检验虚拟孪生体的决策产生的可能结果。"虚拟孪生体"的概念既适用于人也适用于机器。其建构和界定是通过观察"物理孪生体"回应刺激的行为进行的。深度学习技术对开发和界定虚拟孪生体是有用的。虚拟孪生体技术将被用于检验交互回应，而决策将根据渴望得到的回应做出。注意，这些方法和技术已经被用于给选民的反应建模，预估选民的投票选择，以便让候选人的讲演（形式和内容）都基于预期的选民反应。这样的建模已成为建设交互方式的一部分，通过继续不断的改进，更准确的虚拟孪生体就可以被创建出来，以考虑交互回应中的变化（今天可行的方式明天未必可行）。

一方面，感知领域与社会学和心理学关联（如果我们创建的是人的虚拟孪生体）；另一方面，如果应用于机器，它就和博弈论有关。

共生自主系统将能够映射环境，并在二十年后或许能映射人的知觉（有些方面今天已经达成）。

在许多情况下，知觉需要识别环境里其他参与者（生命体和人工制品）的"意图"。在理解为什么、在研究发展的情景时，觉察意图都是必不可少的。

近期，技术试验已经超越了意图识别（intention recognition）阶段，进入了研究参与者动机的阶段，这就叫情感分析。让我们看看这两个领域。

一、意图识别

意图识别在安全和军事领域里已有长足的进展。此外，医疗保健领域也考虑用它来照顾交流能力有残缺的病人。目的是能通过观察行为、分析交互以解读人的意向。我们的大脑很善于读懂"言外之意"，而且大多数时候都能当场读懂意思。此外，它还善于识别它熟悉的动物比如猫狗的意图，经过延伸，大脑还能通过一些定型的行为去识别类似动物的攻击性、社交行为等。动物的大脑也有这样的装备和这样的能力，至少有几种动物有这样的能力。

在共生自主系统里，对意图识别的兴趣已扩展到识别任何交互实体的意图，包括生命体和机器的意图。

汽车必须要预测周围环境里人们可能的移动方向（行人"有意"过马路吗？骑车人会向右转吗？），它们还必须预测其他汽车的运动。显然，新款的汽车能互相沟通，但它们必须也要察觉不具有交互能力的旧款汽车的意图。

观察方向灯并不是对其意图的评估，方向灯有可能是传达汽车意图的方式，但也可能是被错误激活的，此时尾随其后者对它的意图评估就很重要了（驾车人发出右转的信号，汽车却仍然直走或左转）。通过经验，我们的大脑能够评估各种信号和提示，并识别出最可能的意图。凭借许多难以详解的迹象，即使在方向灯未被激活的情况下，驾车人也可能探查到，他前面的汽车有意转向。有时，这样的能力被称为"第六感官"。事实上，意向识别技术不仅要按照要求为共生自主系统提供第六感官，还要为智能自主系统提供第六感官。

隐形马尔可夫模型（Hidden Markow Models）被用于评估行人意图的识别；观察面部的细微反应能提供意图识别的数据，并将其与此人虚拟建模的面部反应进行比较（考虑性别、年龄、文化），虚拟建模则拥有更丰富的历史数据（借用深度神经网络获得）。和数码摄像头一样，数码传感器看面部血色的微小变化就能察觉心跳的变化，由此生成指向兴奋、恐惧、兴趣的数据。与此相似，眼睑、虹膜和眼珠的运动提供意图识别的有用数据。基于驾驶人头部动作以评估其健康状况（包括其瞌睡加剧的迹象）的系统已经开发出来了。

许多社会心理研究创造了为行为和"预期"行为建模的重要知识。这可以用来评估传感器搜集的数据（多半是视觉传感器，不过评估听觉线索的知识也在增加）。设计用于开放环境中工作的机器人的装备具备了越来越强的意图识别能力。

脑机接口被证明有探测意图的能力，意图转变为活动之前就能被探测到。晚近的研究还证明，人感知到意图之前，意图就已经在大脑处理中存在了。因此长远看来，一旦无缝脑机接口变得可行，"模拟"大脑意图就是可能的。显然，这就打开了隐私和伦理的潘多拉盒子。

在某些复杂的设置里，意图识别对机器"理解"人的指令来说非常重要。无人机的远程操作即为一例，近期的一篇论文建议使用卷积神经网络（Convolutional Neural Networks）来进行操控。

机器还能显示信号，以辅助意图识别，比如有些情况下前面汽车的减速可能会给出信号，提示它有转弯的意图。

发现机器的意图需要一个类似的数据评估过程，评估以机器行为的虚拟模型为参照。如果系统不涉及人的参与（汽车行驶的行为实际上是驾驶人行为的结果），重要的就是理解指引那台机器做出特定行为的决定过程。然而，由于未来的机器将根据嵌入的人工智能行动，其意图识别一定程度上就更像人的意图识别了。

在复杂系统的情况下，系统的行为生成于其子系统间的松散交互，意图识别却与之不同。我们看见，一群椋鸟飞行时不断改变队形和方向，这是若干（可预测）行为中的一种行为的结果。在这里，意图识别在一个不同的层次上进行，"意图"并不存在，只存在结果。这个领域要用上的是复杂科学和"小世界"。

二、情感分析

情感分析（sentiment analysis）指的是自然语言（包括手机短信和WhatsAPP应用里的自然语言），与生物统计学合作，借以识别和量化一个人或一群人的情感状态。一些产品比如 IBM 的沃森自然语言理解（Watson Natural Language Understanding）已经上市；它们支持文本分析，瞄准的是情感检测。有趣的是，情感分析新一波兴趣增长的领域是金融市场评估，投资者情绪的波动导致股市的波动。在这个领域，区块链技术被视为能够支持情感分析。

在共生自主系统里，情感分析视野较宽，针对的是整个系统的情感状态，以及其子系统和环境的情感状态。

自然语言处理（NLP）是一丛技术，受益于增长的计算力和大数据。机器学习和深度学习能改进自然语言处理的引擎，导致情感状态能够被细腻探查。这样的技术处理能超越极性检测；而在许多情况下，极性检测是情感分析的目的（发现一个社群对某一话题是否怀有正反两面的情感，话题从使用哪种工具来编写软件到评估政治较量里的好恶）。

所有的机器都将被人工智能广泛渗透，一定程度上都会通过非刻意策划的方式（无负面意义，仅指人工智能自我生成的、未经设计的行为，如AlphaGo 出乎意料的棋法），"性格"与机器的关联就变得平平常常，因为机器的运行偕同人（和其他生命形式）进行，机器的性格同人物一样，随情况而变。在这一点上，把情感分析用于机器还是有道理的。

短期内，人会受到机器的影响，情感分析应该考虑这一影响。今天，机器不工作时，人可能会感到受挫，或产生敬畏感，也可能产生意想不到的好处。在未来的几十年里，机器的行为将堪比人和智能，人与机器的关系将更加复杂和微妙。

在含有人的共生自主系统里，比如在装有义肢的人体上，人与假体分离的感觉逐渐消减（假体注定会与人体无缝接合、接收大脑信号、向大脑回馈其感觉）。指向人的情感分析必须要考虑整个系统。

第四节　个人数字孪生体是自我的延伸

一、我是谁：我们身体的自我和延伸的自我

本节的标题取自多年前一本论自我的书《我是谁："自我"与"灵魂"论集》(*Mind's I, a Collection of Short Essays to Reflect of the Meaning of "Self" and "Soul"*)，建议读者看看。

我们每个人都有自我的感觉。这一感觉并非与生俱来，而是在前两岁时发展起来的，先通过感觉到自己处在一个特定的空间，感觉到自己与周围环境的分别，感觉到自己的手在哪里，不看手也知道它们在哪里。然后，我们的大脑通过重复和试验，建构了我们身体的模型，用本体感受器（位于我们的关节里）接收的数据在整个模型上去描绘我们肢体的位置。

这样的自我感觉也"编程"到了机器人身上。它们需要知道自己在环境里的位置。新一代机器人按编程是自主的，它们要面对意料之外的情景，对自己相对环境的位置更要了解。比如，自动驾驶汽车需要预计自己即将出现在哪里，确保自己的位置不与其他物体的位置交叠，能规避可能移动的、阻拦它位置的物体。

回头说人对自我的感觉。众所周知，很大一部分（60%—80%）失去肢体的人仍然"感觉到肢体（幻肢）在那里"。大脑继续用它建构的模型，

要花一段时间才能改变"自我"的感觉（还有许多人不能改变它）。另一方面，假体进步到了越来越无缝连接的地步，有人竟觉得，假体就是他们身体不可分割的部分，以至于大脑将假体融入自我了。

重要的是，假体必须要成为身体的一部分，与其无缝对接，使身体不再觉得它是异物。试想植牙吧，不久之后，假牙不再会被觉得是"人造的"，它们将成为自我的一部分。因此，"自我"能接受假体。那么，假体增强人体又怎么样呢？

尼尔·哈比森[①]一出生就患全色盲症。对他而言，世界全然是黑白色（加上黑白之间的所有灰度）。植入他颅骨的假体把摄像机探察的有色图像转化为声音，并将声音送入他的听觉神经，再将其转化为彩色图像。过了一段时间，共感就实现了，尼尔的脑子能够把声音转化为颜色；你可以说，他不再是色盲。从他的视角来说这是个双关语，他被增强了，能做假体植入前不能做的事。他的自我成为"有色的"自我（和我们一样）了。

试想你可能植入类似假体的情况，你植入的是捕获紫外线频谱的摄像头，这使你能看见蜜蜂之所见，于是令人震惊的万紫千红、百花齐放、前所未见的新世界就在眼前。你还可以试想自己是消防员，植入了使你能用红外线看东西的假体。你能看见，某物太热，比周围环境温度高。你看一幢房子时，能看见里面温热的影子！这肯定会帮助你的工作。过一阵子，你的大脑就会延伸你的"自我"：你的新自我与世界的联系增强，能探测到以前不可能探测到的信息。这两个例子显示的是"延伸的自我"（extended self），这一自我改变了你对自己身体的感觉。

自我还有另一个方面，我们称之为认知的自我（cognitive self）。

---

① 尼尔·哈比森（Neil Harbisson），世界上第一个颅内植入天线的人，现在能听见颜色的声音。

二、我是谁：我们认知的自我

我们不仅知道我们拥有自己的身体，我们还知道，那是我的手，它在哪里，还知道下一步我想它去哪里。我们知道我们是"我们"。我们能思考自己，而且知道我们在思考（"我思故我在"——笛卡尔 1642 年如是说）。我们对自我非物质存在的理解是非常强势的（宗教利用的就是这种无处不在的"感觉"）。我们剪指甲时，我们能体会到我们是谁。只要它是我们身体的一部分，它就是我的指甲，一旦脱离我的身体，指甲还是我的一部分吗？

我们分析环境，去想我们想做的事情，把我们的决定转化为传向身体各部分的指令（控制我们身体部位的肌肉），事情就是这样进行的。

但并不完全是这样。

我们的自我感觉是大脑活动的误读，但有用，而其中大部分的活动情况是隐藏的，我们感觉不到。如果你把感觉到的（思维、感觉、行为）情况与自己画等号，你就是坐在冰山之巅。你感觉这部分冰山在移动，但实际上是由于大洋（环境）在推动水面下的冰山，才导致了你的移动。

在过去的二十年里，可资利用的技术窥探了大脑并揭示：现实和感觉截然不同。实际上，即使在能够实时观察大脑的能力之前，心理学家和神经学家早已发现，现实比我们感觉或知道的情况复杂得多。他们知道，裂脑病人（大脑两半球的离断手术，以终止严重的脑痉挛）会导致异常的行为——仿佛有两个不同的自我，各自对应一个大脑半球，两个自我彼此没有知觉。这就证明至少有两个自我，在正常工作的大脑中，它们合二为一，我们就只感觉到单一的自我。

实际上，大脑里有几种自我（生于大脑活动）存在，这已被先进的大脑监测技术证明。研究还指出，我们没有自觉意识比如睡觉时，大脑活动改变了，它们不再是全脑弥漫的。睡觉时，一个中枢的活动往往仅局限在那个地方；相反，在意识清醒的情况下，任何大脑活动都弥漫全脑。最近的假设认为，正是这遍布全脑的渗透生成了人的意识（以及我们认知的自我）。

大脑似乎是一个系统的集丛，各系统互相干扰，每个系统都放大声量，试图占上风。在感知的层次上，大脑具有统一性（虽常考虑不同的选项）。值得注意的是，我们视为由"自我"做出的决策，大多数时候实际上是无意识层次上的决策。许多实验证据都证明了这一点。

一个有趣的例证显示出这种平行层面的存在，它们生成单一的感觉，这就是光学幻觉。一幅图能给人两种感觉：有人觉得像鸭子，另有人觉得像兔子。在仔细看的情况下，大多数人会"看到"另一种图像：起初看见鸭子的人将看到兔子，起初看见兔子的人将看到鸭子。而且即使你意识到，同一图像可以被感知为鸭子或兔子，而且稍作努力你能从一个图像转向另一个图像，但你始终不能同时看见这"两个"图像。你底层无意识感知层次上的自我会觉察到"两者"（兔子和鸭子），但在感知层次上，大脑却不得不做出选择：或彼或此，绝不是彼此都选。

我们的大脑里有几个认知的自我，这就提出了一个问题：我们掌握"读脑"的技术以后，哪一个自我应该被选择。这个问题颇具争议。

如果我们决定要得到一个感知的自我（perceived self）的副本（感知的自我就是我觉得是我的自我），实际上我们只能得到我们的一个子集（subset）。如上文所指出的，这个子集并不是做决策的子集。现在要问，难道我们不是一定程度上由我们的选择定义的吗？毫无疑问，我们的人类同胞正是这样评判我们的！

整个自我（由多个自我组成）是复杂的，而且将变得更加复杂。

第五节　计算脑假设

我们习惯于芯片计算机，但我们曾有过真空管计算机、带继电器的计算机甚至用杠杆齿轮的机械计算机。那已成为过去，今天我们拥有分子计算机和已然可见的视界量子计算机和自旋电子计算机。这些类别的计算机由截然不同的元器件组成，但统称为计算机。可见，计算机并不需要一个特定的技术才能被叫作计算机。成为计算机只有一个必要条件，那就是能处理数据。

为什么要来这一段开场白呢？因为有一个假设（尚需证明，但尚未被证伪）称，大脑无需神经元就可以叫"大脑"。其他"技术"可以被用来创造一个大脑。这就是"心灵的计算理论"（Computational Theory of Mind, CTM），它断言，大脑是一种计算机，心灵是计算的结果。

如果我们接受这一假说，我们就可以宣称，一旦能理解大脑里的计算，我们就能在"仿真脑"（artificial brain）里复制那种计算，不再需要神经细胞。那样的仿真脑就是我们的数字孪生体。如果心灵的计算理论是正确的，我们的数字孪生体就能思考、感觉和感知自己，也就是能感觉到"自我"。它们的不同部分能够感知到它们的自我，它们将共同作用以生成由整个数字孪生体感知到的"自我"！

理论上，脑机接口现在可能会、将来一定会从大脑中抽取并复制数据。一种模拟软件（我们理所当然地认为未来几十年内就会拥有充足的处理能力）将能复制大脑里的处理过程，并生成同样的输出。现在要问，大脑的输出是什么？

基本上，大脑有三个领域的输出（大致的概括）。

（1）向外周神经输出执行动作的信号，比如迈步、拾物、看某一方向、说出一个单词。

（2）感知的产生，使我们能收到"信号处理"的结果。并非每一次的信息处理都会产生这样的结果，只有少数情况下才会如此，因为大多数处理过程是在无意识层次上发生的。感知结果的形态可能是思想或感觉。思想常常是由内心的声音（inner voice）发出的（我们的自言自语，如果双语人士留意他的想法是哪一种语言发出的，那也是饶有趣味的），但思想也可能产生（虚拟的）映像。在正常的大脑里，思想不生成嗅觉；只有在真正闻到什么东西时，思想才会生成嗅觉。

（3）大脑内部结构的改变，强化一些突触、压抑一些神经元等，这就是我们所谓的"记忆"，包含通常的记忆（面孔、地点、数学定理）和隐形的学习（骑自行车、弹钢琴等）。

如果心灵的计算理论是正确的，以上三种行动在原则上是可以由网络空间里的模拟器达成的。我们已经有能用程序指导其动作的机器人，我们已经有自我修正的程序，确保后继的程序能够考虑以前发生的情况（大脑意义上的记忆，不是计算机意义上的记忆）。

思维－感觉领域则更难以捉摸。如果说前两个领域里存在共识：行动是可以达成的（实际上已达成），说到思维－感觉这第三个领域时，人们的立场就五花八门了。显然，接受心灵的计算理论就意味着，你不得不接受思维－感觉的发生，但在这一点上有些人通常说"是呀，但是"，仍然有所保留。

一、我们的数字孪生体能思考（和感知）吗？我们能验证这一假设吗？

测试机器是否和我们拥有同等智能的实验是著名的图灵实验。如果我坐在屋子里与我看不见的第三方交流，而这个第三方既可以是人也可以是计算机，经过广泛的交互，我不能分辨谁是谁，我们就可以说，计算机通过了图灵实验，它有与我们等同的智能。

然而，当我们需要检验思维、感觉和知觉时，这一评估在大脑的边缘地带的进行就不完全令人满意了。"中文房间"实验（Chinese Room Argument）证明了这一点。

试想你坐在屋子里，室外有人用中文向你提问。你不懂中文，但你能用计算机，计算机能查找中文和并用中文回答问题（那台计算机已经通过了图灵测试）。如果你能用妥当的字符串去匹配问题的字符串，连你都可能变成那台计算机（在这场思维实验里，你需要搜寻答案所需的时间没有限制）。重要的是，你通过操弄符号，能够给出对向问你的人有意义的答案。经过一些交互后，询问你的人会断定，你懂中文；而实际上你对问题和答案都根本都不懂。

这一场思想实验证明，在大脑（或在数字孪生体）的边缘地带进行的实验并没有回答前面有关思考和感知的问题（当然，计算机能用情感计算编程以表现感情，并能够共情）。

注意，我们今天还不能用比特复制大脑的复杂性，但至少从表面上看，没有任何东西能证明这在物理上是不可能的（可能不实际，因为那将超乎今天的技术能力，甚至还是不受欢迎的，因为它可能扼杀物理的大脑；但从原理上看，那也许是可行的）。

然而有一些专家却宣称，大脑处理过程有量子性质，亦称为量子脑假设（quantum brain hypothesis）。在这样的情况下，物理上复制一个大脑实际上是不可能的，因为任何通过读脑以创建一个同等数字孪生体的行为都会改变大脑本身，导致一个有偏颇的后果（量子非确定性）。如果是这样，大脑的完全数字孪生体就是不可能的，数字孪生体代表的大脑的子集就可能失去其思维、感觉和知觉所需的条件。

二、机器的自我：机器知觉

机器能有自我，能感知自己的身份，能有身份的知觉吗？（这里的机器包含人工智能成分）。

这个问题已经争论很久，至今没有各方都能接受的答案。让我们用共生自主系统来考察这个问题。

稍早前我们指出，人对其身体及其所处的空间位置有自我感觉。我们知道自己有手，而且知道如何用手、手在哪里。一个自主机器人也必须要有同样的知识。它需要知道它有手臂和手（不只两只！），而且知道如何用手臂和手、知道手臂和手在哪里。

正如我们感知环境一样，一个自主系统也需要感知其环境并理解。一台自动驾驶汽车需要能感知到环境，能分辨一棵树（不太可能移动）和一只狗（可能从人行道跳下来）。它还必须要感知到加速、变向和刹车的能力。在这个方面，人的知觉和自动系统并没有很大的差异。

机器是否能觉察到自己的知觉呢？这个问题更难回答！机器能思考存在的意义并说出"我思故我在"吗？

根据计算脑假设，机器（未来）可能会有广泛的知觉，能自我反思，还可能会有感情。但这是未来的事情，我们不知道什么会把先进、智能的软件改变有情感、原则上不需要那么高复杂度的软件，以模仿人类大脑。

机器肯定能根据目标运行（像 AlphaGo），并具有独立学习的软件，能生成编程者"意料之外的"行为。通过编程，机器还可能拥有具有情感的样子，甚至可能拥有被人误解的样子（机器这样的行为和样子仍然有限，但它们越来越优秀了）。

在共生自主系统的语境下，知觉已成为完全自主体的先决条件；技术发展显然正在改善和延伸机器的知觉。然而，变成"有意识"的机器未必就是目标。意识的集成信息论（Integrated Information Theory, IIT）开发了一个度量（phi）去描绘不同层次的意识，可通用于人、动物与机器。该理论假设，一切信息处理都必须要经过整合（通过正向循环和反向循环，每个部分都影响其他一切部分），都需要某些复杂门槛（尚待确定），低于这些阈值，意识就不会生成了。

看待这一点的另一种方式是：机器若知道自己有知觉，它们会有不一样的行为方式吗？就是说，其行为方式有别于我们吗？然而，我们不得不考虑，即使我们觉得它们并没有广义的知觉（意识），我们也得敬畏生命。比如在许多方面，许多昆虫似乎没有广义的感知（它们显然能觉察到环境的潜在威胁），但人们还是倾向于尊重蝴蝶和瓢虫（但不那么尊重蚊子）。我们似乎有一些具有感觉（有情感计算功能）的机器人了，我们曾看见人们对它们的在场做出回应，与其交互，仿佛它们就是有感觉的生灵。

三、自修复的机器人有自我意识吗？

日本研究人员在研制自修复（self-repair）的机器人。从某种程度上看，这比较简单，因为其目的不是复制客体里的自我，而是赋予它自修复的能力。这可能需要制造一个组件、搞一些修理（如拧紧螺丝）或添加一个配件。它还需要一点更多的东西：对需要某物有知觉！

这促使我提出问题："自修复的机器人有自我意识吗？"自复制（self-replication）可能是更简单的过程。分子、DNA不必有需要复制的知觉。这终究是一个机械过程，它们的结构在某种情况下必然走向复制。知觉是不需要的。

机器人的情况略有不同。遇到困难的机器人需要在某种程度上理解问题是什么，然后迈出下一步去寻求解决问题的办法。显然，我们可以给机器人预编程某些情况，使这一"知觉"能对某种情景（比如抓握变得困难、给钳子清洁除尘、拧紧螺丝）用其编码做出回应，这种知觉并非真正的知觉。

然而当机器人变得更先进，不得不面对意料之外的语境时（如按设计在火星上运行的自主机器人），更高一级的知觉就至关重要了。

制造具有自教育（self-teaching）能力机器人的新浪潮隐隐之中在创造这样一种机器人，它们需要有限的自我感觉。它们不需要感觉到自己与环境的边界/区别，这就意味着它们对自己的存在有所理解。哥伦比亚大学的科学家制造能自我学习（sense of self）的机器人，而且会操纵这些机器人。这就迈出了制造特种机器人的第一步：机器人能意识到某一零件或功能失灵，需要修理了。

知觉未必意味着意识（我想人人同意蜘蛛有知觉，但人们并不一致认为蜘蛛有意识）。我们研究机器人，致力于使之越来越自主；空间探索绝对需要这样的自主性，漫游器的深海探索也需要这样的自主性。我们看见，工程师们正在努力改善它们的语境知觉，给漫游器嵌入自我感知，让它们根据自己的能力评估语境和目标，并自主做出决定。这是否正走向意识呢？在这个主题上的意见五花八门；在计算机意识（或缺乏计算机意识）的时代，关于这个问题反反复复的讨论一直在进行中。

自主系统、机器人及其应用空间的进步引起了热烈的讨论；在未来的十年里，我们会看到更多这样的讨论。至于这些讨论是否会引向一个广泛接受的答案，那就要拭目以待了。

然而，我对那个初始问题的答案是明确的：是的！为了能做广义的自修复，机器人需要有自我感知。当自修复是最低限度、是机械控制或执行的时候，未必需要自我感知；但当自修复变得更复杂时，自我感知就必须要增强。我们的身体有大量的自修复能力。

大多数这样的能力产生作用时，我们是意识不到的。有些情况下，自修复需要有一点意识，比如发现手指头出血时用创可贴（或缝线）止血，那需要一点意识。另一些时候需要更强（思想和意识）的能力，计划登山时就需要这样的能力。登山人知道，他需要增加红细胞，需启动一个逐步适应的过程。这意味着，他需要长时期储备迎战的知识、了解风险、评估可能的对策、执行具体的步骤。显然这个过程需要很高的认知水平。机器人也需要类似的能力。

第六节 自我与新兴的超级自我

显然，我们正在走向团队、个人和机器携手运行、互相学习的情景。这种关系可能会变得像今天有经验的团队那样自然而然（我所谓的"团队"是广义的，包括装配线上聚集的工人、一幢楼的设计师、手术室里的医护人员或教室里的师生）。团队里的人互动，或许有一些摩擦，但总是能克服的；他们的关系可能变得"亲密"，就像假肢与人体的关系一样。

亦如人的团队，一个人的诸多"自我"也在这样交互。新异的是，其中一些自我甚至是机器的自我。

在人的团队中，也有许多社会方面的问题需要研究。在一次未来工作的讨论会中，英特尔一位负责招聘工作的人说，未来几十年里需要的特点之一是在混合型团队里工作的能力，那将是人与机器的混合团队。我能理解这样的要求。我常常不得不和愚蠢的机器交互，并感到沮丧。我可以想象，与智能机器的交互可能会使人更加沮丧！

在人的团队里，你常常争论、谈判和妥协。与机器交互时，你怎么可能做得到呢，尤其与自以为绝对正确的机器交互时，你怎么可能与它争论、谈判和妥协呢？机器能意识到自己有错吗？这是另一个有趣的问题。

如果一台机器有广阔的视野和健全的协议（关于推理和执行的协议），那就有可能，机器是正确的。另一方面，鉴于我们通过社交智能（social intelligence）考虑的其他参数，正确未必总是"正确的"。你可能会有这样的经历，团队较好的策略并不是执行正确的做法，而是在可接受的行动中妥协（只要它不导致大差错），因为维护团队良好的总体情绪总是会得到回报的。

机器的自我能获得社交智能吗？迄今为止，有关机器智能的研究几乎是空白，因为人们觉得社会性处在机器可达的范围之外，不过这一情况正在迅速改变。

麻省理工学院个人机器人团队主管辛西娅·布莉齐尔（Cynthia Breazeal）说道："家用机器人的开发是最后的边疆，因为设计在家庭、学校、医院和车间中能与人交互的机器人仍然是严重的科学挑战。"

社交关系另一个重要的方面是共享信任（有时含共享怀疑）的开发。缺乏信任并不好，但错置信任也不好。

汽车制造商为准自动驾驶汽车配置使开车人维持清醒的设备。迄今自动驾驶汽车事故基本上都和开车人太自信有关系，他们不注意路况，因为汽车的功能太好！ 2018 年 11 月 30 日，警察在加利福尼亚州的 101 公路上拦截了一辆特斯拉汽车，他们发现汽车驾驶员把着方向盘睡着了（后来发现他醉驾）。这个例子说明，人们开始信赖机器人了。

在不久的将来，我们的数字孪生体将与我们交互，在长远一点的未来，它们也将具有某种"自我"（甚至是几种自我）。这是一个尚未探明的领地。

这些机器人自我需要某种社交行为吗？它们模仿我们的自我，能避免社交行为吗？

自我的生态系统会越来越混杂，种群会越来越大，我们有可能见证超级自我（super self）的兴起，就像蜂群那样。

当然，这和今天的情况截然不同，因为今天的我们是蜂群行为的外在观察者，而未来的我们将是这种"蜂群"的一部分，我们对正在兴起的超级自我的感情可能是相当尴尬的。

但超级自我并不是全新的东西。今天，我们已有在人群中兴起的超级自我。如今，超级自我被当作群体行为来研究，但这样的自我和我们在"共生自主系统倡议"里讨论的行为并不是迥然不同的。

有数字孪生体参与交互以后，人与机器的交互将越来越天衣无缝，我们将看到新的场景和新的挑战。我们仍需学习数字孪生体的潜能和影响。

第八章　伦理与社会问题

技术进步使新的伦理问题愈发引人注目。在一定意义上，这不是新问题。千百年来，伦理问题与技术问题相生相伴。然而，如今技术发展和使用的速度比以前快了，伦理问题更频繁地冒了出来。因为伦理问题紧紧地绑定在社会文化（习惯）里，所以在过去的几十年中，文化的滞后效应比技术更强，我们并没有做好准备去直面新的伦理问题。

第一节　增强效应

显然，伦理问题在许多方面与共生自主系统有关。我们在这里指出两个方面，第一个方面与人类能力的增强有关。第二个方面与"元系统"（meta system）有关，元系统是自主系统之间的共生关系产生的技术。增强人的能力概念，打开了潘多拉盒子。我们尚未觉察到这种增强效应的全部意涵。同时，现有的技术使这种增强效应成为可能，一系列应用程序使这样的效应变得令人满意。我们也看到了一些不良的副作用，而且感觉到许多副作用是习而不察的。

让我们采取积极的态度吧：增强型人类（增强的人）正导致人工作能

力的提高，不产生不良后果（比如说人们不利用增强的能力去危害他人）。但即使抱定这种不切实际的假设，我们也面临着如何管理穷人与富人之间差距的问题。显然贫富鸿沟不是新问题。我们过去有、现在仍然有许多这样的差距：受过更好教育的人比文化程度较低的人更占上风，他们有更多机会得到更好的工作，他们的薪水更高，他们培育更多教育程度高的孩子，其子女的人生起步时就高人一等——穷人和富人的差距拉大了。我们的意思是，他们拥有知识（能上网）、资金、医疗、食物和清洁水。话虽如此，尽管教育是造成差异的重大因素，人与人还有一些固有的差异。你在零点时间一视同仁地给人送钱，你会在"n"点时间发现，收钱者的财富不一样。有人把钱花光，不剩一文；有人储存一部分钱；有人投资，创造了更多价值。差异是进化游戏的一部分。技术只不过是辅助工具，促成了游戏里的差异而已。稍稍想想，你就能拉出一个长长的清单，罗列今日世界的不平等现象。在未来几十年里，人的增强效应将加剧现有的不平等，不过既然我们经历过不平等，我们就已掌握了一些文化"工具"和手段，能直面不平等现象了。

当然，人的增强效应不被用于危害非增强型人，这是个设想，不是一个既定的事实。这也没什么新鲜的（令人遗憾）。武器的发明可追溯到最早的人群，技术使武器的有效性有增无减，武器的潜在危害更为加剧。木棒杀人和无人机杀人的结果相同，但无人机瞄准的可能性增加，其杀人的动作非个人性，故难以控制，于是就产生了新的伦理问题。然而和过去一样，这不是新鲜事，而且我们有文化工具予以应对。恐怕是应对而不是解决问题，因为我们自古以来都不能解决这个问题。

然而，增强人的感知力，尤其通过隐形技术达成增强效果却是全新的现象，这可能破坏我们熟知的社会结构。我们都记得谷歌眼镜引起的轰动，因为它可能会侵犯人的隐私。试想一个增强人与环境的共生关系。他深入了解环境里正在发生的事情，包括他人的详细情况，这会对共生关系产生影响。一种情况是，只有一个人的能力增强（而其他人对此浑然不觉）

隐私问题随之产生。隐私问题显然是突出问题，姑不论那个人潜在的不公平优势。我们还可以设想另一种情况：环境里的所有人都是增强人，而且觉察到其他人的情况。隐私不仅意味着保护我们自己的信息，隐私还关乎可能的社会关系。如果技术能袒露所有人实时的、交互的信息，能深挖并揭示我们的情感，那会破坏的我们的社会结构。我们处在持续不断联网的边缘，能享受实时翻译之类的服务。我们汽车里配置的麦克风和扬声器（或人工耳蜗）联网，送来说日语的声音，带回去说英语的声音。但网络的其他服务能给我们情绪方面的提示，能探测那情绪否真实，能增强谈话的效果，让我们知道我们"为什么"被告知某事，能给我们提供如何做出回应的建议。与我们共生的个人助理比如个人数字孪生体能够了解我们的目标，甚至能改变我们的回应，使我们达成目标的机遇最大化。如果我们知晓这一切，如果我们能实时控制我们的个人助理，或者我们与个人助理的共生关系强大而有效，我们就会把决策让与它。那么，谁应该为结果负责呢？倘若我们的个人数字孪生体所说的话给我们带来了我们想要的结果，却伤害了别人（心理甚至身体的伤害），谁应该承担责任呢？

显然这只是为了说明问题而举的一个例子。同时它会引导我们讨论与共生自主系统相关的伦理问题。

由于"自主的"特性，共生关系的每一个子系统都尽其所知，做出决定以满足自己的需要和目标。这就是人际关系的情况。此时此地，在某种程度上，我们生活其中的社会就是自主系统共生交互的结果，但我们分享同一个框架（当不分享同一个框架时，不同的文化相会、碰撞时，我们会遭遇难题、伦理问题，因为判定孰是孰非就成为难题了）。

说到"增强"人和"平素"人的关系，人和增强系统的共生关系可能会造成前所未有的伦理问题。人的行为受到增强效应变强大，但谁为"增强"人的行为负责呢？注意，许多情况可能有模糊的边界。仅举几例用来讨论吧：穿第一代外骨架的泥水匠借助超人的力气杀了一个工友，因为工友说了激怒他的话；外骨架"听到了"他的"杀人心愿"，采取行动，杀了那个工友。如果没有外骨架，心愿仅仅是一个想法，不会变成行动；他想杀人，但不会真的害人。想法就足以使我们犯罪吗？如果真是这样，试想我们大脑隐秘的深处隐藏了多少罪过啊。外骨架的设计师应该为杀人承担责任吗？假定设计师遏制外骨架的功能不让它造成任何伤害；穿上它以后，我们看见有人可能要犯罪时，我们本可以猛击一拳、制止那个加害人。但此时的外骨架肯定拒绝动手，我们会非常无助，罪案定然发生。我们重申，这只是单纯的例子，仅用于说明问题而已。

我们根本就没有为这样的局面做好准备。将来的伦理挑战多种多样、五花八门、还可能出乎意料……

雷利研究所（Reilly Institute）每年都会发布技术发展产生的伦理挑战清单。我们看看最新清单上的一些挑战：

（1）CRISPR/Cas9 基因编辑技术显然充满伦理问题；

（2）快速的新生儿全基因组诊断；

（3）说话的芭比，侵犯隐私引起的危险与安全问题，改善照顾工作的问题；

（4）数字劳工权利，匿名工人和匿名雇主的交互；

（5）头部移植，身份感；

（6）人造子宫，把母性推向下一步；

（7）骨传导（gone conduction）营销，直接与客户大脑对接；

（8）长者外骨架，延长劳动寿命、推迟退休年龄；

（9）大脑黑客，产生于可穿戴式脑电设备；

（10）机器人云，交互自助系统的兴起；

（11）自动驾驶车 NeuV 有情感引擎，汽车检测你的情绪，在安全和隐私间小心前行；

（12）自愈体（self-healing body），微型机器人在血管里穿行，检测生理过程。

第二节　过往的追踪

这样的事情（见图 13 和图 14）在我身上发生了两次，可能实际上成千上万的人也有过这样的经历。

Hi roberto saracco,

We can't send you back in time, but we can help you relive the memories. Check out our flashback feature, This Day, and see your photos from years past!

See Your Photos

图 13　我从亚马逊收到的电邮

"你好，罗伯托·萨拉科。我们不能送你回到过去，但我们可以帮助你重温记忆，你可以看见你多年前的照片。"

This day 2003

图 14　电邮链接里的图片

这些照片保存在我 2003 年的账户里，2006 年删除，现在它们又重现了。

我从亚马逊收到一封电子邮件，里面包含了一个链接（另一次是在2002年），它告诉我2003年同一天发生的事情。我点击链接（亚马逊源头看上去很安全），立即看到我多年前上传的一些照片，彼时的亚马逊为我储存照片提供了无限空间。免费。

它让我重温往昔的时光，不胜惊喜！

然而，享受美好的记忆之后，一些疑虑悄然袭来：既然六年前我收到它的来信说道，我享受的照片保存服务将被停止（我可以选择付费服务），如果我不下载这些照片，30天宽限期后就不能再访问它们——既然如此，亚马逊怎么还有我这些照片呢？我选择不用他们的收费服务，遵嘱下载，把它们上传到另一个云端。我以为，亚马逊会删除它们，但我的设想错了，虽然我不再有权去看它们或删除它们，但它们还是存留在亚马逊。我并不特别担心，但这一迹象清楚显示，我的数据所有权只不过是我凭空的想象：丑陋的真相是，我在网络空间里存的东西很可能不受我控制，尽管欧洲《通用数据保护条例》侈谈那么多数据保护，我的数据还是在那里！

这只是我隐私空间的约略一瞥。"他们"知道我的博客写了什么，我上网搜索什么，我买了什么、何时买、如何付款，我去哪里……我应该放心我的隐私得到保护，我们有欧洲《通用数据保护条例》，不是吗？

一、公开的数据搜集

在《一九八四》里，乔治·奥威尔想象在未来，一位"老大哥"将监控我们的生活。自此，技术（在感知和通信两个领域）都在飞跃，被监控成为生活"常态"，与人们侈谈的隐私无关。

我的智能手机知道我在哪里（以便接电话），网络也知道我在哪里。同时，我手机上的几种应用"知道"我在哪里（忘记在哪里拍的照片吗？只需在照片上点一下，时间就跳出来了，而且还有更多信息）。保险公司在我车里装的黑匣子呢？我汽车的电子钥匙里时时刻刻更新我行踪的导航系统呢？还有那些搜集面孔图像、信用卡支付和网上交互的监控摄像头呢？

这个清单长之又长。

想一想你家里的电器，想一想 Alexa（或其他数字助手）与它们的交互以及与你本人的交互。奥威尔估计已经想到了这一切。

如今我发现 40 多万家（2020 年 1 月的估计数字）门铃摄像头能与警察分享即时数据流，以保障家庭的安全。密西西比州杰克逊县的"杰克逊县实时罪案监控中心"正在对此进行试验。我猜想下一步将是自动进行实时跟踪的人脸识别软件。杰克逊县的试验基于门铃用户的自愿选择，那是可以的。问题是，那些摄像头不止捕捉按门铃人的影像，而是用广角镜捕捉了人行道上许多人的影像。因此，你的行踪能被追踪到，那是因为"他人"选择了那场试验。我个人对这一做法没有异议，之所以提出这个问题，那是因为已经有许多传感器在追踪我，我家这个门铃摄像头也是如此。你当然可以持不同意见。亚马逊声明，他们和杰克逊县警察局的试验没有关系。然而，既然他们在提供这一赋能技术（门铃），你就可以肯定总有什么东西是可能要发生的，因为有人会利用它啊。

总之，我重视安全胜过隐私，但我理解他人可能会有不一样的价值观。在新加坡，偷窃案闻所未闻，并不是因为新加坡人比其他地方的人更优秀（到处都是一般人），而是因为犯案必定被捉。2020 年 10 月 15 日，新加坡一公寓房信箱里的杂货优惠券被盗，被认为是天大的事情，竟上了《海峡时报》（*Straits Time*）的头条。当然那条新闻报道说，窃贼被捕了！

在小说《一九八四》里，奥威尔想象"老大哥"用电视屏幕观察并控制人。无处不在的警示"老大哥看着你"在提醒你注意。

我们今天的情况大大超乎奥威尔"老大哥"盯着我们的想象，唯一不见的是提醒我们注意的警示。"老大哥们"在盯着我们（虽然近来人们对"老大哥"利用我们数据的情况多了一点点觉察，"老大哥们"要我们允许它们用 cookies 搜集数据，有些数据是从它们与我们的交互中搜集的）。注意我们说的是"老大哥们"，盯着我们看的"老大哥"实在是太多了，当然它们声称，那是为了我们的福祉！

二、搜集你我数据的源头

我为"余震和机遇：大流行病后几个未来的场景"研讨会准备讲稿时，深刻地思考我每天与第三方分享我个人数据现状。思考的原因是，我的讲题是"个人数字孪生体的兴起"，我对此最强烈的反感和担忧就是隐私问题。以下问题也反映出了这种担忧。

为辅助我分类和组织我愿意和不愿意分享的数据，我用了一款名为 Mindy 的应用程序。它协助我生成连贯的思绪，画一个数据生态系统"数据里的自我"（Myself in Data），我写得越多，脑子里涌出的思绪就越多。我开始确定我生成数据的领域，比如：机构，金钱，购物，应用程序，娱乐，摄影，社交媒体，旅行，通信。

当然还有其他类别，但我觉得这样的起点不错。为每一个类别，我确定一些小类；为每一个类别，我列出我传递出的数据。

1. 机构

我考虑了政府、市政当局、我雇主的公司、医保系统、物管、保险公司。当然还可以假设有更多的机构，但这些机构足以使人想起我"被迫"建立的结构关系，这是我公民生活的一部分。一般地说，通常和你有关系的机构是政府（2）、市政当局（4）、公司（7），但你可能有几套房子因而有管理你的物业公司（4），你可能在几个医保系统参保（2），可能在几家保险公司参保（2）。在此说明，括号里的数字是我目前与之有关系的机构的数量。

通常，每一个机构都存有我的数据：我是谁、住哪里、社保号码、联系方式。此外，每个机构都有一些关于我与其关系的数据，以及我与其交互的记录（数据、时间、原因、结果，再加每次交互的数字副本）。比如市政当局要知道我的主要住址、多少人与我在一起生活、我在市里的资产、我享用的市政服务（何时、如何、起始时间）、付费多少、支付方式、是否曾经被罚款等等。每家保险公司都知道我被保险的资产，我是否曾经索赔保险，索赔的险种，与我索赔相关的第三方，我的银行账户信息，我支付保险费的信用卡号等。

这些机构需要这些数据，我认为这是理所当然的。我唯一的反对意见是："既然他们已经知道了他们索要的答案，为什么还索要这样的信息呢？"我提出这个问题旨在凸显一个事实：我知道他们握有我的这些数据，但它们一再要我重复提交，使我反感。

医保数据可视为独立的一类。我的医生对我的情况很了解，但很可能她所知道的信息比她做准确诊断所需的信息还是少一些。她基本上依靠我的主诉，有时我会忘记一点什么，有时我没有意识到某一点信息的有无会导致得到不同的处方。于是就出现这样的情况：在其他的"机构"领域我觉得提供的信息比所需的信息多；相反，在医保领域我敢肯定，可用数据和已分享数据之间仍有差距。比如，我从眼科医生得到的处方就不同于我从全科医生得到的处方。他们彼此不知道给我的处方，在不同的数字筒仓里运行。再以一些数据为例，我的苹果表每天生成的数据（体育活动、心跳等）、我体重计的数据、我的血压测量数据，只有在我觉得不对劲并向他们报告以后，他们才会知道这些数据。药房知道我买的药，知道我服药的"品牌"；但原则上这一切数据都将累积在我的数字孪生体那里，必要时会被分享和分析。

2. 金钱

我在这里考虑我的银行（2）、信用卡（4）、理财顾问 / 经纪人（1）、退休金"提供人"，以及近年的网上支付服务（PayPal，苹果卡，Satispay），每家都拥有我与上述机构分享的数据（社保号码、住址、联系信息），它们对我资产的了解超过了上一类的机构。此外，它们还知道我花了多少钱、何时何地花线、消费了什么、我收到多少钱、进账来自何人何时（因而知道我的工作）。从这些数据，它们生成我的消费模式、识别我的偏好、确定我的情绪变化、风险倾向。它们可能还知道我买了什么、购物的时间地点，并从中抽取出我的爱好的信息，了解我的优先选项，甚至了解我和谁分享资产。根据这些浮现出的分析，它们向我提出（或敦促）新的服务建议。经常是这样的！它们还与我社区里的人交互，核对我的花线习惯，或与某一商场购物者交互，核对我的消费习惯。它们还能分析广告造势对我购物决定的影响，对我社区其他人购物的影响。

3. 购物

很久以前我在伦敦卡纳比街头看见一件 T 恤衫上印有"生而购物"几个字，彼时 T 恤衫上写字很新潮，引人注目；互联网尚未到来，计算机在日常生活里尚无踪影。今天，这句话的真实性胜于过往，我们把购物与网络空间融合起来，无论在实体店里或网络空间里购物，我们生成的数据都不受我们控制了。

网上购物显然在生成数据，我稍后会讲，但砖石结构的实体店里的购物也能生产数据，却可能未被察觉。你走进服装店，开始在货架上"冲浪"。监控摄像头很可能正看着你，捕捉到的影像将被机器学习软件处理，旨在分析你（你似乎感兴趣的东西），并评估服装对顾客的影响。目的是双重的：用一些购物乐趣推动你逛街，同时寻找展示货品的最佳方式。我曾经研究零售商如何以最佳方式利用商场里的顾客，包括识别顾客（脸面熟，如今还加上电子标签，送商店忠诚卡，通过顾客手机里的"商店"应用程序），让店员知道老顾客名字（持有商店忠诚卡的顾客已入档），了解该顾客对某些品牌的兴趣。而且，商店还可能在全场搞大型的"定制性"展示，这样当那位顾客光临时，最对路的商品就会吸引这位顾客。

如你所见，一旦进入商场（即便只是看橱窗），我们都在生成关于自己的数据（在场时间长短、看了什么、买了什么）。这些数据记录在我们的个人数据档案里（关于我们的"个人"，不是有我们自己控制意义上的"个人"）。不光服装店这样做，你在超市结账时，你的信用卡（你的名字）和所购商品相联；一段时间后，有关你的相当准确的情况就记录在案了（通常什么时间购物，所购何物，购买某物的频率）。所有这些数据经过数据分析，可能会在你准备去商场的当天给你发来邮件，用一些商品吸引你。目的显然是增加你的消费，可能让你在利润率较高的商品上花钱。但这真的不是为了多盈利：一位超市主管最近告诉我，我全错了；他们就是想提供更好的服务，建议我可能喜欢或可能错过的商品。那不是要提高他们的盈利底线，而是为了让我更高兴（暗示，我的想法是多么令人讨厌）。

商店忠诚卡、生物识别、信用卡识别仅仅是激活数据挖矿（data mining）、数据分析、机器学习和智能销售（smart selling）的起点。在这个过程中，商店（常常是连锁店）累计了有关我的大量数据。

特殊查询语言比如 Hive and Pig 被设计出来，以最大限度利用日益增长的顾客零售数据。我在想，如果这些家伙与我分享我的数据，那就公平了！如果一家实体店都累计了如此多的数据，想想网络店收割了多少有关我的数据啊！

我们来考虑亚马逊这家标志性的网商。在新冠肺炎疫情封控期间，亚马逊规模更大了，人们转向网购，因为亚马逊是他们邻里唯一"开门"的商店。一般地说，网点不受地理约束，其市场是全世界。而且，他们的一揽子组合不受限于物理空间。他们的仓储服务地域宽广，库藏容易处理。况且，大型网店可能不需要储仓，其组合里的许多商品可直接由生产商发给顾客，无需中间的库房。亚马逊约有 1,200 万直接销售的产品；如果考虑千千万万借用亚马逊平台再销售的人，它就拥有 3 亿 500 万商品。

用"我的数据"说那就意味着，大型网店收集我的数据更多，因为我借网店买的东西更多（未必真买，从收集数据的角度看，浏览其虚拟货架和购物是一样的）。

以亚马逊为例，它从以下几个方面收集我的数据：

（1）我的资料：我在亚马逊登录时提供的数据比如姓名、家庭住址、联系方式（电话 / 信箱、支付卡 / 支付方式）；

（2）我在亚马逊网站浏览的信息（回到网站时，你看见你曾经的访问列表）。他们累计的数据不仅包括我浏览的商品，而且包括我浏览的信息（我对顾客评价、技术数据的兴趣、网页上花费的时间）、我浏览的时间、地点、所用设备；

（3）我搜索时提交的问题（怎么称呼一个东西，问题的答案如何满足我的需要）；

（4）我的愿望清单：我根据这一清单所购的物品和时间；

（5）我的评价以及我对他人评价的评论；

（6）我的订购史（时间、物品、从何处买、如何支付、收货地址、投诉、回头次数、我的订购与亚马逊建议的关系、我的订购与社区消费趋势的关系）。

亚马逊销售的不只是"物理"产品。他们还推销原创音乐、原创电影、电子书。他们了解我的喜好、我有余暇欣赏音乐或视频的时间。此外，他们还借语音助手 Alexa 得知我家住址，这个助手整天都能听到我说什么。亚马逊称，Alexa 不储存我访问时提出的问题，也不听我的聊天，除非它受命去做，这可能是真话吧。然而，我的问题并不是在我家里处理的，而是在亚马逊云端处理的。

考虑到亚马逊掌握的这一切数据，就可以断定，它对我的了解可能比我对自己的了解要多得多！

如果你在网上用谷歌检索就可以发现，许多公司用低价提供追踪服务（你要的信息越多，你花费的钱就越多），还有许多应用程序使你能轻松成为神探（上传一张谷歌上的面孔，让它搜寻相像的面孔，你就可以从此搜集数据）。网上的一张照片可能附有时间印记（拍摄时间）和地点坐标（拍摄地点），这张面孔是一个不错的起点。

美国国家安全局（NSA）在追踪人（我希望有正当理由），但我点击《华盛顿邮报》解释国家安全局活动的内容时，我收到短信说，鉴于欧洲《通用数据保护条例》隐私保护条例，你不能看这里的信息：换言之，我无法看到该报对我是否以及如何被追踪的解释，那是因为欧洲《通用数据保护条例》的数据保护！好玩吧！

我个人的感觉是，我们已然失去隐私，有些立法者在拼命筑墙保护所谓"我们的"隐私，我们大多数人却积极地洞开大门、泄露一切隐私。你在用谷歌搜索吗？你在脸书上发帖子吗？你在发推特吗？你在用电商吗？那就告别隐私啦！

4. 应用程序

每当我用智能手机（以及平板电脑、个人电脑、智能电视等）上的APP时，它都在获得我与之交互的信息（操作系统获得我使用APP的时间、设备、地点、时长）。

我只是在意，这些数据有多少留在（我智能手机的）APP里，有多少被APP的开发商/服务供应商分享。一些应用程序里有迹象表明，你第一次用那个应用时，你被分享的百分比大概就是它们透露的那么多。其他应用程序什么也不说，但那未必就意味着，你的手机数据没有被分享。

牛津大学的一项研究刊布在《金融时报》上，据此透露，大多数 APP 的确与数据开发商和服务提供商分享一些数据。安卓生态系统与谷歌分享 88%，与脸书分享的 40% 多一点。这未必有优劣之分。如果数据分享导致更好的服务、并只用于这一目的，我不会提出任何问题。

但这不是我讨论的要点，我的讨论适用于我们生成的一切数据。这里的要点是，大多数时候数据就在那里，我们生成这些数据，但我们不能访问它们，也不能利用它们。

三、为什么我们难以访问我们自己的数据？

在应用程序领域，这一点尤其令人不安，你想想看，你在智能手机或平板电脑上花费的大部分时间里，这些软件都在你的交互中发挥中介作用，你在此生成数据。如果能追踪这些数据，那是有意义的。它们构成编织你生活挂毯各个时刻的"线索"，把我们网络空间里的生活与其他人的生活联系起来。当苹果公司"重新发明"手机，他们引入了新的展示短信的方式。如今，看见成串的短信已成常态，收到一封短信时，你能看见此前从那个信源（人、机器）收发的短信。与之类似，浏览器包含"历史"标签，让你回到过去你曾经访问的信息。今天，那些标签不再像"短信路径"那么有效，但它们还在那里。浏览历史的一个问题是，它指向的网页是其今天的网页，而不是你看见它时的状况。若要看到你当初浏览时的网页状态，你可以尝试时光倒流机（WayBack Machine），这个网站储存了过去生成的网页。回到过去很有趣。你看见它当时的样子，你回到你曾点击的那个网页（故名"时光倒流机"）。然而，这个网站绝非完美：

（1）并非所有网页随时间更新的情况都记录存档；

（2）显示"深网"字样的网页不在记录里，许多时候我们浏览的网页正是这样的网页（这些网页是访问数据库动态生成的）；

（3）我们浏览时看见的广告已不在记录里，因为它们是动态生成的，依赖场所、时间和设备；

有趣的是，我手机上的一些 APP 有办法追踪我的活动，我的活动就储存在这些应用程序里。对有些 APP 而言，有些数据是与一些服务商交互生成的，可能存在网络空间里。比如，我手机里的运动 APP 就记录我每天的活动、运动时间、烧掉的卡路里、站立时间、步数、步行速度、跑步速度、上下楼梯数、动态、心脏功能……其他应用追踪我的行踪、浏览的网页等。我的整个生活储存在的我的手机里，并可以从我的手机储存里推导出来；

个人数字孪生体可以在此步入。就我所知迄今为止，尽管所有的数据基本上都储存在智能手机里，而且很大一部分和计算都在那里进行，但个人数字孪生体并没有在手机上执行；

在这次大流行病里，新的 APP 增加了另一套数据：密接其他"设备"（以及与这些设备有关的人员）的数据。在意大利，人们可下载应用程序 Immuni，去追踪接触新冠肺炎病毒的风险，还能寻找新闻里提及的数据之外的数据。就我个人而言，我的数据被用于统计和关联追踪、以服务感染风险以外的用途，那没有问题；比如这些数据将来可能被用来追踪我的社交网络，或市政当局用它们来更好规划公共交通，那是没有问题的。

APP 带来了我们使用手机方式和原因的革命。但我敢肯定，我们只是触及到技术赋能可能性的皮毛。只要能访问生成的数据，为我们提供的新服务就是可行的。遗憾的是直到今天，大多数这样的数据仍然未被利用，被第三方利用的数据已被用于商业目的了。

安客诚（Acxiom）之类的公司把 APP 生成的数据关联起来，它们的服务通常被出售给营销公司。我的观点是，个人数字孪生体应该由我们自己控制——这是我对其中"个人"的理解——它能使这样的关联性为我们的利益服务。

过去，国家级的广播电视节目和服务商基本上不知道我的情况（在意大利，国家知道我有一台电视机，因为他们每年要我"交税"）。

如今，我们订阅了奈飞、苹果电视、亚马逊 Prime 服务，我们用油管、意大利国家电视台 Rai、私营电视台 Mediaset 和其他广播台收看节目。实际上，我每日可接触到的娱乐节目一辈子都看不完。这些娱乐资源内容扩张的速度远非我们能够消化。每天我都收到几封邮件要我注意这样那样的"专为我打造"的新内容。这只是起点。服务商越来越卖力打造"专为我"的娱乐渠道，内容多得难以计量；之所以能这样做，那是因为他们对我的情况非常了解！

考虑你可能和奈飞公司的关系。它可能是最大的娱乐公司，客户将近 1 亿 2 千万，覆盖 190 个国家和地区，每天提供 1 亿 4 千万小时的节目。接下来的讨论适用于其他娱乐商，不过我依据的数据是奈飞宣称它累积的数据。

首先是我们登陆时提供的数据。他们要求我提供的数据有：姓名、出生年月、住址、信用卡号、家庭成员、联系信息（邮箱，有时还需要加上电话号码）、从哪里登录（地点、设备类型、IP 地址、链接的网络类型）。

其次是我们生成的数据。我们浏览他们的目录、观看预告片、挑选节目、如何看（整部电影或片段……）、喜欢什么（停止收看、不再回放）、收看频率、用何设备、IP 地址。此外，他们还从 cookies、网站信标、广告标识符、网络历史记录（实际上劫持了我的计算机……）获取信息。

这一切数据都是用透明和"已告知"的方式获取的。他们有一张网页说明他们所做的一切。但我敢肯定，你并没有认真读（我也没有）。

再次是他们生成的数据：他们对我的数据进行分析来生成有关我的数据，以及其他客户的数据。比如，去年他们发推特称，53 位客户每天看《圣诞王子》（*A Christmas Prince*），一连 18 天（显然很喜欢）。这条推特在社交媒体上激起愤怒，因为这显示他们在追踪客户。但坦率地说，我不理解这样的愤怒。人人应该清楚，奈飞在追踪我们看什么、如何利用他们的内容。难道他们不是让我们能从上次停止看的那一点启动播放吗？难道他们不是在建议适合我们口味的内容吗？如果不追踪我们，这一切怎么可能成立呢？然而，这"愤怒的呐喊"又说明，我们许多人不注意我们在网络空间里被分享的数据。奈飞获得的不同客户的关联性又能提供这样一些信息：趋势、某地区人们的爱好、个人电脑和苹果电脑使用者口味的差异、智能手机和电视机使用者在观看内容上口味的差异。

有了这么多追踪后，情况还不会再恶化吗？

实际上，是的！

四、观察时被观察

20世纪（三十年前）的动态影像专家组（Moving Picture Coding Experts Group）使MPEG-7（多媒体内容描述接口）标准化。彼时，我正与专家组的召集人和领导者列昂纳多·恰里格里奥纳（Leonardo Chiariglione）共事，我们常议论动态影像的各种可能性。多媒体内容描述接口（Multimedia Content Description Interface v.7）设计的理念是，观众将与特定对象交互，包括视频。用技术语汇说，你看见的是一堆像素，你的脑子处理这些像素，区分图像里的举杯人、桌子和桌子上的酒瓶。设计的理念是制定标准，让内容供应商描述各种客体，给它们贴标签，使我们的脑子以后能识别这些客体，将它们与一些特征联系起来。这一理念使内容供应商能改变景里的一个客体，同时让其他客体维持不变。

好了。试想你坐在客厅里的沙发上，在大电视屏幕上看电影，一个演员正在斟一杯威士忌，酒瓶上贴的是红标签。你看电影时，你14岁的儿子在他的卧室里用电脑看同一部电影。不过，他看到的是从可乐罐倒一杯可乐。像魔术一样，内容变得适应观者了：喝一口威士忌真"酷"（客厅的父亲），喝可乐真"爽"（卧室的儿子）。

五、浑然不觉间被分享数据

为了使这一魔术成为现实，我们需要 MPEG-7，它能让我们了解谁在看什么。为此，我们只需一个摄像头，现在的笔记本、智能手机和平板电脑上都有，电视机屏幕上的摄像头也在普及。这些摄像头给观者提供的影像使其能理解观赏环境里正在发生的情况：

（1）谁在看，性别，大致年纪；

（2）观者对画面的注意水平；

（3）观者的情绪，正在放映画面对观者情绪的影响。

此刻我觉得，这的确带有一点侵入性。为什么这一幕没有成为现实的原因之一是，视频流里这种实时转化的计算量非常大，我们不曾有这样的技术。但情况在变。如今的电视机能把视频信号升级为高清，把高清升级为 4K、8K 等。这是用人工智能和智能算法（smart algorithm）实现的，不是把 1 个像素扩张为 4 个像素，而是靠猜测这个像素的意义，找出分辨率更高时展示画面的意义。同样的算法将使你能删除照片上的客体，用照片语境下说得通的另一个什么东西取代它。结果绝非完美，但大多数情况下确实令人震惊！

视频已成为主要的通信渠道，大流行病加速了向视频通信的转移。Zoom 这样的工具已经能让你用自己挑选的东西来替换背景。诸多的小步前进指向真实与虚拟的边界的模糊和消减，一切都感觉变得更真实了。

我出生在胶卷时代。有 12、20 和 36 张规格的胶卷，拍摄前你总是自问："值得吗？是不是应该等一个更好的机会？"胶卷摄影的巅峰在 2001 年，那一年全球拍摄的照片多达 860 亿张。那时很容易了解拍摄照片的数量，只需看看售出了多少胶卷（这样的计算当然不完美，但相当准确）。每一张照片的信息都嵌入那一张影像里（你知道拍摄的地点和人）。今天想知道拍摄照片的总数就不容易了，但我们能从照片中推导出大量的信息。

2022 年的估计是全球共拍了 1.5 兆张照片（约为 2001 年的 16 倍），但这只是瞎猜。这就意味着，地球上的人平均拍摄了 200 张照片。并非所有人都拍照片，但许多人不止拍 200 张（我是其中之一，每年大约拍 5,000 张）。但这只是由"人"拍的照片。此外还有监控摄像头、无人机拍摄的照片，总数难以置信。

最重要的是，每一张照片都带有大量的数据。这些数据包含在可交换图像文件格式（Exchangeable Image File Format, Exif）的文档里。每个文档是一套照片的元数据，那是你手机摄像头拍照的数据。这一可交换图像文件格式标准（Exif standard）界定了数以百计的元数据标签，包括：

（1）拍摄者姓名（通常是相机所有人姓名），（2）拍摄地点时间，（3）拍摄相机型号，（4）镜头型号，（5）拍摄参数，（6）GPS 坐标，（7）磁航向（你的相机指向……）（8）如此等等。

实际的元数据集合取决于相机，部分取决于你你想记录的内容（大多数时候，人们会忽略可交换图像格式文件，而相机将采用一组默认参数）。

有趣的是，这些数据与照片关联，当你用电子邮件将其发给朋友时，这些数据也一并送出去了。如果他用 iPhoto 或 GooglePhoto 之类的应用看这张照片，他就可能在一张地图上看到拍摄照片的地点。更先进的应用能用拍摄参数和镜头型号去计算照片里物品与镜头的距离。另一些应用能将照片里的人脸与已知的人脸匹配，并加注标签（命名），还有一些应用能发现同一地点拍摄的照片，并给这些照片排时间顺序。

十年前，《旅行家》（*Traveller*）一篇文章讲了这样一个故事：有个人在旧金山金门桥花园看见一位漂亮的女孩拍照。女孩子刚离步，他就赶上去在同一地点拍了一张照。一周以后，他在 Flickr 和 Tumbler 上搜索，看看同一地点拍摄的照片，那个女孩子的那张照片以及她拍摄的其他的照片立即呈现出来。键盘上敲击几下之后，他就发现了该女孩的名字、住址、学校、爱好。那是 2009 年的故事，拍照的手机是 iPhone 3。你想想，十年后的现在，一张照片附带的数据增加了多少啊！这就是可交换图像文件格式（Exif）稳定而强大的功能。

当你用 WhatsAPP 发照片或将其在脸书上贴出时，这两种服务会剥掉照片里的 Exif 参数，其他人就看不到这些数据了。但这两个服务商会把这些数据留下来自己用，用户能据此搜索某时某地拍摄的照片。这一切特色都显示，我们无意之间把自己的很多数据都交给服务商了。

识别人脸的可能性有了，给人脸附加身份、姓名的可能性就只差那么一小步而已。同时，服务商掌握某时你与谁在一起的信息。再加一点数据分析和情绪探测能力，照片里浮现出来的我们个人生活的信息会多到十分惊人了，质量上和深度上都惊人。

有些国家的警察已在用人脸识别技术搜寻嫌疑人，人工智能已被用于侦察可疑行为。特定应用程序在捕获我们面孔的生物特征，并能用这些生物特征来探查我们在其他网上照片里的存在。我已能（我想你也尝试过）在谷歌上寻找我自己，并得到了许多信息和照片。我还可以（仍用谷歌）在网上搜索我的照片，检索和那张照片很像的照片。不久的将来，我将能通过搜索我的面孔在网上寻找包含我的照片。我已经在 iPhoto 中使用这个功能了，不久我将能在万维网上使用这一功能。

想象这些可能性之后尾随而至的副作用（有些相当恶心）是很容易的。

六、实时影响的评估

1. 社交媒体

今天，大多数人都从社交媒体获取"新闻"，而这些"新闻"却不是不加修饰的、原本的事实。相反，它们经过穿衣戴帽打扮，冲击力更强，因为它们带有评论、喜欢和不喜欢的色彩。

社交媒体收集的各种数据数量惊人。在社交媒体中，关键因素是数据相关性；在这一点上，它们远胜其他数据收集漏斗。与其说你在分享（虽然分享显然重要），不如说你喜欢／不喜欢，不如说你的"朋友"喜欢／不喜欢你发布的东西。这一相关性是你在社交媒体上的评语，是你对他人评论的回应。

这样的来往提供了你是谁的相当准确的形象。此外，相关性数量和相关性焦点（社交媒体上人们的参与）如此之多，算法（机器学习）必须要进行不断的微调。算法与你会见的朋友截然不同。朋友只略微注意你说什么、怎么说，通常只注意要点；算法却无情地分析每个词、找出重复、发现模式、寻找与你交互的他人生成的模式，甚至寻找从未与你交互、仅仅与你接触同样信息的人所生成的模式。

有趣的是，社交媒体生成了两个并存的网络：人的网络和信息的网络。人们可以直接互联（通过社交网络互动），也可以通过信息互联。意见领袖、政界人士、营销人员对这一点极感兴趣，因为它们能评估某些信息（广告、标语、图片）的影响，及其信息冲击力激起的人与人互动的涟漪（分享／转发）。

社交媒体实际上能预测某些信息（及其发布方式）在某些人群里的影响（这些人未必互相认识，也未必住在同一地方），能评估信息对另一群人意味着什么。换言之，社交媒体的算法有着预测影响的能力，能监控影响，并通过实时调整讯息来改变影响。

有个事实可能被忽视：重要的是确立物理空间和网络空间的连接，使活跃在网络空间里的算法能够运行。你喜欢脸书上一条评语时，你发出你和该评语关系的讯息。你在剧场里听政治辩论时微笑、皱眉时，也发出了讯息；听一位政客告诉你将得到一个美好的世界，你投票给他，你也发出了讯息。视频摄像头拍下你的面孔，你的表情被算法分析、转换为根据表情平均值得出的喜欢／不喜欢。相关的表情符号展现给正在讲演的政客，他会对自己发出的讯息做相应的调整。这就打造了一个影响"选民"的强大工具。

我们在这里讨论社交媒体对选举的潜在影响，某种程度上，这是有待进一步讨论的问题。因为有一点很明显：我们是社会存在物，人的互动影响着我们的决定。与此同时，由于人工智能和收集数据的泛滥，社交媒体越来越强大而有效。问题是，它们的影响很微妙。如果你去听一场政治辩论，显然每一个在场人都可能影响你投票。而社交媒体更微妙、更有效。机器人和聊天机器人可能会进入社交媒体，而且越来越难以和真人区别开来，但它们在影响你时往往占上风，因为它们能实时计量自己讯息造成的影响，并予以微调以求最佳效果。脸书 2010 年主办的"脸书试验"（Facebook experiment）里，脸书上一个精确校准的帖子调动了 30 万人去投票！

2. 你能奔跑，但你不能藏身

你可能觉得这对你没有影响，因为你是没有和社交媒体挂钩的少数人之一。我告诉你一个坏消息：社交媒体无孔不入，即使你从未用过社交媒体，它们也可能存有你 95% 的精准信息（包括你不用社交媒体的事实）——只需用你朋友／熟人的交互，媒体就可以做到这一点。你偶尔在朋友的一张照片里看见你自己的面孔，你参加一个事件时的名字被提起。你用电子邮件发给朋友的一张照片嵌入了作为数码相机拥有人的名字；你的朋友把这张照片上传给脸书时，脸书的一种算法会把相关数据从它呈现的照片上删除，却把这些数据留下来供自己使用。从那一刻起，你就进入那个系统了。那张照片可能是自拍，系统里会有两张面孔。一是算法已知的面孔、你朋友的面孔，他是社交网络的一部分；另一张面孔必然是你。你不再是未知的人了。

社交媒体"大佬"不会把它们的数据分析局限于自己网上已有的数据，

他们还会利用谷歌、购物场所等源头的数据流。因此，虽然你从来没有登录过任何何社交媒体，你还是成为了网络空间的一部分；相反的情况是非常不可能发生的……

如果你想知道脸书对你有多么了解，仅以你直接提供的数据而言（如上所述，脸书通过关联性对你的了解就胜过你对自己的了解！），你可以：

（1）登录你的脸书账号；

（2）你点击右上角的向下箭头，点击设置；

（3）打开设置页，寻找"你的脸书信息"选择；

（4）点击链接，你就得到一个长长的清单，显示你一直在让人分享你的数据。

就我而言，我让他人分享的数据目录是：（1）帖子；（2）照片和视频；（3）评论；（4）喜欢和反应；（5）朋友；（6）故事；（7）跟帖和被跟帖；（8）短信；（9）群；（10）事件；（11）个人形象；（12）网页；（13）购物场；（14）支付及时序；（15）保存的内容；（16）我的地点；（17）应用程序和网站；（18）其他活动；（19）游戏；（20）公司；（21）搜索及时序；（22）录音及语音信息；（23）访问和保护；（24）朋友分享你的建议和反应。

你对这一切的感觉如何？

3. 旅游

旅游这一行是最早经历数字化转型的经济领域。去旅行社买票、请旅行社安排旅游的想法早已过时。现在我们自己安排旅游，有时仅为强化我们旅行的这一愿望，我们浏览旅行社的网页，无论猫途鹰（Tripadvisor）、艾派迪旅游（Expedia Travel）或爱彼迎（Airbnb）的网页……我们也通过它们拟定我们的出行计划。这样做时，我们与它们分享的个人数据比与砖石结构的实体旅行社门店分享的数据要多！

作为交换，我们得到很多时间去浏览许多选择，我们看见他人的经验和推荐，这些数据成为我们选择的指路灯；同时，"虚假"推荐的市场也兴起了。仅在 2018 年，旅游参考网就删除了一百余万虚假的评价。人工智能正在辅助这些旅行服务商查找虚假的评介（正反皆有）；不过，人工智能也被用于制造"虚假"的评价！而这些虚假的东西比旅游网站的危害还要大！

　　于是我们的数据和他人生成的数据就和许多人混在一起了，生成这些数据的源头是算法和机器。网上旅行社利用我们的数据（它们截获的各种数据堪比社交媒体）为我们建档，目标明确地提供服务。它们还可能与创收的第三方分享我们的个人资料（让他人用）。实际上，你怎么能指望旅游参考网不创收而维持经营呢。既然它获得了我们的数据，它必然要从中赚钱。作为交换，我们选择下一趟旅行时就能享受良好的服务：品尝什么餐馆，哪里去逗留，什么地陪适合我们的喜好等。

　　网络旅游服务把数以百万计的用户关联起来，利用我们的数据去生成服务的意见，把这些建议推销给市政部门、饭店、餐馆和旅游组织者。在旅游业里，这些网络服务商已深深扎根，因为他们已经改变了我们选择的方式。我注意到，越来越多的人上旅游参考网（或其他服务网站）去挑选自己城市的餐馆，显然是要寻找一家没有去过的餐馆。如今，他人的评价是选择的主要信息源（因此信赖这些评论有重要意义）。

　　有些老师甚至让学生补足自己对一个国家的知识，要学生上网去阅读他人对某地的评说。

　　有些旅游网让你与当地人联系，这些人愿意与你分享知识，如果你愿意，他们还会陪你游。你信赖这些旅游网，因为你看见网友在网站上的留言，而且知道自己也会发表评论。这是一种源自大众的评论，网站由此产生名气，运转良好。谷歌还提供地陪平台，人人都能当"地陪"。

　　这一切转型的新气象激发了越来越多的互动，人们的互动被记录和分析，以生成经济价值。这样的互动对我们每个人都有利：更好的选择、精准的信息和定制的服务。换取这些所利益时，我们丧失了部分隐私。

七、对你的数据搜集使你容易成为猎物：通信设备的影响

我这里所说的"通信"是基于电信基础设施的交互，这些设施当然包括互联网、WiFi 和类似的设施。在 20 世纪的大部分时间里，这类通信基本上是语音通信（打电话），生成"电话记录"，运营商借以收费，为做计划而导出流量数据。当然，电信运营商也握有客户的个人数据、住址，有时还知道客户的银行账号，但不知道谁在打电话。电信网用计算机控制（存储程序控制）以后，更多的数据被收割，使运营商能搞质量控制、检测故障。到 20 世纪的最后十年里，两场革命掀起了：一是移动通信革命（诚然，移动电话就出现了在 1990 年以前，但此后的十年里才得到普及），二是电信基础设施向计算机基础设施的转变。

有了手机以后，一对一的信息流产生，个人拥有电话成为可能（至少很可能）。此外，无论手机还是计算机，功能越来越强大，都像个人电脑了。最重要的是，从我们的观点看，手机成为个人通向网络和各种服务的门户。旋转式拨号电话每月只有 1 千字节数据的通话记录，如今的每部手机每天就有数百万字节的数据了（包括上社交媒体的平均数据）。

电信网络向计算机网络的转变将所有类型的通信中和成单一的类型：数字的迁移。语音、形象 / 视频、声音 / 音乐的数字化以及传感器的数据构成单一的数据流；原则上，这一数据流是可以被分析的（这就是为什么算法被用来加密语音数据，水印被用来加密电影、声像和图像等）。此外，这一切数据都可以在源头上和传输管道上语境化，于是语音不仅可以与通话的时间和设备联系起来，还可以与通话双方的地点联系起来。这样的定位可以用设备（GPS）和移动电话网络来确定。有时，与其他设备或智能手机的邻接性也能查出来（比如现在用蓝牙追踪大流行病的密接风险）。实际上，手机不用时也可以定位，只需跟踪它在网上的脉冲。虽然所有的流通都是通过"比特"，确定流通类型比如语音、音乐、视频、数据也是可能的

（虽然仍有争论，换言之，"网络中立"取决于参与者和当时的兴趣）。

信息一般是在传输部分加密的，在源头上和目的地是不能加密的；在目的地，信息（数据）被使用（屏幕上显示）。因此，源头软件和终点软件能够且的确是在分析并生成更多描绘交互过程的数据。比如，你用WhatsAPP告诉朋友，你打算到加那利群岛去度假，很可能你就会收到特内里费酒店的广告。有趣的是，你在其他类型的交互中都收到了这个广告，这就意味着：（1）你计划出游的信息被截获了；（2）这一信息被传给了多个服务商。

尤其值得注意的是，如果你用的是语音通信而不是文字短信，同样的事情也会发生！管理短信的软件也能从你的语音抽取信息！

我们的大部分生活都以我们设备作为中介，智能手机在这些设备的清单上高居榜首，所以我们基本上是在网络空间里为我们的生活创建一个数字副本；网络空间终将拥有我们一个很逼真、不可抹掉的形象。实际上，随着时间的流逝，我们会忘掉很多过往的旧事，但网络空间是不会遗忘的。

在网络空间里获得你自己的第一手资料是相当容易的。只需用谷歌搜索你的名字、电子邮箱和照片，你就会发现大量的信息，还可能有一些令你吃惊的发现！在网络空间里挖掘有关你的各种信息可能会相当复杂而且费时，因此有些公司就把个人数据的搜索变成了一门生意。它们不仅为你挖掘你的数据，还在为其他人提供你的数据，任何有兴趣且愿意付费的人都可以得到这样的服务！

你要例证吗？请尝试：Pipl、Spokeo、Radaris、MyLife……我在此止步，但这个清单还很长。

你可以尝试几家，看看它们收集了多少信息。有些是免费的，大多数是收费服务。这些公司在网上搜集数以百计网站的信息，那些网站直接从你身上获取信息，间接从你的友人、熟人、商务伙伴和亲属身上获取信息；你的亲友伙伴并没有意识到，他们在向别人提供信息（比如，有人上传一张有你面孔的照片，另一人看见那张照片、标记你的脸：自此，你某时某地与照片里那些人在一起的信息基本上就人尽皆知了）。

我们彼此交流、与网上的服务交互时，这种信息中的很大一部分就生成了……

第三节　本章小结

数据更易获得，人工智能的效率越来越高。与此同时，人处理日益增多的数据量的能力却遇到瓶颈。然而，发展的趋势不是用人工智能来替换人（自动化），而是用人工智能来"增强"人。

一、从人机界面到人机回圈

自从我们把自己定为"人"以来，我们一直在使用工具。实际上，工具的试验早于智人，大约始于 230 万年前的能人（智人大约 50 万年前开始在世界行走）。彼时的人和工具的界面是简单明了的，无需人传授，你就用锤子……近年来，我们的工具变得更复杂多样，我们开发了人机界面（Human-Machine Interface, HMI），许多情况下就需要学习如何使用工具了。许多设计工作把这种学习局限在最低限度，但若要操作功能丰富的机器（包括洗衣机），一定的学习还是需要的。

简化人机交互的办法是把功能转交给机器，以便使用人机交互里的元功能（meta-functionality）。你开车时就在使用这一范式。你的动作被车载计算机转化为引擎、喷油器、悬架等需执行的指令。实际上，如果我们直接对汽车里的各个系统发布指令，我们是不会成功的。

这就为系统自动化程度的提高敞开大门，以至于我们对系统实际运行

（如波音 737 MAX 上的预防失速系统 MCAS）的情况失去控制。

传感器、数据、处理能力和执行器的可用性使自动化程度的提高成为可能。实际上，我们正在达到（在一些门类里已经达到）数据泛滥的程度，这样的自动化超越了我们处理的能力。同时，海量可用的数据使机器越来越聪明。深度学习正在利用数据的丰富性去增强机器的智能。机器智能的增强演变为自动化程度的提高，人机界面的需求随之减少。

在过去的两年里，这样的势头导致日益增长的担忧：

（1）我们正在对运行的事情失去控制（和理解），对人工智能透明度的要求随之产生，但说起来容易做起来难；

（2）我们正在变得过时，不再被需要，可以被机器（软件）替代，失业的恐惧随之产生；

（3）我们不知道谁该负责任，边界模糊、尚未解决的新问题出现了；

（4）我们普通公民把自己的角色和力量让渡给数据寡头，数据集中在全球极少数公司手里。

一个新的浪潮正在兴起，需要人机回圈（Human-In-The-Loop, HITL）；人机回圈由人机界面范式演变而来，它考虑人机共存，旨在把人与机器当作一个整体系统的构造成分来利用。

"一致人工智能"（Unanimous AI）公司即为一例，它把人的智能和机器智能结合起来，口号是："我们增强智能"。《自然合作期刊》（*Nature Partner Journals, NPJ*）一篇有趣的文章描绘了这一范式。文章题名"人机伙伴关系与人工智能用于胸片的诊断"（Human Machine Partnership with AI for Chest Radiograph Diagnoses）。

另一篇有趣的文章名为"管理人应准备深度学习"（How Managers Should Prepare for Deep Learning: New Paradigms），旨在把人机回圈用于企业管理。维京邮轮在北欧海域遭遇大浪，起因是传感数据的错误分析（低油位）——这就是人在圈外（Humans Out of The Loop, HOTL）的例子。文章分析邮轮重要自动部件设计的方式，认为它把人排除在决策之外了。

自动驾驶汽车公司正在面对"人机回圈"范式或"人在圈外"范式的选择。

问题是，我们看汽车和飞机的事故报告时发现，人为错误造成事故的情况要多得多。因此，如果去掉方程式里人的因素，我们会拥有更安全的运输系统！

"人机回圈"范式旨在克服人与机器（软件）一分为二的理念，使人与机器共同参与，机器帮助人做出更精明的决策，人帮助机器了解总体语境。显然，这是从基于句法的交互转向基于语义的交互。我们将看到越来越多这样的转型，包括我们与网络空间交互方式的转型。对我们问题的回答将不是基于我们问什么，而是基于我们为什么要那样问……

二、隐私的丧失

我们现在结束数字化转型对隐私影响的讨论。由于网络空间的扩张，以及我们在其中持续不断的存在，我们失去了相当一部分隐私。对有些人而言，网络空间（读作社交媒体）是舞台，他们能在此演出自己的人生，与认识的和不认识的人分享。

对另一些人而言，网络空间是剧场，我们去看演出，但上演的节目太多，我们不得不有所取舍；我们的选择基于我们的兴趣和语境，这些选择被留意、记录和分析，以至于"我们就是我们搜寻的对象"（we are what we search）。商务、娱乐、旅行、阅读等事务"勾勒了我们的形象"。

在这一章里，我历数了上百个我有意分享的数据流（我想无意间分享的还要多得多）。上文业已指出，亚马逊仍然拥有并使用我的照片，我曾经将其存在云端但稍后已经删除了呀！

大流行病使网络空间里共享的信息、数据剧增，但如果通盘考虑，其实并没有那么多！增加的数据是我们分享的感觉，说到欧洲通行的"绿码"时尤其有这样的感觉，这"绿码"通过一种特别的应用程序指向一个共享的数控，以二维码显示，你是否"不太可能"被感染（因为你已经接种疫苗、核酸检测为阴性、曾经感染但已康复）。

有些人反对给他们个人贴这样的"印记"，作为进入餐馆、剧院和交通工具等场合的"准许证"。反对的说法五花八门，位于不同层次，我个人觉得没有多少道理。

我们生活在社会里，必然受成文规矩的约束，有时还受不成文的社会契约的约束。如果我伤害你，我进监狱；如果我侮辱你，可能没有成文规矩予以禁止，却有一个不成文的社会规矩阻挡我进入你的语境。法律规定我们不得超速，超速被逮住就吃罚单。有许多超速摄像头检查我们的行驶情况，但这似乎是可以接受的。有罪案发生时，警方调看摄像头，检查某个时段谁在开车。这是隐私侵犯，但我们似乎觉得很好（罪犯可能例外）。

我为什么要反对确保不造成风险的举措呢？例如限制幼儿园附近的行驶速度，我为什么要反对呢？

关于隐私的整个故事相当复杂，因为它跨越了隐私空间和社会空间的模糊区，两种空间都重要。这是下一章要讲的问题。

第九章　文本人对语境人

"一切皆文本。"——德里达 [1]

第一节　东方和西方

罗伯托·萨拉科在博文里写道:"从月球上看,我们地球人都生活在一颗蓝色的小弹珠上。但拉近看时,各种文化却大不相同,地球宛若被汪洋大海分割的版块。情况正是这样的,至少对隐私价值的看法而言,地球人似乎就是分割的版块。欧洲人视之为不容商议的价值,美国人视为可货币化的价值,在中国和其他远东国家(含新加坡)则是闻所未闻的。"

佳能信息技术公司在中国广州的子公司装配了一个人工智能的人

---

[1] 我和德里达有几次邂逅,每次交谈都有分歧,我们对口语文化和书面文化的看法不同。每次他都会回到同一结论:"一切皆文本",包括口头交流。麦克卢汉断言:"媒介即讯息"。对他而言,媒介绝非讯息。他是典型的书面语人(literate person)。

脸识别系统，作为进公司上班的门禁。门禁并不新鲜，世界各地的公司都有门禁，许多机场有人脸识别系统。新鲜的是，这家子公司只容微笑面孔进入。如果你脸色阴沉，你就进不了。这个系统通过情绪识别进行此项工作，这个新的人工智能不止能识别假笑，它还能捕捉你情绪上的下意识的端倪。因此，强装的高兴不管用。情绪不好你就进不来办公室。显然，这家公司相信，这样的系统会改善办公室的气氛和效率。情况不再是：你的工作应该使你满意和高兴，你还需要高兴才能进办公室工作！

这家公司还更进一步。如果你睡得香，脸色红润，你就被允许进入。但如果因这样那样的原因，你上班时脸色变了，不那么好看，你的电脑上的摄像头就会察觉到你的情绪变化，于是你预定会议室或预约与人会面的任何企图都会被拦截。你的阴郁情绪可能有传染性，你会被"数字上"隔离，这是遏制郁闷情绪的一种方式。

我觉得这似乎有点疯狂。我住在远离中国的地方，在截然不同的文化语境里成长。佳能公司去年宣告采用这个微笑识别系统，却没有引起员工的吃惊，也没有引起负面评论。这是个人控制系统无处不在并被接受的证据。你不要想，这仅仅是"局部"现象。回应远程办公的增长趋势，微软365办公套件嵌入了一套控制设置，能对人的工作方式、每张页面上花费的时间、打字的速度进行监控和数据分析。人工智能研究这些数据，推导出团队的工作效率、合作效率的欠缺或互动问题，如此等等。当然，有这套控制系统并不意味着它们一定被用上了，就像出售枪械并不意味着，人们一定会用枪（即使数据证明是这样的结果）。

这类工作场所的控制似乎常见于中国，中国社会也接受：个人电脑和工作站提供的数据被用于分析效率问题，监控摄像头被用于检测人们午餐所花的时间，手机的应用程序使雇主能监测雇员下班后的行踪。这样的做法似乎并无不妥。

一、东西方的文化差异

我们正在进入问题的核心。东西方的文化差异显而易见，也有一些研究和评论。实际上，一切研究和评论都集中在集体／个体天平的倾斜度上，有人依据长期在两种文化里生活的第一手经验，加上一些可靠观察，以提高观察的准确度。

一个很好的归纳东西方文化重要差异的例子如下所示：

最终，中国人和美国人将发现，他们的文化相似性多于差异性。人的动机是相同的：舒适、金钱、养家、工作满意度和安全。但各种文化达致这些目标的路径不同，表面上有时似乎大相径庭。弄清楚人们行为方式的原因，就是向成功的跨文化交流迈出了一大步。

识别文化差异和共性：中国与美国。

（1）中国社会关心群体，美国人崇尚个性。美国是精英体制，个人大放异彩；而在中国，任何成功都被视为公司、家庭或团队的成功。中国人考虑个人的行为如何影响全体，而不是只为自己着想。

（2）层级结构对中国人很重要，人们尊重地位较高的人。美国公司倾向于比较平坦的结构，各层级的人都能见到顶层人物。在中国，工资级别低的人不指望能直接与上司沟通。人人知道自己的位置，都遵守层级结构里的规则。

（3）美国人会觉得，中国人的交谈有点直率。美国人交谈时喜欢寻求共同立足点，喜欢彼此进入同一语境。美国人觉得，中国人聊天喜欢说年纪、收入和婚姻状况的倾向还是有点唐突，像是过分打听个人隐私。话虽如此，在美国的中国访客还是会发现，美国人工作场所的语言和口气有点粗鲁，令人不舒服。"三思而后言"，对中国人很重要，就像对高位者要尊重一样。中国人交流的风格是委婉的，和中国同行做生意的美国人需要领会其言外之意。

（4）中国人对待长者与美国人不同。长者受尊敬和礼遇，业务和社交都如此。许多家庭几代同堂，逝去的亲人受祭奠。与之相反，美国人尊重孩子独立；长辈的住地离孩子可能数百英里，老人的独处是一个社会问题。美国工作场所似乎有年龄歧视，因为青年文化受重视。

（5）中国人比美国人更倾向于培养更深厚的友谊。他们起初会觉得美国人比较合群，后来却觉得，美国人难以深交。中国人觉得对朋友有责任担当，需要时要出手相助。他们把朋友关系迁移到商界，建构人脉，名曰"关系"。信任在先，生意随后。同事聚会建立关系必不可少，商务应酬出手大方。相反，美国人倾向于把工作和个人生活分开。

（6）城里生活的中国人缺乏个人空间。城市人口密度大，有污染，拥挤，公共交通工具上尤其拥挤。美国人更习惯于个人的物理空间，感觉到拥挤时要维护自己的"领地"。他们会严厉责备不排队推搡的人，要为自己划一个小小的版图，无论那是一台车、一张书桌或飞机上的座位。

（7）美国人认为言论自由、获取信息是人权。中国的媒体和互联网审查比较严。美国人视为理所当然的社交媒体网比如照片墙（Instagram）、油管（YouTube）和脸书（Facebook）在中国无法使用，许多西方报纸在网上被拦截。在中国公司里，信息的分享基于需求，不该知道的无需知道，高层信息经过过滤渗透到下层；美国企业文化则要开放得多，相当努力地确保信息透明。

（8）中国人尽可能避免冲突以保全面子。对人大声嚷嚷使双方丢脸；一旦丢脸，业务关系就可能永远受损。中国的企业高管常常避免明确答复，以保全对方面子。美国人则很率直，觉得这样的答复令人困惑和沮丧。与中国同事谈判时，最糟糕的是煞费苦心证明你的观点，不顾及这对他人的影响。但对美国人而言，最终结果比声誉重要，甚至比关系重要。

（9）在中国，谦虚受人尊敬，人们往往淡化自己的成就。美国的情况几乎刚好相反。在绩效体制里，你需要最低限度发挥自己的才干，并让人知道自己的成绩。中国人将其视为粗鲁和吹牛；在美国，谦虚可能被视为弱势的信号。

（10）在美国，业务工作运行的速度不同于中国。美国人关注的重点是速度和效率，会尽快把事情办成。换言之，时间就是金钱。人们应该准时去开会，做事情要赶上截止时间。相反，中国人的决策可能比较慢，更喜欢建立共识、养成关系，然后才一头扎进要做的事情。只有在时机成熟时才会觉得工作截止期到了，任务已经完成了。美国人觉得中国人不准点守时的态度令人沮丧、浪费时间。谈判时，中国人会利用美国人需要速度的习惯，玩拖延游戏，以达成对自己比较有利的交易。

诸如此类的观察适用于东方和西方比较传统的观点，但它们都没有涉及数字化转型的影响，本书以上各章业已证明其在西方的影响。在这一章里，我们有意就个人数字孪生体的发展和中国采用的社会信用体系①进行比较。在此之前，我们必须要回头看背景 – 原理 – 外形 – 场域的方法，以找到这类清晰而常见的分歧的背景。从探索语言文字的差异开始，最后看作为背景的数字化转型在这两种文化里是如何被解释的。

---

① 虽然这一系统引起争议，我们还是采用了"社会信用"这一用语，因为它既代表了中国控制社会差异的悠久传统，又表现了西方对社会信用（常常错误的）理解和评论。

二、口语文化与书面文化

支持或管理语言的技术必然影响心灵，原因很简单，语言是心灵表达的系统，是心灵放大的操作系统，语词和概念以算法的方式在语言里运行。因此，语言与我们最内层的感知有着亲密的关系，影响着心灵的内容和结构，本章的研究将解释这一关系。举例来说，口语社会几乎没文字来支撑记忆，在这种社会生活中，身体不得不发挥记忆的作用，社会不得不继续不断地重演过往的经验。舞蹈、表演和模仿成为差强人意的记忆方式，成为无语词言说的方式。文字发明后，语词接过这一功能。在口语社会里，自我和世界的主要交互界面是身体，全身都在说话，都在记忆，每个人的整个身子都参与身体政治（body politic）。口语社会是语境的社会，不是文本的社会，道理是显而易见的。人们总是生活在语境中，生活在"真实的时间"里，生活在延展性"当下"，却不影响他们参照过往发生的事件。人们崇拜祖先，祖先向他们展示他们的主要参照的运行规矩，也就是神灵、自然力和古两河流域的乌尔语境（Ur-context）。这些社会几乎必然是有宗教信仰的，不会是"选择"某种宗教。其生存依靠共享的经验。这就是语境。为了维持语境的活力，它们将其语境仪式化，并不断重演这样的语境，这是口语社会记忆的方式。它们不研究过往，而是径直将过往变成现在。这是感知主导的社会，意思是说，社会成员依靠感官感知，而不是依靠纯粹的感觉（意义）去理解现实。在这样的社会里，记忆甚至都被锚固在感官模态里，在雕塑、纪念碑、歌谣、故事、戏剧表演里。

口语社会里思维的主导形式是说话。如果"思维"（thought）一词太含混，让我们换用"思考"（deliberation）。我们一般认为，思维是静默的、内化的，是心灵独自的私密运演，但这一假设可能一直是错误的。口语社会（oral societies）里的人在思考时要说出声，在一起时也要说出声。瓦里拉等提出的四原理[①]很适合口语文化里的思维过程：言语（speech）是语言和思维的体现；共同的理解（集体心灵）生于言语；口语情景隐含着主体间性（intersubjectivity），即说话主体的实时共现；口语文化的特征是永恒的流通性（circulation）。词语没有安息的场所；他们总是在永恒地流通（因而需要大量的重复和公式化表达）。事实上我们还可以说，口语心灵（oral mind）总是共享的，个人的私密心灵（private mind）包含在集体思维和言语中。很可能，许多原教旨主义团体里的不宽容倾向是体制性的，是个人恶意心态的继承。

有文字的社会（writing societies）用一种工具来存储语言。这一工具助人把语境转化为文本，把文本从语境中分离出来；稍后我看还会看到，在字母表被充分利用的情况下，这一工具还使人与文本分离。工具越可靠而简单，文本和语境分离就越容易，文本还原到其他语境（这当然是创新的源头，是创造更多技术的驱力）也越容易。机印的材料是文字社会的主导交互界面。书写／印制／阅读的材料不构成所有的语言，它们仅仅是仔细选择的语言，所以印制的材料在任何层次、样式和类别里都居于优先的位置。大体上，书籍和文章用文本的样式向人们提供"现实"的内容。对书面文化里的读者而言，语言初看是容易识别的抽象字符串，继后像是已知心灵结构，是一种辅助存储器。和口语社会不同的是，文本社会（textual societies）不担心失去过往，它们只需把过往归档。因此，文本社会的驱力指向未来，总是大踏步向前，总是今胜于昔，美妙的技术不断"汹涌而出"。文本社会的宗教性弱一些，无需借助其他工具来求得发展。

两种重要的技术改变了人类早前和语言的关系，它们就是文字和电能。字母表文字使文本和语境分离，把意义从口语交流的感知经验中提取出来，

---

① 瓦里拉（Francisco Varela）、汤普森（Evan Thompson）和罗施（Eleanor Rosch）著，《显现的心灵》（*The Embodied Mind: Cognitive Science and Human Experience*. Cambridge: MIT Press, 1991）。

而且使读者与文本拉开距离，把个体心灵（individual mind）从部落集体心灵（collective mind）分离开来。电能让感官回归语言，同时又使读者的心灵外化到屏幕上，再一次把私密文字心灵（private literate mind）的内容和创伤公之于众。

三、我们的论点

这一章的总体假设是，在决定文化选项和偏向的发展上，西方的拼音文字和中国的语标文字（logography）起到了关键的作用。实际上，就在地方环境驱动的生存优先事项之后，语言就是文化趋势最深层的基础。本地语言的性质决定了该文化采纳的书写系统的特异性。贾玉新和贾雪睿著文《汉字、中国文化与中国心》写道："社会的文化根据其语言的特征来形塑文字或语标系统。反过来，书写系统又影响创造它的文化。一方面，正字法是语言的反映，又反映其文化环境尤其反映普遍的思维方式。另一方面，正字法又是积极的力量，促成并强化社会文化现实尤其是思维方式。"[1]

在《心灵、认知和文化隐形驱力的文字效应》（*Script Effects as the Hidden Drive of the Mind, Cognition, and Culture*）[2] 里，海耶·佩伊（Hye Pae）缩小论述范围说，阅读和书写一种文字是养成习惯的过程。他写道："因为阅读是一个认知过程，所以阅读活动受认知、注意力和大脑活动协调，反过来，习惯性阅读又影响我们的注意力指向、信息加工的方式以及新知识形成的方式。文字处在这个认知过程的中心。这表明，我们阅

---

① 贾玉新和贾雪睿，《汉字、中国文化与中国心》（*Intercultural Communication Studies* XIV: 1, p.152）。

② 海耶·佩伊（Hye Pae），《心灵、认知、文化隐形驱力的文字效应》（*Script effects as the hidden drive of the mind, cognition, and culture*, Springer, Berlin, 2020, p.202）。

读的文字改变着我们的阅读，还改变着我们的思维和认知。既然不同的文化有不同的文字和思维模式，我们阅读的文字能改变我们的思维方式，这个事实和文本相对性（script relativity）是密切相关的（Pae, 2020, pp.194–195）。"

我们说，语言和正字法是语言的操作系统，就是这个意思。佩伊所谓的"文本相对性"关乎不同书写系统不同的认识论效果。她这本书全用来详细分析和比较东西方的文字，包括韩文和日文。

本章比较东西方文字效应的想法源于德克霍夫对希腊字母表的研究：字母表对大脑和认知偏向的影响[①]。对于中国文字的情况，说到字母表文字时，麦克卢汉有时会戏言，"中国人不识字"（the Chinese are illiterate），我们面露不解时，他解释说，"他们没有我们的字母表"[②]。这当然是悖论，不是说中国人的文化不发达；即使没有字母表，他们的文化成就也极高，不过那是不一样的精致的和发达的文化层面。因此"literacy"（拼音文字文化）一词要从字面上去解读：字母表的确产生不一样的结果。以下的论述就要讲一讲它有何不一样。

千百年来，不同的人类聚落产生了各种不同的书写系统，不同的文字是由其所表达的语言类型决定的（单音节或多音节，辅音音节或元音音节，紧缩音节或完全音节）。书写下来的语言深刻影响着人的心理、社会、经济和政治行为。这里我不准备介绍研究这些分歧的文献，而是集中去讲希腊人的发明，因为它极端偏离以前和当时的一切书写系统，发明了一种简单的方式，尽可能充分而忠实地表示口语的音位序列。

---

① 德克霍夫和伦斯敦（Charles J. Lumsden）编（1988），《字母表与大脑：书写的偏侧化》（*The Alphabet and the Brain: The Lateralization of Writing*, Springer Verlag）。

② 也许，这段戏言同样给罗伯托·洛根（Robert K. Logan）以灵感。他的《字母表效应》（*Alphabet Effect, the Impact of the Phonetic Alphabet on Development of Western Civilization*, St Martin's Press, 1986）富有洞见的一章就是"东西方文字的比较及其对文化模式的影响"。佩伊和洛根的书对本章的写作很有用。

"literacy" 一词可用于一切使用字母的文字（如希伯来语、阿拉伯语、埃塞俄比亚、伊特鲁里亚语的文字）。不过，它通常被用来专指完全语音化的文字（印欧语系）。

在这个意义上，虽然中国人文明程度高，高技术发达，和西方人相比不遑多让，但他们的文字基本上是"非拼音文字"，因而不得不使用会意字，是汉语词汇里单音节词占多数。这一事实对他们提出了挑战，就像西方人的会意字技能只限于看懂路标一样。各有所长吧。

四、我们的假设

我们的假设是，这一观察能给我们理解西方人个人主义驱力提供新的启示。完全字母表征的序列基本上独立于读者，汉字则刚好相反。拼音文字和语标文字的主要差异是，仅仅为了解码（不触及理解），语标文字就需要更多的语境信息输入，拼音文字则不需要语境信息输入。事实上，完全字母化的文字不需要读者知道文字表征和承载的内容。即使读者不懂那种语言，文字本身就含有全部的口语上的意义。比如，我不懂波兰语，却能读波兰语文本，甚至可以读出声——虽然读音不准。这样的文字和中国的语标文字有何不同？理论上说，语标符号（logograms）可以被阅读理解，无论它表征的是什么语言，那么，这样的书写方式难道不是更不倚重读者此前的语言知识吗？比如，同样的方块字中国人和日本人读出声是完全不同的。语标符号是跨越语言的，基本上是"图像"，只要读者能识别，它们可服务任何语言。语标文字的阅读和我读波兰语有何不同呢？不同的是：朗读波兰文时我只了解大致的发音，而不是意义。相反，中国人或把韩语当作第二语言学习的外国人读到韩语里的方块字时，首先要领会其意义，最终才把这个字读出声，或默念这个字，将其与自己语言里对应的语音匹配，他读出的声音既不同于汉语也不同于韩语。理论上说，流畅阅读语标文字时甚至无需转换对应的读音。在这里，阅读语标文字比阅读拼音文字更占优势。在这一点上，阅读效率最高的书写系统是汉字。只有非常流利的"快速"读者才不需要默念就能懂字母序列，而不需要所谓的双重发音（double articulation）。所谓的双重发音是：先读出声音序列，后达至形态序列。①

这一事实证明汉语书写系统的两大特征或原理：（1）很大程度上独立于口语，（2）依赖读者（reader-dependent）。我们又问，这和个人主义有何关系呢？解读任何字母文字时，读者无需任何字母之外的任何知识。相反，阅读汉语语标文字时，读者需要学会并记住 3,000 个符号的意义（高级阅读知识需要掌握更多的汉字）。然而，即使阅读非常熟悉的汉字并判定其意义时，读者都必须要解读那些字符串的语境。这句话的含义是，读者和文本根本就没有清楚的界线或分离。这还意味着，中文读者一定程度上被文本绑定了。

换一个角度看，每当中国人阅读时，他 / 她都必须要参照语境，方能读懂文本。相比而言，字母串的读者只需懂语言，字面意义立马可得，语境则姗姗迟来。语境当然受制于解读，但文本本身是独立于读者的。相反，中国人读中文文本时不仅再次确认他 / 她和文本的纽带，而且再次肯定自己和语境涵义的关系。文本或多或少都处在"总体现实"和读者之间的某一点上。拼音文字却不是这样的。

埃里克·哈弗洛克的《柏拉图导论》（*Preface to Plato*）第十一章提出一个开创性的洞见：字母表的发明引起了"知者与认知对象的分离"。这样的分离也可能产生西方人世界观偏爱的许多其他的类别区分，或者说产生他们对现实的常识性理解。语音字符串属于"外部"世界，形态内容只存

---

① 和"双重发音"不同，Hanukkah 书写系统提供语义的"单一"形态解读；其运行机制宛若"深湖"，就像数字换头术一样。根据换头术的聪明程度，它对观者的说服力可能比虚假书面文本的说服力更强。与之类似，语标符号既是符号又是意义。

在于读者的心里。音义分离的那一刻就开启了主客的分裂，即"主体"与世界的分裂，世界成了"客体"。文本成了世界的表征，阅读文本是主体的解读。个人主义根随这个前提兴起。

但另一种考虑是，除了最常用的语标文字外，其他语标文字未必也不可能是符号和语词——对应（就是说，符号无需靠语词去理解）。语标文字的意义优先于语音，只需稍微解读就能达成精确的语义。这就是语境的作用。汉语的语境更重要，汉语不同于印欧语言，它没有从性别、单复数、时态、从属关系和前置词等句法标记的引导。当然，各种各样的阅读都需要读者的语境输入，方能求得最佳的解读。文本的相对性需要不同类型和程序的语境化。全字母的序列按顺序传递意义，要求读者渐次提供语境线索，是累积的方式。相比而言，语标文字的接续常常被描绘为"整体的"（holistic）方式（我觉得这个词描绘读者的心理活动有一点含糊其辞）。简单地说，字母文字文本是按顺序展开的，语标文本的解读是同步发生的。

对这两种书写系统而言，语境输入理论上都是没有局限的，取决于读者经验里获取的和系统整理的知识。但两者的差异正是出在这样的系统整理上。诠释学是意义的"纵向"（vertical）深度探查，逐步深入字面之下的意义层次。连德里达的"解构"（deconstruction）也是诠释的变异，是典型的"西方"求解意义的方式。中国人求解意义的方式似乎是更加横向展开（horizontal）的，依据的是对语境线索相关性的识别或建立。在这里，"整体的"修饰语用于解读语境线索更妥当，因为解读它们时，符号不满足于识别语词，而是要拥抱一切可能的相关性，要把解读延展到人与社会的语境①。

---

① 有一点很重要：虽然现在的研究指向了文化偏向一种可能的原因，但与因果关系关联的还有其他因素的无穷性和不断的变化。海耶·佩伊强调指出：东西方差异的力量或驱力是一个自强化的稳态系统，这个系统和心灵的本质有关系（Nisbett, 2003）。尼斯贝特（Nisbett, 2003）认为，结果就像是一个多米诺序列："社会习俗促成世界观，世界观指令妥当的思维过程，而思维过程既为世界观提供正当性，又支持社会习俗。"

佩伊用"整体观"解读语境，借以解读心灵的基本功能："心灵是一个意识流、一套心理能力，含意识、感知、判断、思维、记忆、想象、意志和语言。心灵和大脑及神经系统密切合作，以理解外来刺激，并构成知觉力、认知力和想象力。心灵与大脑的耦合，是驱动注意力、态度和行为的引擎。因为心理能力和行为是心灵的功能，所以认知心理学非常感兴趣的是心灵如何运作以理解我们的能力、态度和行为。心灵调节我们理解世界的方式、领悟和回应世界的方式，调节我们对"重要"的认知的方式。感知、认知和情绪等心理过程以及社会影响和人际关系等环境效应共同作用，影响着我们的学习尤其影响我们的阅读，因为阅读是一个复杂的认知过程。"（p.138）

第二节　作为背景的文本相对性

中国人倾向于认为，语言是白纸黑字书写的；我们的语言就是我们的文字，而西方人认为语言是嘴巴说出的。——肯尼斯·徐，"为什么牛顿不是中国人"[①]

在一个层次上，阅读和书写以同样的方式影响着一切文化；在另一个层次上，阅读和书写突显并支持关键性的差异。比较闪米特和印欧文化的深层差异就足以说明问题，虽然这两个语族都是多音节语言，而且都使用语音为本的文字。当然，文字的结构差异指向口语的语法特异性，说明口语是文化的背景因素。比如，元音的表征对闪米特语并非不可或缺，因为元音的音程对消除词汇的歧义性并不起作用，仅仅是句法的变量而已。荷

[①]　肯尼斯 1994 年 6 月 24 日退休告别辞（Kenneth Hsü, 1999, *Why Isaac Newton was not a Chinese*），见苏黎世联邦理工学院档案 Zurich Search and Discovery Article #70002。

兰哲学家巴鲁赫·斯宾诺莎（Baruch Spinosa）打了一个比方，说希伯来语像吹笛子，音孔像辅音，吹奏人用的气像元音的流动。这是个富有诗意的比喻，清楚区分希伯来语和闪米特语的两大类语音体系。

话虽如此，阅读阿拉伯语或希伯来语时，读者的身上被强加了一点猜测的成分，这点对下文要讲的问题极为重要。另一个例子是汉语里同音词的大量存在，不依靠口语词的语音转写（汉语拼音除外，这个书写系统为我们提出的假设提出了一种新的变量）。书写的选项，比如多音节语族的语音逻辑偏向凸显语言的特异性，促进了不同语言群体的民族意识形态的发展；中国人避开了这样的选项，因为书同文的系统通达数以百计的语言和方言①。

一、字母表背景

字母表的背景深植西方人民的心中，因为它需要特殊而恒常存在的大脑策略。这一假设源于一种（显然无害的）历史观察。人们普遍认为，古希腊人在公元前9世纪末采用了腓尼基字母表，其书写方式是从右向左。希腊人萧规曹随，从右向左书写将近一百年（约公元前800年—前725年）。但经过一段时间的双向书写试验（右行接左行的转行书写，即所谓"牛耕式"书写）之后，抄书人和镌刻人才改用从左向右的书写方式，就像今天的印刷版式和手写方式一样。

我们的假设是，如果说古希腊人和继后的所有西方人都开始反过来从左向右书写，那是因为引入腓尼基字母表里的元音符号后，他们完善了口语的拼音表达。根据这一假设，这一书写方式的改变产生了一种不同的即

---

① 同上，秦始皇的书同文是一统中国人的催化剂，操不同方言的人被统一起来了。他是第一位有学养的君主，他要求帝王的训练要包含文化的养成。

分析的策略，大脑解读字母序列的方式改变了[①]。如果阅读字母表文字的这种分析策略同时又被用于其他领域，我们这一假设的观察就只对神经科学家有意义，对其他人是没有意义的。但实际上，这一策略还用于这样一些领域：判定时间、空间、自我的认知偏向，科学和历史里因果关系新的结构标准和理性标准，原子物理学里的理论推导，几何学的建模实践，医学里的解剖分析，哲学里研究"现实"的符号学方法。

"从左向右作画的倾向可以追溯到公元前 6 世纪的艺术品。在此前和遥远的史前期，方向似乎刚好相反，作画的倾向是自右向左。80% 以上的艺术品是这样的，证据有家奴陶瓶上的几何图形或动物形象。这些发现，加上其他出版物里的发现被解读为证据：在历史时期主导的倾向变了。可以设想，语言文字重要性的增加与左脑相关，同时在视觉分析方面，右脑侧重的发展出现了。"[②]

在相当保守的文化里，这一奇异的现象是否部分或完全是书写习惯导致的呢？2012 年，伊恩·麦吉尔克里斯特（Ian McGilchrist）重温朱利安·杰恩斯（Julian Jaynes）的《二分心智的崩塌：人类意识的起源》（*The Origin of Consciousness in the Breakdown of the Bicameral Mind*）里提出了二分心智 / 两院制大脑（Bicameral Mind）。杰恩斯这一理论极富争议，他认为，这一现象与希腊字母表的发明产生这一重大变化有关系，但他没有深

---

① 添加元音符号以充分表征语词的音位值，这对希腊语是不可或缺的。希腊语是印欧语，不同于腓尼基语。腓尼基语是闪米特语，其元音不用于词汇，只用作句法变量，元音在语境中自动生成，所以语词的语义值并不需要元音。

② 胡夫斯密特（Hufscmidt, 1985），《艺术倾向、书写倾向和视域主导》（*Orientation of art, orientation of writing and visual field dominance. An experimental and cultural historical study*, Eur Arch Psychiatry Neurol Sci. 1985）。

入研究。[①]

不久前，苏珊娜·里佐和格雷格·梅莱伊什评论麦吉尔克里斯特的书时指出："虽然麦吉尔克里斯特的论题似乎不错，但它没有解释，以分析能力为特征、指向事实的大脑左半球为何逐渐取得了主导的地位"[②]

循着朱利安·杰恩斯（1976）论"二分心智"的线索，他们两人（2021）争辩说："诗歌及其所含的明喻凝结在书面文本里，旋即成为反思和评论的对象。通过这个过程，人们终于觉察到个体的存在和意识，从而生成了自我与经验世界的裂隙。"

他们所谓的"裂隙"（hiatus）使我们想起上文讲述的埃里克·哈弗洛克（1963）所谓的"知者与认知对象的分离"；哈弗洛克的《柏拉图导论》用两章讲述这个问题，其第十二章讲了一个重要特征：西方文化里科学过程和共同的判断基础确立的特征，这就是主体和客体的区分。[③]

书写影响着大脑的视觉空间策略，这是我们1988年提出的假设；除此之外，关于什么促成大脑阅读/书写取向的重新偏策化（re-lateralization），罕有其他文献可供参考。为了避免冗长的重复，我们在这里快速过一遍这一假设的主要特征：

（1）视觉交叉是人（及其他哺乳类）大脑更妥当的解剖特征，将眼睛的视野分为两个垂直的半场，一左一右，两眼的目光各占其一。

（2）每个半场视野由大脑两半球相对的枕视中枢控制。如此，两眼的

---

① 伊恩·麦吉尔克里斯特（Ian McGilchrist, 2012），《大师及其使者：分裂的大脑与西方世界的形成》（*The Master and His Emissary. The Divided Brain and the Making of the Western World*. New Haven: Yale University Press）。

② 苏珊娜·里佐和格雷格·梅莱伊什（Susanna Rizzo and Melleuish, 2021），《寻找西方思想的源头：麦吉尔克里斯特与轴心时代述评》（*In Search of the Origins of the Western Mind: McGilchrist and the Axial Age*）。

③ 对于哈罗德·伊尼斯和埃里克·哈弗洛克（《柏拉图导论》）有关的论述，西方世界缄默不语，害怕直面一个事实：我们私密的心灵源于拼音字母表……这个发现比俄狄浦斯情结更可怕（麦克卢汉语）。

左半场视野由右脑控制，右半场视野由左脑控制。

（3）人们普遍认为，健全人的感知和认知活动需要大脑两半球通过胼胝体配合，但大脑两半球的重要功能不同，左半球的功能倾向于分析序列，右半球的优先功能是视域的同步总体感知。

（4）大脑两半球平均分配两半球的合作，这反映为视交叉，且由视交叉的支持这一合作，视交叉横向展开整体的视域，分为四个交替的半场，让两半球平均分配各自的贡献，同步看到并分析视觉对象。

（5）古希腊人从腓尼基人中引入字母表时，给原本只标记辅音的文本添加了固定的元音字母，使自己的书写系统连续流畅、没有歧义。腓尼基人的书写系统需要读者大量的猜测，需要熟悉语言，需要解读文本的语境。①

（6）这样的变化给希腊语的阅读和书写带来线形的指令。证据是：希腊人"牛耕式"书写方式消除了词汇、句子和段落的分隔，那样的分隔是腓尼基文本的意思表达清楚的必要条件；希腊人用"文本连写"（scriptio continua）②的书写方式，罗马人袭用这一书写方式，直至纪元初的几百年间。

以上观察所暗示的认知策略的变化是，一旦书写纳入了与之相关的元音、分析、抽象、序列性和其他运行功能，在字母表的压力下，左脑会在与右脑的合作里领先，并且把那样的认知策略投射到其他认知功能上，比如以后发展出来的追求因果关系和演绎原子论的功能上。最重要的结果之一是，将语言的使用内化，最终使之在阅读时静默，使语言转化为强大的抽象思维工具，建成一种"内在性"（interiority）——名为"自我""意识""私密"等的内在性。这种分离的内在性产生了西方的个人主义；今天，

---

① 比如，如果不懂腓尼基语，你根本就不能阅读腓尼基文本，相反，阅读拼音字母表书写的任何语言都是可能的，即使你事先并不懂那门语言。

② "文本连写"（scriptio continua）时，词句段不分隔，可能是为了节省高成本羊皮纸和镌刻面的空间，还可能是古罗马高雅社群里的时尚。

内在性正在被数字化转型外化。[①]

以上几条结论难免有一些猜想成分。至于拼音字母表的采用与假设认知偏向的直接关系，古典希腊文献里唯一的直接材料是阿卜德拉的德谟克利特（Democritus of Abdera）的残卷，亚里士多德、卢克莱修斯（Lucretius）等人引用过，后世也有许多讨论。"用字母的不同组合，我们可以生成戏剧或悲剧、滑稽故事或史诗，同理，简单原子的组合可以生成无穷多样的世界。"斯坦福百科全书评说："亚里士多德用类比的方式描述字母表及其用少数几个元素的组合就可以生成许多不同词汇的特征；所有的区分盖源于字母的形状（*schêma*），比如：A形状不同于N；字母的排序（*taxis*）不同，AN不同于NA；位置定向（*thesis*）不同，N不同于Z。"

虽这样说，比较和关联并不能直接证明，字母表的发明和对"不可分割"（atomos）的想象之间存在因果关系。然而，通过分析惰性物质的各个阶段，或古典医学里分析生物体的各个阶段，从而达成原子的理念（甚至不曾"看见"过原子），至少可以证明这样一个趋势，我们将这个趋势与字母表的技术－文化领域联系起来了。

二、语标文字背景

就其语言结构而言，汉语更容易理解是合乎逻辑的。其结构赋予每个音节特定的含义，有些语言学家因此而称之为"单音节"语言。这样的分

---

① 顺便指出，默念也是语标文字的特征；实际上默念是语标文字必然的特征，因此，默念有助于建设和支持中国人心灵深层的内在性。不过，默念生成的内在性把中国读者与文本广阔的社会解读绑定在一起，受语境制约（context-bound）和不受语境制约（context-free）的差异并没有受到影响，反而是被强化了。

类尚有争议 [1]；另一个复杂的现象是，至少在初期，韩语、日语和汉语一样，音节多半是"开音节"，即一个辅音跟着一个元音，少有辅音以"n"或"ng"结尾。起初，这三种语言的书写（虽然韩语和日语肯定是多音节）都容许辅音连缀，比如辅音＋辅音＋元音（ccv）的音节（就像英语单词 try 一样）或辅音＋辅音＋元音＋辅音＋辅音（ccvcc）的音节（像英语 crisp）。口语对辅音连缀的允许随时间而变化，却没有影响这三种文化里书写系统的基本原理。为了论证这个观点，我们集中讲汉语语标文字的演化，因为它强烈影响了韩语和日语书写系统的发展，而且其影响使这两种语言谨守开音节的原则，韩语的谚文和日语的片假名和平假名都维持了开音节；汉语语标文字的影响可以说明，为什么韩语和日语的口语都不太情愿采用辅音连缀，因而抵制纯粹的音位表达方式而不是音节表达方式。

用单音节表征词汇遭遇的挑战是，在汉语中发音器官能发出的音节数量大约只有 420 个清晰的语音，而发达文化日常所需的词汇却成千上万，姑不论抽象概念、科学观察和外语转写等更多复杂的词汇。这就是持续受到讨论的同音词问题。[2]

当然，声调不是唯一的甚至不是主要的辨义手段，汉语口语和书面语消除歧义还有其他办法。书写时，唯独汉语拼音（普通话的拉丁字母转写）在元音上标注音值。为进一步限制会意字的数量，最常用（约90%的汉字）的办法是用形声字，像古埃及文那样在语义符号前面加上一个发音符号。

---

[1] 佩伊（同上）写道："虽然每个汉字是独立书写的，但汉语并非嵌入式的单音节语言，因为复合词是常态，而且还有少量单音节语素／单词……普通话不到 1,300 个清晰的音节"（Hannas, 1997）。既然只有几千个单音节词汇的语言难以存活，所以德弗朗西斯（DeFrancis, 1984）指出，汉语是单音节语言的看法是神话。"

[2] 一切文字似乎都源于象形符号，比如字母表发辅音字母都源于小麦、牲畜和楔形文字，但汉语的书写系统并没有演变为拼音表征。这大概有两个趋同的原因：技术原因和政治原因。技术原因是，形象表征客体比较方便，客体与音节同"名"，这就是普通话的单音节性质。政治上，高明的一统方式把许多部落、社群和地区不同的语言统一起来。

语音 – 分析成分居于符号右侧，指向左脑主导功能，形象成分置于符号左侧，指向右脑确定符号的总览。斯坦尼斯拉斯·迪昂（Stanislas Dehaene）把大脑偏侧化的问题讲得细致入微：

> 概而言之，大脑成像研究显示，不同文字比如英语、汉语和日语对书面词的处理都通过近似的大脑网络，在左脑颞枕的视觉词汇加工区进行，无论书面语的外表形态有何不同。[①]

接着的一段讲得更细：

> 细而言之，大脑特化已见于不同文字的阅读，虽然总体上它们在左脑的特化上有一些共通之处。中国汉字和日文汉字在左中颞区唤起更大的激活和特化，这和大脑词库（mental lexicon）有关系；相反，字母表文字的阅读调动左上颞区和角回的激活，这和字母声音转换路径的听觉过程有关系。[②]

迪昂所谓的大脑词库一般指的是人脑记忆里储存的概念。如果是这样，他比较读者借助声音提示处理汉字和日文的区别，就强调和肯定了一种现象：两种文化在核心心理活动上的差异是真实存在的。玛丽安娜·沃尔夫（Maryanne Wolf, 2007）也断言，中文、日文和英文读者大脑的运行也不相同，大脑网络和左右脑视觉特化和组织的能力不一样。基于这样的神经语言学证据，她肯定，汉语读者用一套特别的神经元连接，不同于阅读英语时所用的神经通路。

---

① 转引自海耶·佩伊（Hye Pae），《心灵、认知、文化隐形驱力的文字效应》。
② 同上。

第三节　东西方差异原理

用麦克卢汉的"背景"理论来观照，以上有关东西方文字的差异将把我们引向何方呢？虽然我们探讨了书写系统与大脑的关系，但我们的意图不是与神经科学家较量，而是判别这些关系造成的一些重要的认识论后果，因为它们在数字化转型中依然在起积极作用。为此目的，识别东西方背景见证的区别性原理或常数，这有助于我们界定外形的特征。

一、分析与类比

源于字母表的文字和语标文字的对比认知原理（contrastive cognitive principles）有两个关键词：类比的和分析的。我们看看两位中国学者的观察：

中国人概念化特有的过程是"将事物视像化并获取类比"，而后"将类比视像化并把握意义"。因此，中国人的概念化方式是思维的直觉、具象、类比、想象……如此，类比是意义和概念发生的源头。[①]

后面的文字里，两位作者完成并肯定了两个关键词的对立："汉语象形字和会意字首先是直觉的、整体的、具象的和类比的过程，字母表的识别与之相反，其特征是抽象、分析、演绎和线性的过程。这一设想能站得住脚。"[②]

事实上，如果没有分析原理应用于物质的观察而不是"自然"的观察，留基伯（Leucippus）和德谟克利特（Democritus）这样的"原子论者"就

---

① 贾玉新和贾雪睿，《汉字、中国文化与中国心》，p.152。

② 同上，p.153。

不可能想象原子。彼时，分析的方法已建立在字母表固有的另一条原理中，那就是抽象的原理。

经典物理学肯定不是起源于牛顿，牛顿只是完成了详尽的阐述。早在他之前，古希腊的泰勒斯、阿那克西曼德、赫拉克利特、巴门尼德、德谟克里特、修昔底德、芝诺和其他一些的名人都是经典物理学的源头，他们的横空出世距字母表的采用还不到三百年。牛顿再确认的、作为其基础并包含物理学的经典物理学的伟大坐标是空间、时间和物质。在公元前 6 世纪至前 3 世纪的二百五十年里，古希腊伟大的思想家已对这三大范畴进行界定。按照出现的顺序，米利都的泰勒斯（Thales of Miletus）是最早的哲学家和自然科学家，其职业是工程师。按照他的教导，自然由固有的规律管束，而不是同时代人相信的那样受超自然力管束。阿那克西曼德（Anaximander）加入泰勒斯的米利都学派，提出"无穷"（apeiron）的概念，即空间无限论。他们两人都关注时间的流逝；而赫拉克利特（Heraclitus）和巴门尼德（Parmenides）两人在时间问题上意见相左。赫拉克利特认为万物皆流动（相当于我们当前的"整块宇宙"），巴门尼德则认为，万物不变。这两种观点都可以同时用牛顿的观念来推定：时间不可逆（赫拉克利特），守恒原理（巴门尼德）。这两种观点最终都可以用热力学定律来表达。

我们再引用里佐和梅莱伊什的一段话："所谓埃里亚派（Eleatic）哲学家巴门尼德和赫拉克利特的论点和推断的标准有一个过渡时期：神话（mythos）文化正转向理性（logos）和理论（theoria）文化。这些思想家还驻泊在诗意的表达方式里，却已在探讨一些基本的问题，这些问题将成为西方思想的基本结构，它们是存在与时间——本体论和历史的问题。"[①]

与分析性思维成长的同时，另一个讨论不多的拼音文字原理仍需要研究，这就是重组（recombination）。希腊字母表与世界上任何其他书写系统

[①] 里佐和梅莱伊什（Rizzo and Melleuish, 2021），《寻找西方思想的源头》。

都不一样。它不要求读者死守眼前文本的意义语境，允许人把语句从原发地挪走、置于其他地方，将其与此前无关的语境组合在一起。

重组的原理也受到神经生理回应解码标准的支持。拼音字母的相邻序列能自立（也许这就是它们要横向串联进入双眼视域另一个结构的原因吧）；相反，其他文字的读者需要搜寻语境线索，他们不能把意义和代码分离开来，而是需要更多的猜测，一目十行的扫描有助于意义的猜测。上文业已指出，用上字母表正字法以后，文本就从语境中解放出来了。切割和去语境化共同作用，构成重组的基础，这就是西方典型的革新驱力，就是詹姆斯·乔伊斯在《芬尼根的守灵夜》里所谓的"卡迪尔喷泉"。

看起来，靠体验和应用字母表带来的认识论，古希腊人举证说明了原子的存在，但并没有近距离的经验观察。如上所述，比较和关联并不能直接证明：原子论和字母表的发明有因果关系。关联性未必有足够的分量证明任何东西，但很大的关联度足以指出研究的方向。这正是我提出假设的原因：用外形的观念证明，当前的外形与一种新的背景同时出现，证明两者有因果关系。希腊语"不可分割（具有原子意义）"的想象蕴含着一种思维方式，把古代物理学和现代物理学联系起来。原子的发明/发现为约翰·道尔顿（John Dalton）建造了一座大桥，大约在1800年，他复活了原子论。

二、线性与辩证，因果关系与补足关系

李洁红将辩证互补关系视为类比原理深层的影响之一："不同于古希腊哲学，辩证逻辑是中国古典哲学的主要特征。阴阳五行是典型的中国信仰。许多古代哲学家认为，阴阳是两种互补的力量或原理，构成气象万千的生命……阴阳和谐，一样各半，阴鱼和阳鱼合为一个圆形。千百年来，阴阳思想渗透到中国思想的各个方面，影响占星术、占卜、医术、艺术和政治。

五行是古代中国人的宇宙进化论，是物理世界的五个基本要素：金木水火土。"①

顺便指出，古希腊人和古中国人所谓的基本自然元素有神秘的对应性。有趣的是，中国哲学的五行不含空气，而是加上金和木，由此确定其使用的是类比的方法而不是分析的方法。

这个论点颇有说服力，我们还可以再引一段话，王应许（音译）在《中国语言的认知语言学》的论文中写道："从认知语言学和知识科学的角度看，古汉语缺乏有力的表现手段，难以用准确和量化的方式区分复杂系统和因果关系。许多科学语言的必要特征和属性付之阙如，使其难以进行有效的知识表现和形式化，这可能会妨碍古代中国文明符号推理和形式推理的进一步发展。"②

理性主义的线性思维推动西方思想家、哲学家和早期科学家根据因果关系和客观类别来观察和描绘现实。清楚的例证见诸笛卡尔的"思维之物"（res cogitans）和"广延之物"（res extensa）的二分法：前者和思维的主体相关，是活生生的，有生命力，有认知力；后者是存在物，是静态的、惰性的。

中国人并不是对技术革新漠不关心：实际上，中国人用火药和指南针（别忘了印刷术和造纸术）比西方人早得多：中国科技在远古东亚领先，发明了印刷术、指南针、火药、瓷器、造纸术和丝绸。而且，中国的技术比欧亚大陆西部的更先进，直到公元 1400 年（Diamond, 1999）。桑普森（Sampson, 2015）统计，1903 年之前，全世界一半的图书是用中文写成出版的。汉语图书的爆发性增长可能是因为他们公元 600 年前后发明的雕版

---

① 李洁红（2005），《语言、文化与科技发展》。

② 王应许（音译）（2013），《中国语言的认知语言学》（*Cognitive Linguistic Perspectives on the Chinese Language*, New Mathematics and Natural Computation, p.255）。

印刷和公元 1040 年左右发明的木活字印刷，他们的活字印刷比德国谷登堡 1439 年发明的机器印刷早得多。

然而，中国人这些发明镌刻进了一种独特的世界观，他们看重平衡与和谐，将其置于进化和征服之上。亚洲文化受道教、儒学和佛教的影响，重视对立双方的平衡和共存，并把人类共生的内在性镌刻进现实里。再者，中国人养成了有趣的"宇宙"观，将宇宙界定为一个综合的实体。实际上，"宇宙"在中文中的字面意思是"空间 – 时间"。这告诉我们，传统中国文化和西方文化不同（至少从早期近代开始），中国人总是把空间和时间这两个维度合在一起看，虽然有一点不科学，却接近于现代科学形成的观念。

三、文本和语境

如果不囿于用文本去解码文本，读者就能独立于语境。字母表文化让文本优先，语境居其次；相反，语标文字以语境为主导。这一原理在当前社会心理和个人心理的研究中得到证明。海耶·佩伊也做了相关的观察：

> 西方人偏向于注意类别，东方人更可能关注语境里的关系——这样的判断有失之过简，却可能会产生一些重要的影响，有助于理解思维的性质和思维过程，有助于理解各种文化用以认识世界的认知工具。总体上，这些研究发现使人进一步认识自我和思维活动，有助于理解西方人和东方人信仰体系。[①]

因此，佩伊证明了语标文字的文本相对性的运行机制，说明它如何促成了中国读者的阅读倾向，并以此类推了中国人将语境（对总体情景及其

---

① 海耶·佩伊，《心灵、认知、文化隐形驱力的文字效应》。

潜在影响的感知）优先于文本（首先吸引人的显著外形）的倾向。她的研究成果大大增加了我们更好判断东西方认知现状的机会。同样有趣的是，佩伊还区分注意力对前景和背景的不同，这样的观察把我们带回她的格式塔研究方法：

> 社会心理学研究了东方人和西方人注意力和感知模式的差异。主要的发现集中在重大的差异上，东西方文化成员对场景里前景和背景的注意力大不相同。东方人倾向于用整体方式去关注依赖语境的信息，西方人可能会倾向用分析方式去关注独立于语境的信息。[①]

从另一个角度看，佩伊揭示了诸如此类的偏向将如何影响人的判断：东亚人观察现在的情况如何影响个人，而西方人则把功过完全归于主要的行为者。她接着说：

> 东亚人往往更注重语境，这还见于他们的概念性任务（conceptual tasks）中。中国人和其他东亚人更可能将个人行为归因于情境条件，美国人则往往把个人行为归因于其性向特征，而不是不可控制的情景因素。[②]

至于交谈方式，佩伊就文化态度做了一番比较，也就是本章开头引语里她所做的总体的比较，她把这两种文化说话方式的差异表达得更加鲜明了：

> 操英语的人（以及说的德语、荷兰语、挪威语和丹麦语的人）倾向于以直接和线性的方式交流，不会很委婉。相比而言，亚洲人会绕

---

① 海耶·佩伊，《心灵、认知、文化隐形驱力的文字效应》。

② 同上。

弯子避免直接表述，把各种视角考虑进去。[①]

这种东西方的文化差异，我们几乎可以将其界定为文本社会（societies of the text）和语境社会（societies of the context）的差异。

四、个人主义与社群关系

几种关键的结果取决于读者与文本是否完全分离。第一的结果上文业已提及，那就是主客分殊，人的主体性和世界客观性的分别。如果我们接受雅克·拉康（Jacques Lacan）心理分析的著名镜像状态（state du miroi）理论[②]，自我的感觉就从那时开始了。所谓"镜像时刻"（mirror moment）当是儿童意识到，他镜前的每一个动作都与本体感觉动作同步，这一感觉与背景里的动作不同，但稽留下来。原则上，每一种智慧生物包括一些非人的动物都能够认知自我与世界的不同。但那未必意味着彻底的断裂、距离的拉开和持续性的消解。唯有字母表文化完成了极端的断裂，其体会是：自我的感觉是现实的一部分，世界的感觉是现实的另一部分。

也许，字母表文化最重要的外形是私密心灵（private mind）的本体认识论状况。苏珊娜·里佐和格雷格·梅莱伊什撰文探索西方思想随字母表出现的源头，他们认为：

"字母表书写的出现和采纳与分析思维和自我意识的兴起似有不可否认的关联性。语言与思维的关系难以确认，但似乎可以说，意识和言语是思维的基本属性。这一事实使我们谨慎地提出，语言结构可能生成语义世

---

① 海耶·佩伊，《心灵、认知、文化隐形驱力的文字效应》。

② 雅克·拉康（1949），《镜子阶段作为"我"的功能之构成者》（*Le Stade du miroir comme formateur de la fonction du Je : telle qu'elle nous est révélée dans l'expérience psychanalytique*, Presses universitaires de France）。

界，语义世界照亮道路，有意识的"自我"借以确定其与其余外部世界的关系。"（Rizzo and Melleuish, 2021, p.38）

大体上和上文一致，如海耶·佩伊断言，主客问题归根结底是集体主义对个人主义的问题：

集体主义社会的特点是群体粘合、相互依存、中庸、自制、群体身份先于自我。集体主义的人们协力营造全体和谐、意见一致的场景，谋求群体福利先于个人福利。群体被视为超级有机体，集体主义者强调全体的粘合与和谐，提出共同价值，表现出内群体取向。相比而言，个人主义社会成员的取向围绕自决、自我表达、自由和独立（Hofstede, 1980）。表 1 展示了集体主义文化和个人主义文化的特征：

表1　集体主义文化和个人主义文化的特征

维度	集体主义	个人主义
身份	"我们"身份	"我"身份
控制	关系的	独立的
目标	集体目标	自我目标
存在感	归属感	独立感
偏好	共识	自由
重点	与他人和谐	竞争意识
追求	和谐	独特性
社会关系	层级关系	横向关系
实现	群体目标	个人需求与欲望
社会交流	委婉	率直
工作	在群内工作	独自工作

这个表格参照霍夫斯泰德（Hofstede，1980）以及霍夫斯泰德等人（2010）的表格整理，对集体主义文化和个人主义文化的特征做了小结。

霍夫斯泰德的研究拓展并归纳了意识原理，但它们都与本书作者主张的因果背景有共通之处。我们认为，那是阅读语标文字造成的偏向。

第四节　隐私问题

一开始就应该明确指出，以下这段文字不研究语言与思维之间关系的问题，而仅仅是探索一个分离自我（separate selfhood）中书写、思维和意识间可能的关系的问题。一切书写系统包括字母表系统和语标文字系统都容许个人拥有其内容并将其储存在记忆里供自己使用。然而，字母表所提供的机会却比这一功能高得多。为什么？因为阅读的一个简单事实是，它不是内化思想、图像或概念，而是内化声音和语言表征的意义。用语言本身思维和用思想或图像思维是大不相同的。用语言思维时，想象的复杂性被分解为语词和概念单元（更不用说将内容写下来并重新思考，以增强思考的效果了），许多创新的机会由此而生。起初，字母表文化仅仅是口语表达和记住说话内容的辅助手段而已。

在古希腊和古埃及一样，书写是抄书人的任务。它们为有权势的人物服务，而有权势的人物并不会读写。彼时，一切文本都是朗读出声；潜隐的事实是，字母表起初是记忆手段，仅仅用于辅助口语和人际交流的主导地位。也许，最初的抄书人不觉得有必要与他人分享文本的意义，甚至在机印复制手抄本得到传播、人们开始默念其内容的情况下，他们也不觉得有必要或必须与他人分享文本的意义。默念把曾为公共活动的朗读变成私密的行为。实际上，压住阅读的声音是可以确保的，因为阅读的内容只为个人所用。如此，默念把曾经的说话转化为高度特化的思维。

默念在书面文化条件下司空见惯之后，文本作为辅助记忆、提醒说话人说什么的性质就变成了言语思维（verbal thought）的工具，文本就脱离了人际交流的直接语境。这就开启了内化语言、构建强烈内在性（interiority）、控制语言的趋势，这个趋势早就是字母表书写序列的特征了。反过来，言语被内化并被有思想的人控制后，人们就能把思维与说话分离开来，他们就能说出自己未必相信的东西。我们要记住，古希腊戏剧里演员被称为"upocritos"（在掩盖下判断的人）。在什么的掩盖下呢？起初是在演员身份的面具掩盖下，演员向剧场里约一万五千观众大声说话。后来在"低声说话"掩盖下，人就成了伪君子，成了日常生活中说一套想一套的人。

新习得的内在性最终自我封闭，成为所谓的"隐私"。在欧洲宗教战争前的二百年里、在文艺复兴时期的宗教裁判和酷刑里，拥有隐私是不被允许的。在书写时，提取记忆是私密的、与他人无关，所提取的只是主体个人的记忆。文本的提取也许更常见，但把文本转化为思想和意象则完全是私密的（与流行的和学界的观点相反，我们的报纸不是"大众媒介"，其原因就在这里）。

当然毫无疑问，默念在中国是常态，比西方人得到默念的机会要早得多。一个原因是，朗读语标文字比拼音文字难得多、慢得多，会意字传达概念和思想比拼音文字快得多。这句话意味着，中国人获取隐私比西方人早得多，但他们并不认为隐私重要，以至于长期没有专用词来表达这一概念，直到最近。由此可见，隐私无论如何不是东西方文化的界定性特征。中国人用默念比西方人早得多，因为语标文字先处理思维，然后才被转化为言语。然而，因为语境约束原理总是很活跃，妨碍中国读者与世界完全分离，所以社会并不考虑隐私，遑论语言。

尽管这样说，在超文本条件下思考问题还是意味着要提取每个人的记忆，并直接与网上的人类的知识资本分享这些记忆。这使我们来到对数字化转型主要外形的讨论。

第五节　东西方数字化转型的主要外形

有关数字孪生城市甚至孪生国家的思考使我们认识到，数字化转型正在成为文化的基础。但尚无证据显示，中国人对个人数字孪生体的概念感兴趣。数字化转型倾向于消除隐私而不是个人身份，因压制或削减个人的自主性，它正在加强对人的控制。

然而，把迄今为止既定的社会协议变成正式规范实际上就是正在走向数据统治。再者，中国的社交媒体平台允许亲友邻里分享和发布对他人的意见和评价。这样的发展势头似乎相当于审查的重大变化：从西方罪感社会的自我审查走向被他人审查。有人提议，在人口将近 15 亿、警察不足以控制每个人行为的国家，可尝试实施所谓的"自我监察的国家"（self-police state）。由于数据分析的日益先进，我们正走在渗透个人思想动机的道路上，可能会看见令奥威尔沮丧的"思想警察"，且未必是特定政府力量强制实施的控制。和一切政治体制里的情况一样，问题是如何有效地反制或防止人对体制的滥用。在一个充分透明的社会里，达成这样的目标是有可能的。

数字化转型迅速征服文明，无情地扰乱了以前的大多数规范。比如，它即将用"数据统治"替代民主和官僚主义，因为数据统治更快、更高效、可追溯、可追责，能借用立即可提取的格式储存。而且，数据统治还进入了使用者头脑中最私密的部分，邀请他们把记忆、判断、决策等私密功能交给数据统治来照料。难怪，当代是混沌、混乱和不确定性的时代；当前大流行病的极端不确定性更是雪上加霜；对危险程度、治疗有效性、国家控制疫情的了解都来得太晚，很多人致死致残。大流行病、接着的信息流行病、欧洲战事再起都是数字化转型祸乱的隐喻；数字化转型正在破坏此前的世界文化，给西方造成损失，因为它的运行模式与字母表文化直接相撞。

根据这一背景飞快产生的变化，在西方个人的层次上是数字孪生观念的出现，在社群层次上是中国实施的社会信用体系 [①] 的出现。要补充的是：西方文化与之对应的社会控制方式是"监控资本主义"，在美国尤其如此。我们将在最后一章的结语里探讨这个问题。

---

① 在最后一章里我们将看到，西方有许多有关中国社会信用体系的谬论或不准确言论。围绕这个体系的迷思会引起有些人的注意，但我们有意将其用作一个大的场域，与个人数字孪生体进行比较。

第十章　数字化转型在东方和西方的影响

这 0 和 1 的算数含有古代国王和哲学家伏羲神秘的卦象。据信他生活在 4,000 多年前，中国人相信他是帝国的缔造者、科学的始祖。有一些卦象归功于他的发明，所有的卦象都可以回溯到这一算数式。[①]——戈特弗里德·莱布尼茨

1679 年，莱布尼茨发表论文，公布他发明的二进制代码。24 年后，驻北京的一位耶稣会士寄给他几张中国的卦象图。于是他发表第二篇论文，把他发明的二进制归功于中国人。

[①] 莱布尼茨（Leibniz G. W., 1703），《二进制算术的解释，只用 0 和 1 两个数，加上其实用性的评价，使我们窥见中国古人伏羲》（*Explanation of binary arithmetic, which uses only the characters 0 and 1, with some remarks on its usefulness, and on the light it throws on the ancient Chinese figures of Fuxi*, Die mathematische schriften von Gottfried Wilhelm Leibniz, vol. VII, C. I. Gerhardt <ed>, pp 223-227）。

第一节　数字化转型的中国源头

因此，数字化转型起源于中国非常古老的数学观念，由一位德国哲学家捡了起来，并经过了一些西方科学家连续的加工：乔治·布尔（George Boole）开发了逻辑运算；克劳德·香农（Claude Shannon）应用布尔的逻辑运算，将二进制转化为电话交换分类法。这才是数字化转型真正的开端，但二进制从远古起就是中国文化的 DNA。二进制是《易经》的基础，《易经》是著名的智慧和占卜之书，许多东方人和西方人至今仍将其用于解决复杂难题。莱布尼茨继续研究并宣示，早在孔子之前，《易经》就已成书并已被用于实践。据说，它成书于公元前 1300 年，六百年后被孔子采纳。《易经》常被翻译为"变易之书"，这很能说明，中国人或西方人能从不同的角度应用它，不同的世界观都能从这个二进制演绎出来。

一、《易经》是二进制代码系统

为了理解《易经》里蕴含的"布尔"逻辑，看看它如何运行会有所帮助。占卜有不同的办法。西方常用的一个办法是掷三枚硬币。你先问一个有关你处境的问题。为占卜答案，你需要掷六次，以求六种卦象。或为"弱"卦，如两个正面和一个反面，或为"强"卦，如三个正面或三个反面。这就是"布尔"逻辑，即或此或彼，或两者皆可的内涵。掷六次所得是六种重卦，由两个单卦叠加构成一个重卦。得到六种卦象后，你找到卦名查书（除非你烂熟于胸，占卜老手才能办到）。还有一些占卜法，此处不赘。

卦象所含的讯息，以及后续的卦象如何修正这一讯息，都含有部分答案——就像 20 世纪 60 年代发明的许多令人兴奋的"横向思维"（lateral thinking）法一样。那时的发明有：咒语冥想、德波诺（De Bono）的思维训练、麦克卢汉的"纸牌戏"。还有几种相关的做法提供了更多的信息，但这里没必要全部罗列了。

《易经》早在 20 世纪 60 年代就在西方与各种"横向思维"法齐名。此前很久，卡尔·荣格就在运用《易经》。他为英文版《易经》作序，承认在会见《易经》译者理查德·威廉（Richard Wilhelm）之前三十年，他就已经在用《易经》占卜，有志于用《易经》探索无意识。他写道："三十多年前，我就有志于研究《易经》的占卜术，即探索无意识的方法，因为它似乎具有非凡的意义。20 世纪 20 年代会见威廉前，我已经相当熟悉《易经》。威廉确认了我之所知，教会我更多的东西。"（理查德·威廉译《易经》序）

当然，线性思维（linear-minded）的人比如伏尔泰（Voltaire）倾向于轻视莱布尼茨及其方法，他们将莱布尼茨与占星术联系，说他"迷信"。如果查阅《易经》就像信赖你的星座一样肤浅，他们的批评可能有道理。你可以阅读报纸上一段属于你星座的文字，但那是同时适合上千人情况的。你如何将其视为仅属于自己的内容呢？就像你将卦象与你关注的语境联系起来一样。以"超文本"的方式，你的脑子从一个链接飞快跳接另一个链接，很快就做出一个符合你想象的预测。这样的运行会使《易经》失效吗？根本不会。那不过是指出不一样的认识论策略，人人都能用，只不过中国人提炼的方法更加精致罢了。

二、《易经》体现的中国世界观原理

中国人能在《易经》里发现自己的认识论态度，研究他们的认识论时，《易经》的价值是：它融合了基本的语境原理（表现为自己的处境）、互补性（阴爻和阳爻互逆的强弱卦象发现更多信息）、类比（卦象）和关系，其意义是建构一座桥梁，把你的处境和实时的情况连接起来，去回答你关切的事。《易经》不仅适合而且表征着一个始终如一的操作系统，它可以解读现实，将其视为实时的经验，而不仅是一个观念系统。几千年来，《易经》一直被用来评估使用者的处境或其期望与实时的环境条件间的关系。如果说语标文字一开始就是中国的操作系统，《易经》就是其首要的、分布最广泛的应用程序。

第二节　数字化转型在东方和西方的冲击

本书多半讲个人数字孪生体，这是西方数字化转型的典型外形。即将结尾之际，将其与中国的社会信用体系做一番比较，大有裨益。两者互补，中国的社会信用体系是阳，西方的个人数字孪生体是阴[①]。如果说在数字化转型的浪潮中，数字孪生的趋势凸显了它的个性化冲击，那么，社会信用体系建设优先的取向就是社会维度和政体的福祉。这样的选择自然与西方观念的本质和公民自由的保证相抵牾。然而，这两种选择都是对数字化转型合乎逻辑的回应。

一、西方操作系统的新原理

我们在第二章看到，向"孪生"机器发展的驱力是西方数字化转型的

---

① 数字化转型在中国的解读和应用符合中国文字形式的原理。政府提出的社会信用体系建设倡议反映了用社会控制以求社会和谐的方法论。很重要的是指出，西方对这个社会建设工程有误解，本章稍后将进一步探讨这个问题。

指导原则。审视个人数字孪生体时，有必要解释并拓展这一观念。与西格弗里德·吉迪恩[①]和安德烈·勒罗伊-谷兰[②]（André Leroy-Gourhan）一道，麦克卢汉率先指出，技术是人的延伸。他指出，轮子是腿脚的延伸，刀叉是牙齿的延伸，各种工具是手的延伸。同理，我们可以说，言语、文字、电子媒介、数字网络和一切传播媒介是人脑的延伸。于是我们就看到了一条原理，外化（externalization），即人的属性业已延伸的外化原理，这也是数字化转型的主要部分。

1. 外化机制

人工智能和智能手机之类的其他数字技术的趋势是外化人的认知功能。这是个人数字孪生体产业快速发展的结果，一种现象是我们所谓的认知特征的逆转，其取向是从内向外转化。人的身心都被强化，却是在人体的肌肤之外。感知的延伸，人体在机器人身上或是以替身形式在虚拟现实中的映射（元宇宙里还有新的可能性比如虚拟的消失或飞行），心灵的增强与网络认知环境的共生——所有这一切都是心智功能和远程操作总体外化时不可分割的一部分。在许多基于人工智能技术的认知效应里，我们已看到一个通用的常规：把自己的官能托付给机器的人越多，操控自己官能的人就越少。随着算法和机器人逐渐代替我们决策，我们自由意志的问题又回归幕前了。我们的认知能力逐渐撤离我们的意识场域，甚至撤离我们的肉体，正是这一问题。简言之，在过去的四十年里，信息处理从页面向屏幕（首先是电视机，接着是个人电脑，如今是智能手机）迁移，激起了大多数认知能力的外化，起初是记忆功能被托付给记录设备。已故的法国哲学家贝

① 西格弗里德·吉迪恩（Sigried Giedion），瑞士建筑史学家，在几所美国著名大学执教，著有《空间、时间和建筑》《机械化挂帅》《艺术的滥觞》《永恒的现在》等，对麦克卢汉产生了重大影响。

② 安德烈·勒罗伊-谷兰（1964），《手势和言语》（Le geste et la parole, trans. Gesture and Speech, 1993 MIT Press, https://www.are.na/block/10983870）。

尔纳·斯蒂格勒（Bernard Stiegler）做了这样的诠释：

> 互联网和数字技术到来以后，我们的记忆正在从我们脑子里溜走，我们把记忆的事项（如电话号码、地址、拼写规则和心算）托付给指尖上的机器了。[①]

从现在起，要记住事实时，我们会转向机器，比如将"记忆"用照片储存在手机中。要想验证我们内在记忆的遗失，只需用一秒钟浏览一下智能手机储存的照片就够了。你仿佛重新经历它们，这令你吃惊，你完全忘记了它们，要靠手机才能回忆起来这件事同样令你吃惊。当然，总有一天它们会丢失，或者被人偷走。我们患间歇性失忆症，记忆的内容被清空，因此我们要依赖比我们"聪明"的系统，要让它们替代我们思考，从而替代我们判断。

法国卡昂西塞龙成像平台主任、神经心理学家弗朗西斯·尤斯塔什（Francis Eustache）证明，如果卸载智能手机上的长期记忆和短期记忆的应用程序，人就被剥夺了认真思考更重要事情的机会。他说："机器使大脑皮层从某些重复性任务中解放出来，也许值得庆贺，但不难看到的是，当大脑的多半信息被托付给技术设备时，内外记忆的微妙平衡就可能被颠覆了。这必然会影响我们的认知储备，也就是说，每个人必须终生建设的知识和技能就被瓦解了。"[②]

[①] 转引自泰思达－瓦扬（Testard-Vaillant, 2017），《数字设备在劫走我们的记忆吗？》（*Are digital devices robbing our memories*, CNRS News, https://news.cnrs.fr/articles/are-digital-devices-robbing-our-memories）。

[②] 安德森和雷尼（J. Anderson and L. Rainie, 2018），《人工智能和人的未来》（*Articifial Intelligence and the Future of Humans, Pt 1 Concerns about human agency, evolution, and survival*, Pew Research Centre, Internet and Technology https://www.pewresearch.org/internet/2018/12/10/concerns-about-human-agency-evolution-and-survival/）。

我们的记忆被放进了智能手机，我们的判断推理委托人工智能，连我们的想象力和创造力都要受自动设计、绘图、绘画、文字（诗歌和标准书信、新闻等）支撑。我们甚至把心理发展外包出去，让我们的记忆分散在各种数据库里；此间，我们在清空自己的知识和认知策略，那可是我们心灵深处千百年来耐心积累和提炼的宝贝呀。当个人数字孪生体获得足够的自主性替代我们决策时，我们的"自我"（ego）的外化就隐约出现了。

正如第七章的探索所示，我们的"自我"是我们选择和决策的源头，指挥着它们的执行情况。现在的情况是，虽然我们不得不去外化的内容中寻找之前储存的事实和算法做出的决定，但我们的认知生活越来越多地是在数字领域里进行的。不久就可能发生这样的情况：越来越多精密的数字助理、我们的技术孪生体替代我们做决定，用高性能数据分析的优势取代我们的自由意志，数据分析会为我们解释我们的需求。这一切变革的结果是，虚拟生活将我们从生物基础上连根拔起，我们将越来越少地关注我们的生物基础。技术孪生体不是单纯的孪生体，而是我们的第二自我，不限于在物理世界里运行我们的身体。这个第二自我将被授权去存取、记录和分析我们的行为，不仅如此，它还要把我们的行为与一切网上可得的东西关联起来。如果我们的大多数决定因此暂移到了共生自主系统中，我们的决策中心也会迁移到数字孪生体里去了。

麻省理工学院集体学习研究组主任塞萨尔·伊达尔戈（César Hidalgo）最近的一种说法饶有趣味。他说，我们的数字孪生体终将代表我们去投票。

自我运行的外化会使字母表文化的效应逆转，它鼓励读者内化人的经验。我们在上文业已指出字母表文化使言语内化，使之失声。隐私在西方早就被视为理所当然，如今却不再是这样的了。隐私的失去是最强烈的信号，说明我们同时正在失去理智，或者更准确地说，我们正在失去个人对心灵的控制。而个人数字孪生体的工商业开发无疑会使人获益，而且已成为技术驱动力的支柱，早就没有回头路了。最紧迫的问题之一是，共生自主系统需要考虑这个认识论变革。人们没有注意到，他们正在被清空心理内容和策略，因为他们一味埋头苦干，抱着一种幻觉：除了技术能力增加外，人性尤其自己的人性仍一如既往，没有改变。

然而事实是，"人性"过去变过，且一直在变。西方文化处在转型期，人们却对其认识不足，在个体层次上罕有人承认这一点：人们习惯于培养和发展内在的和私密的经验，他们感觉、想象和认为那是内在私密的经验，却没有意识到自此以后，诸如此类的心理能力都有了人工智能的辅助。西方人仍然认为，心理活动是内在记忆、智能和判断的专属特性。不过，他们并没有从内部开发这些心理活动，而是把自己的身份投射到（或让其走向）互联网了。比如，我们数字孪生体的演化终将成为标准的模态，人与互联网及其内容和程序终将形成相互协商的关系，互联网受惠于顶级的搜索和提取信息的工具，并且在处理共生自主系统和总体环境中扮演主导的角色——难道这不是可以想象的吗？假如这样的共生关系在未来的三十年里得到完善，人还能从感性上抵制从这样的能力获益吗——遑论政治上或情感上抵制吗？

另一方面，由于个人数字孪生体的完善，由于脑机接口技术的改进，个人数字孪生体可能实现与人体的重新整合。如此，个体的心理不仅会得到解放，而且其过激的表现会得到缓和，个体心理及其多种资源就会插入由互联网及其各种延伸所表现出的丰饶知识和经验。

2. 自启动机制

贝尔纳·斯蒂格勒提出器官学（organology）的概念，研究技术如何延伸人体器官。他用"外化"一词来分析认知技术（cognitive technologies）如何外化心理和感知生活的过程和内容。这一趋势绝对不是局限于西方技术的。所有的人类文化，以及其他哺乳类的外化都用不同的表现方式来外化其需求和意向。不过，西方的倾向是把驱力推向新水平，首先是将工具与人体分离，然后又引入一条新的原理比如自启动机制来生成机器人的程序。有多种或多类的机器人，简单的机器人受人控制，复杂的机器人则引向自启动机制（autonomation）。这是另一条原理，它也许是今天技术驱力（technological drive）的指导原则。自启动机制添加了活化机制（animation），使惰性物质活化，赋予机器不同程度的自主性。个人数字孪生体肯定正走向认知活动的自启动；常态情况下，自启动机制源于物理的人，但数字孪生体肯定要接过这样的自启动机制。

今天，外化机制和自启动机制由人工智能和机器学习引领，这两种认知模拟（cognitive simulations）依靠数据和算法去累积和关联参数。东方和西方在这个方向上的竞争维持着一个辨证模式，这个模式源于埃隆·马斯克的生成式预训练系统（Generative Pre-trained Transformer, GPT）和中国的悟道系统；这两个系统都在整合数以十万亿计的参数。上面提到的不是为了说自启动机制仅限于西方，绝非如此，它适用于任何人，是典型的线性操作系统，为的是人的福祉。

二、东方操作系统原理

相比而言，东方数字化转型直接利用互补、语境和社群的原则，这是中国操作系统的重点。因此，对中国人而言，数字化转型更像是"平常事"。给人人贴标签是公认的常规，是千百年来的惯例。"社会信用体系"被外人肆意夸大和误读，但事实是，无论它只用于私营企业的管理还是推广到所有的公民，那都是数字化转型在一种文化里一以贯之的应用，这一文化浸淫在四千年之久的社群里，而不是浸淫在对个人主义强烈的追求中。这仅仅是一个使国家自动式运行的问题。人们和企业都受制于持续、自动的监测，留下相应的守信和失信的记录。相比而言，西方对机器、人和元宇宙空间孪生的兴趣更大程度上是机器文明个人主义解读的反映。但这种选择并没有妨碍这样一个事实：西方的大多数决策不仅是机器做出的，而且是机器执行的。庞大人口需要有社会控制的逻辑，这一逻辑盛行于中国；但面对上文提及的危险时，这个逻辑最终还是会在西方落脚的，还是会需要有个人意志和自由的牺牲。了解在此之前可能会出现的局面有助于我们准备好应对之策。

我们预计，社会信用最终会成为"个人"信用。这就是说，社会信用也归之于个人或公司，用社会之名，为社会谋利。此外，个人信用在西方也不是新观念，绝不是的。肖珊娜·祖博夫将其命名为"监控资本主义"[①]。银行、贷款机构、企业、人力资源部门、保险公司等机构其实也都公开给私人客户、潜在雇员和投诉人评"信用等级"。在秘密评级的另一端，维基解密和爱德华·斯诺登这样的吹哨人揭露，西方政府也以安全为名监视和评判自己的公民。西方的监控资本主义和中国的社会信用体系都显示了通向未来的道路，根据自己的文化背景；首要原因并不是政治操弄，主要是因为社会肌体包括治人者和治于人者都被数字化转型渗透和转变了，数字化转型将成为新的统御技术。

第三节　什么是中国的社会信用体系

如其含义所示，社会信用体系（SCS）是赋予或剥夺公司或个人信用的一种方式，根据是其已经或可能产生的对社会的正反影响。该体系反映的是，中国人的伦理是社群利益优先而不是个人利益优先。其中的信用类似于西方的普遍做法：评估个人或企业可能给贷款或招聘机构带来的风险或利益。

[①] 肖珊娜·祖博夫（Shoshana Zuboff），《监控资本主义》（*The Age of Surveillance Capitalism: The Fight for a Human Future at the New Frontier of Power, Public Affairs*, 2019）。

一、官方的建设工程

这是中国政府启动的建设工程，已在建设企业、市场的信赖和诚信。现摘录政府文件《关于推进社会信用体系建设高质量发展 促进形成新发展格局的意见》（以下简称《意见》）中的一段话：

> 加强诚信文化建设。大力弘扬社会主义核心价值观，推动形成崇尚诚信、践行诚信的良好风尚。引导行业协会商会加强诚信自律，支持新闻媒体开展诚信宣传和舆论监督，鼓励社会公众积极参与诚信建设活动。深化互联网诚信建设。依法推进个人诚信建设，着力开展青少年、企业家以及专业服务机构与中介服务机构从业人员、婚姻登记当事人等群体诚信教育，加强定向医学生、师范生等就业履约管理。强化信用学科建设和人才培养。

注意到《意见》对诚信的强调，我们可以说，它是一条原则，反映了数字化转型在中国的影响。说到它的基本涵义时，德鲁·唐纳利（Drew Donnelly）就社会信用体系对中国人的真实含义做了这样的解读：

> "社会信用体系"没有精确的含义——更准确地说，它是有意宽泛和模糊的字眼，以求最大限度的政策弹性。植入一个规制的框架"中国社会信用体系"（亦名中国排名系统）时，其所指是一些多样的倡议，旨在增强中国社会的"信赖"度。"中国社会信用体系"尚在发展之中，可以说它是现存社会排名和评级体系的延伸，而这是已延续数千年之

久的社会体系。[①]

二、历史背景

　　稍后我们将介绍，由于西方对中国社会信用体系不太了解，一般对其的观点是负面的，因此有必要明确指出，社会信用的属性是悠久中国文化产生的合乎逻辑的结果并能为这个文化未来的发展做出贡献。我们将看到，数字化转型在中国经受和风细雨的洗礼，比它在西方命运好。一个原因是，数千年来，天平更倾向于社会价值，而不是个人价值。目前政府的政策——社会信用政策、防疫政策、缩小贫富差距的政策，并不是共产主义激发的独特意识形态的措施，而是悠久文化价值的效应。实际上，粗略看一眼儒家思想就能明白这样的论断。孔子主张人性的"整体"观，个人的福祉与德性相关、与社会总体的正常运行相关。

　　同一时期，墨家之首的墨子主张兼相爱和交相利。

　　荷兰学者罗杰·克里默斯（Rogier Creemers）指出："在中国，道德和治理一直是密切相关的。现在的社会信用体系只不过是家长式管理的调整，旨在适应 21 世纪的市场经济。"

　　紧随孔子和墨子而起的是法家。为支持社会秩序，法家支持自上而下的严格法治。这样看来，古希腊和古代中国的社会管理演化并非大不相同，古希腊也有一连串的法律革新：从德拉古法（Draco）（令人畏惧的德拉古法）和莱克格斯（Lycurgus）（大约于孔子同时代）到梭伦（Solon）和克里斯汀尼（公元前 5 世纪中叶）。然而在这里，我们也可以追溯到东西方的不同：希腊 – 罗马帝国制定的是形式法，字母表发明之后不久就完成，比中

---

① 德鲁·唐纳利（Drew Donnelly, 2022），《中国社会信用体系：如何运行》（*An Introduction to the China Social Credit System In China Social Credit System Explained – What is it & How Does it Work?*）。

国早得多。而且，从一开始，西方的形式法就建立在个人基础上，而不是社群基础上。

法家最后占了上风，但儒、墨、法三家对第一个帝国"秦"都产生了影响。自此开启了举贤荐能的制度，借以评估和提拔官员。目的是使国家运转良好。克里默斯（Rogier Creemers）评论道："这大概是现今社会信用体系的雏形，不过那是只用于文职官员的，并没有精准的'评分'考核。"

三、社会信用体系如何运行

社会信用的观念并不限于中国。今天就有这样运行的行政区，比如在新加坡和韩国，其信息的数据分析充分而全面，分析采自社交媒体、手机、人脸识别摄像头等源头的数据。这样的分析为政府的政策和决策提供了依据，借以证明有关个人教育、住房和医疗服务的评价、定向、定位是合理的。这样的做法却使安全问题被放大，当地缘政治和地方安全情况构成更大的威胁时，数据分析甚至被更频繁地援用了。

同时，今天的系统计算个人的积分，借以决定其权利和限制，比如积分低的人不准坐高铁，不准乘坐某些航班。截至 2019 年 6 月底，中国已有累计 2,682 万人次因失信被限制购买飞机票，596 万人次因失信被限制购买动车高铁票。

罚款的缘由逐渐增多，核实公民行为的情况也增多了。对年迈父母的照料不够多、横穿马路、遛狗不系绳、非吸烟区吸烟、网络电游欺骗，诸如此类受处罚的行为越来越多了。对不严重行为的惩罚常引起疑虑，使人对其合理性、罚款比例，以及更一般化的惩罚产生了怀疑，所以司法系统回应称，个人和公司可以上诉。

四、惩罚："罪有应得"

社会信用低分的后果（上"黑名单"）可能会使人非常不快，影响其旅行、就业、金融服务、签署合同等，相反，正信用（"红名单"）会使生活容易得多。

我们来看看与社会信用体系相关的禁令惩罚的数字。

根据 2019 年的旅行限制，6 月底有 2,682 万人上黑名单了，不准乘飞机，他们在中国国家公共信用信息中心的信用得分低。至于上学，父母上黑名单或信用得低分可能会妨碍子女上某些大学或中学。2019 年，一个学生由于父亲欠债不还，无法就读高收费私立学校。

总体上，最严重的后果是就业，因为向公司开放的数据库能决定谁适合某一岗位，甚至能决定公务员考试的资格，社会信用分数高的人才能被雇佣。上黑名单的企业的经营尤其会被加重审查。

然而，在中国语境下，最严重的惩罚是对公司的公开羞辱。米尔贾姆·迈斯纳（Mirjam Meissner）做了这样的小结：

第一，中国的公司受更严密的监察，被要求更频繁地提供详细数据。第二，中国的体制更着重公开羞辱——如果你的公司上了黑名单，政府要确保人人皆知。第三，制度越来越依靠不成比例的制裁。一个领域的一个小错可能会导致宽泛的惩罚，可能会对公司的业务机会造成重大的影响。①

五、点名批评："合乎文化的惩罚"

在这些案例中，监管者鼓励"点名批评"上了黑名单的部分个人和公司，阻止他们兴旺发达，这和西方实施的制裁不同，但和上一章开头列

---

① 西方有人说"名誉资本"（reputation capital），说明它完完全全与社会或金融资源有关系。

举东西方差异一致。一个清楚的理念是，东西方人之间最大的意见分歧是"丢脸"。在中国丢脸是很严重的事情，那是公开的折磨，社交媒体使之雪上加霜。公开批评在西方并不常见，但社交媒体和严重的假新闻攻击也经常会中伤甚至摧毁一个人的名誉。用人类学的话说，丢脸是羞耻文化（shame culture）范畴的重要成分。自埃米尔·涂尔干（Emile Durkheim）以来，人类学家把这一重大差异纳入"羞耻"文化和"罪感"文化（guilt culture）的范畴，今天的社会政治环境中也出现了这样的范畴。在西方，在字母表文化和基督教的双重影响下，个人的第一责任是对自己的责任。东西方的差异容易理解，它取决于责任是在于个人还是在于社会，上一章已有说明。西方有一切取决于个人责任的优先取向。基督教世界倡导的是人格化神（又一个字母表文化背景的外形），在此，个人首先为自己负责，然后才对他人负责。常见的准则"爱邻居如爱自己"把自己与他人至于一句话之内，不过对自己负责被放在对他人负责之前。数字化转型和持续的人为环境灾难合起来如何重塑东西方道德的优先事项——看看这样的趋势是饶有趣味的。

因此在中国，公开羞辱不良行为是有道理的，因为养育中国文化的基础是为他人服务。如上所述，在中国，不仅道德的核心与"心–灵"（heart–mind）观念绑定，而且中国文化不强调罪感。引导其行为的是对他人的责任。

在西方，印刷机加速的字母表效应激发了文艺复兴。从口语和社群主导的宗教向个人主义的、人文的社会政治秩序的过渡是痛苦的转变过程，文艺复兴见证了"何为人"无情的重新定义。从"羞耻"到"罪感"的过渡中，西方社会个人责任的对象从"他人"过渡到"自己"。人们越来越多地暴露在自动电子系统的持续监控中，在有些国家里，人的行为还受到算法的控制，责任正在从自己转向几乎是自组织的整个社会秩序，包括最终或许被放在优先地位的环境保护。

六、认可与疑虑

对社会信用体系表示认可的人认为其：

（1）促进善行；

（2）奖励德行，惩罚腐败；

（3）可能使中国成为更好的安居乐业之地；

（4）可能增进公民对社会的正效应；

（5）让个人和公司对自己的行为负责；

对社会信用体系亦有疑虑的人认为：

（1）视频监控和社交媒体监控被认为是侵犯隐私；

（2）个人和公司拥有的隐私明显减少；

（3）可能有错误计分或算法错误；

（4）对积分不够知情可能会助长腐败。[①]

第四节 东西方的公众反应

有人在中国做了一些研究和舆情调查，以评估公众对社会信用体系建设的反应。

一、东方公众的认可

在最权威的、同行评议的项目中，柏林自由大学柯珍雅（Genia Kostka）

---

① 马特·盖德克（Matt Gaedke, 2021），《社会信用体系：认可与疑虑》（*Social Credit System Pros and Cons – A Look at China's System*）。

2019 年率先就这个课题发表了研究报告《中国的社会信用体系和公共舆论：高度认可的解释》（*China's Social Credit Systems and Public Opinion: Explaining High Levels of Approval*）。80% 的受访者赞同或强烈赞同社会信用计分。只有 1% 的受访者不太认可或很不认可这个系统。

大多数中国公民赞同这个体系。此外，最熟悉这个体系、知道它如何贯彻执行的公民和企业也广泛支持这个体系。

在另一项调查里，年轻市民的回应存在差异，但总体上还是支持的：

"正面的评价是：陌生人之间的信任度潜在增加，犯罪率降低，经济效益提高。负面的评价包括：黑客构成的威胁，对隐私的关心，积分出错导致的负面影响，规则更益于机构而不是人，政府监控，与私营公司分享数据。"[①]

棵小曼（Manya Koetse）近期的研究有这样的结语："社交媒体网民对社会信用体系的回应，包括对企业信用体系和政府信用体系的回应都是积极的。他们说真的感到更安全了，因为社会信用体系惩罚犯错误的公司和个人。他们尤其认可系统奖励信誉好的人。但许多人只看到社会信用体系的好处，未必看到了消极的方面。"[②]

比较富有、年龄大、文化程度较高的城市居民的认可度最高，这不足为奇。

已如前述，数字化转型进入了东西方不同的社会文化语境中，因而会有不同的效应。在西方，数字化转型追踪每个人，瓦解了它那个关键的社

---

① 柯珍雅等（Genia Kostka et al., 2019），《中国的社会信用体系和公共舆论：高度认可解读》（*China's social credit systems and public opinion: Explaining high levels of approval*, https://journals.sagepub.com/doi/full/10.1177/1461444819826402）。

② 里格等（Rieger et al.）编（2020），《中国年轻网民如何看社会信用体系？》（*what do young chinese think about social credit? it's complicated*, https://merics.org/sites/default/files/2020-05/200326%20MERICS%20China%20Monitor%20What%20do%20young%20Chinese%20think%20about%20social%20credit_final.pdf）。

会和心理特征——隐私。东方的情况刚好相反，它满足并支持社群以及人们的相互依存。这肯定是为什么人们不觉得受到社会信用体系在"侵犯"的重要的原因。

二、西方的惊愕

西方对这一系统的负面反应在预料之中，因为中国社会信用体系的观念直接攻击西方心理法制建设的基础，遑论其奠基的民主原则；无论受尊敬或被蔑视，这些原则在许多西方国家都在大多数人的信仰里扎根了。

当然，诸如此类的言论来自于西方媒体的解读，罕有证据支撑，而匆匆忙忙的媒体懒得去寻求证据。所幸的是，还是有耶鲁大学高级研究员杰里米·多姆（Jeremy Daum）这样的人不怕麻烦去核对事实。

三、揭穿有关中国社会信用体系的迷思

多姆揭穿了西方制造的有关"社会信用"的主要迷思：

（1）"重点放在个人身上"——实际的立法重点放在个人身上，虽然有些方面同时也是针对自然人的。当我们审视所用的主要数据比如信用报告和规制信息时，这一点就显而易见了——想想许可和处罚。

（2）"社会信用体系与监控连接"——这里的假设是，因为中国政府已有庞大的监察机构，它会把监察机构用到社会信用体系中。但没有迹象表明，政府机关在收集监测数据。社会信用体系使用的数据是这一体系实施之前早已存在的记录。

（3）"社会信用体系严重依赖最新的大数据技术"——这里实际情况也是截然不同的。收集的数据并不是行政和政府数据。法律规定，这里要用正规的电子数据表，而不是复杂的数据库或应用程序，你可以从立法和规

划文件来判断，其中罕有或没有自动收集数据的意图。

四、一切都要被数字化

一个相关的迷思是，社会信用如今或将来要被统一数字化。

不会有给个体行为打分的"社会信用评分"的统一标准，无所不包的评分系统并非初始计划的内容。相反，计划的重点放在建立综合的数字档案，借以追踪和记录遵纪守法的情况。最初试点的用评分系统来规范不合法行为的建设已经终止，或局限于自愿参与。一个真正的高技术系统所需的基本要素比如共享信息系统、一致的数据格式等都还未完成。相反，社会信用体系很大程度上依靠人的信息采集和低水平的数字化——常常不会高于 Excel 工作表和微信[①]。

今天的情况可能还是这样的，因为整合全部可统计人口生成的数据可能是很大的挑战，要花很长时间才能完成。自动化的追踪系统在新加坡和韩国已经上路，而且这似乎是世界其余各国努力的方向，包括西方，早晚的事。为什么？不仅因为它早已隐蔽就位，并能影响选举模式，让企业根据数据分析给出的西方人形象提供定制服务[②]，也不是因为西方人要转而以他人利益为先，而且因为这是数字媒体本身的性质和深层驱力。毕竟"媒介即是讯息"。数字状况本身基于连接、控制和集成，它支持社群，而不是个体，就像书面文化支持个人主义而不是社群一样。当前这一情况绝不是仅限于中国、韩国或新加坡，这是全球现象。

---

① 卡特娅·德林豪森和文森特·布鲁塞（Katja Drinhausen and Vincent Brussee, 2022），《中国的社会信用体系：从碎片化走向整合》（*China's Social Credit System in 2021*）。

② 我们已经看到群体施压要求政府善治（法国的"黄背心"运动），应对气候变化（德国的"反抗灭绝"）。

五、西方的削弱

扼要概括数字转型在中国和西方的不同解释，有以下几点观察：

（1）在中国，城市孪生已经提出，但没有证据显示对开发个人数字孪生体有特别的兴趣；

（2）当下的中国也许有自己的问题，但它没有像西方那样深陷认识论危机的泥淖；

（3）算法和人工智能用来接替人的决策也没有使中国心烦意乱；

（4）如上所见，中国人大体上并没有因为数字追踪和存储而感到特别焦虑，也没有特别受影响。

相比而言，数字转型沉重打击了西方，削弱其界定性制度比如隐私权、削弱它对持续民主（on-going democracy）的支持，削弱它全球的领导权。数字对社会的扰乱始于三十年前，并继续以戏剧性的方式改变社会和政府。不过，社交媒体出现以前和以后的差别很大。在西方，初期的数字化转型到来时展现的希望是，消费者和公民摆脱既存的商务、行政和惯例和声明。彼时的扰乱只威胁着既定的商品和娱乐市场的服务，比如音乐、电影或运输业，逐渐去除中介，让用户直接获取内容并以自己的方式去获取生产工具、分配和品牌策略。即使偶尔发声的反对者也没有料到，社交媒体推进的浪潮会以无情的极端主义淹没更新民主和草根社群主义的愿望。由此产生的不是和谐，而是假新闻和民粹主义推特上的不和谐声音。

六、个人主义资源的衰减

网络回声室（online echo chamber）的剧增产生了各种各样的迷你认知部落（cognitive mini-tribe），同时又标示着个人身份的失去。于是就兴起了自拍狂，这是一种给自我空间再保险的策略，意在确保"我还在"。考虑到上文所谓的外化认知功能的数字驱力，共识和社会凝聚力的丧失与个人对劝诱抵抗力的减弱有很大关系，劝诱的方式五花八门、或明或暗。越来越多的人不知道个人在遭遇什么，不知道自己成长中的价值和传统。大多数西方的教育制度使他们失望，教育强调的是选择性竞争和功利主义的专门化，关注的重点是回报，而不是共同利益。于是，为了实现增长而对环境和社会福祉造成的有害影响就被忽视了。与此同时，节省精力和时间的数字工具逐渐耗尽了人们通过学习获得的内在能力。思想上努力理解自己语境并评估自己责任的意愿也就减弱了。

数字化在西方的另一种重要结果是语言的贬值。原因有两个：（1）互联网及其相关技术使任何人都能发表意见，发布和散布未经验证的或有偏向的意见也容易，无论是多么的无能或无知。这些意见也许只能进入友好的回声室，却也可能在兴趣组里显露出来，挑起不同意者愤怒的回应，同时又使自己更加迷惘。结果，语词和论点失去了稳定性、产生了不信任，并令人遗憾地指向科学、制度和社会的规范以及其他既定的价值。

语言正在失去对社会的控制力，社会也在失去对语言的控制力，还有另一个原因：数字化完全绕开了语言。大数据处理的不是意义而是模式，大数据应用越来越强大的数据分析去处理人的事务比如医疗诊断、法律裁决、金融咨询和军事决策，于是，算法使语言不那么重要了。数字化转型用劝说的方式接管人的事务——整个世界面对认识论危机的深层原因就在这里。

七、伦理问题

什么是算法的潜在受害对象呢？

（1）自主性：机器的决策越多，人的决策自由和行动就越少；

（2）思想的个人所有权和控制权：我们不再是我们思想的独家所有者，因为人工智能完全甚至能实时追踪我们的思想；

（3）心理的内在性：首先是思想感情被映射到社交媒体上，且机器在获取人的内在认知功能包括记忆、智能和想象；

（4）声誉：透明时代使我们暴露无遗。真正的问题是，在这样容易被伤害的条件下，人将如何是好。新技术的采用不仅提出了伦理问题，有些新技术还要求截然不同的新伦理秩序，昔日的印刷机或如今人类文化的数字化就要求新的伦理秩序。

情绪驱动的、连接的和集体的边缘系统正在以病毒扩散般的速度运行，把局部的争吵变成了全球的喧嚣，让危险的私人"计划"以病毒式的速度在全球瓦解脆弱的社会秩序，恐怖主义和选举操弄就是这样的计划。我们身处什么境地？在许多国家，民主已破烂不堪。在有法治的其他国家，民主受到不断攀升的怒火的威胁，愤怒的人如火山爆发，要表达自己的诉求。

在最近的一本书里，扎克·格什伯格（Zac Gershberg）和肖恩·伊林（Sean Illing）说，他们在西方民主国家里看到的悖论是人类传播中新数字转型带来的矛盾，数字上"人人自由"的关键矛盾呈现出来，摊在此前人类传播中能奏效的民主条件的面前：

> 那些矛盾大体上是媒体促成的传播工具决定的。实际上，民主国家就是由其传播的文化界定的。如果公民组成的民主体集体决定应该做什么，他们做决定的程序几乎就决定了随后的一切。这就是马歇尔·麦克卢汉和尼尔·波斯曼等媒介环境学家的主要洞见，他们两人对电视时代即将带来的灾难发出警示。他们觉得，媒介环境不仅决定人们将注意什么，而且决定人们如何思考，如何在世界上定位自己。因为每一种媒介都有其认识论和偏向，都偏爱某些认知习惯。[1]

---

[1]　扎克·格什伯格和肖恩·伊林（Zac Gershberg and Sean Illing, 2022），《民主的悖论：自由言论、开放媒体和危险的劝说》（*The Paradox of Democracy: Free Speech, Open Media, and Perilous Persuasion*）。

也许，电视过去和现在多多少少都能促进不同社群的团结和社会凝聚力，因为它向大量的人传播。相反，数字算法无意间造成了分裂，引向去凝聚力，导向否定科学、无客观性的想法。千百年悉心建构以支持常识的成文规章、法典和制度分崩离析，支持我们"现实"感的参引和参照物随之失落；语词的意义本身摇曳不定或消失。因此，西方正在失去常识。这就是社会凝聚力终结的苗头，其灾难性后果我们已经目睹，不仅在信息流行病的语境里，更严重的是在当前的战争中。

扎克·格什伯格和肖恩·伊林接着写道：

> 波斯曼等人都论述过美国文化里电视的至上权力，电视改变它所触及的一切。但如今的互联网和社交媒体给电视的荒原雪上加霜，以百万种不同的方式使这个问题更加复杂化。对戏剧和娱乐节目的痴迷因人为推送的新闻而加重了，这些策划的新闻源瓜分了一些认识论泡沫，培养了群体冲动。今天，美国和其他许多国家正面临民主遭遇的最大结构性挑战，世界未曾遭遇过的、真正开放社会的挑战。守门人没有了，话语的限制没有了。数字技术改变一切，现实就在那里任由人们争夺，那是前所未有的争夺。[①]

意义和价值的双重危机凸显了现在情况的脆弱性。否认气候变化、反疫苗、意识形态极化、"深层政府"幻觉，这一切迹象表明，语言背景作为社会纽带的作用正在被弱化。我们的希望这只是一个过渡期，新的粘合力和社会凝聚力将会出现，以克服两种不同现实秩序的割裂，弥合书面文化与数字化转型的裂痕。这不是非此即彼的选择。语言和算法都是人的理解

---

① 扎克·格什伯格和肖恩·伊林（Zac Gershberg and Sean Illing, 2022），《民主的悖论：自由言论、开放媒体和危险的劝说》（*The Paradox of Democracy: Free Speech, Open Media, and Perilous Persuasion*）。

和其意见一致性的必须条件。克服这一危机是紧迫任务，因为核威胁是真实的，全球社会凝聚力的丧失将导致最严重的后果。

从技术来看，千里之行也已过半，客观和共识正朝着数据分析和算法决策的方向走。加速人工智能和数据分析的潜力、完成数字化转型的需求十分紧迫。这可能需要量子计算的尽快成熟。

第五节　本书结语

哦，东方是东方，西方是西方，两者永远不会相遇，

直到地球和天空站在上帝伟大的审判席上；

但那里既没有东方也没有西方，没有边界，没有繁殖，也没有出生，

两个壮汉面对面站着，

虽然他们来自地球的两端！

——鲁德亚德·吉卜林（Rudyard Kipling）《东西方民谣》

我们希望证明吉卜林说错了，不是错在两个壮汉不能心灵交流，而是错在东西方不能交流上。他们已有交流，而且彼此受益。这种邂逅有起有落。要不是因为过去无脑无心的殖民主义的盲目驱力，要不是因为今天无脑无心的领袖（多半来自西方），东方和西方早已经解决了我们今天面临的全球问题。

根据以上论述，虽然今日世界的地缘政治极其脆弱，在赫然逼近的核毁灭和数字转型中，还是留有希望的空间。如上所示，个人数字孪生体和社会信用是数字转型互补的两个外形。这就是说，它们并非顽固对立的两面，最终能协同工作，就像大脑两半球的协调功能一样，一主分析，一主

总体把握。它们终将相会于本书一直讲述的共生自主系统中。

让东西方操作系统的功能携手发力，那会有非凡的价值。为此，它们不仅要意见一致，而且要学习对方的语言；不仅要信赖语言的自动翻译系统，而且要让对方的语言文字在早期教育里扎根。中国人已经大大领先，会说英语的中国人很多，远远超过会说汉语的美国人或欧洲人；而且，他们的部分或全部高等教育是在西方完成的。相反，在中国大学留学的西方人则犹如稀世鸟类。

中国研究人员和技术人员使用东方和西方的两种操作系统，获益匪浅。证据是，他们挑选、采纳和适应西方创新、为己所用的速度惊人，他们快速改进这些创新、见证了互联网的兴起；在数以千万计的创新中，他们量子物理和技术的进步尤为突出。最近的一个例子是，发明元宇宙的并不是中国，但利用和实施元宇宙的中国公司已有 1,500 余家，预计更多的中国公司将会效仿。假如西方没有察觉到这一点，没有探索操作系统，中国不久就会取代西方的技术优势，西方就会失去其真正长远的优势——持续的合作。毕竟，人脑两半球不是要竞争的，而是要通过胼胝体合作的

人的命运和生存不局限于技术，也不是由技术来担保的。中国人比西方人理解得深刻——他们主要依靠社会因素。这方面东西方的真正合作比技术进步更紧迫。为了维持合作，除了停止和抵制特朗普当选以来双方恼人的政策外，双方应该考虑架设相互支持合作的一座新的桥梁。即使仅仅为了停止环境破坏，我们也应该鼓励西方去驯服它的个人主义冲动，借用中国人的控制策略——当然不必直接照搬到西方民主国家。另一方面，东方也可以细化和微调社会信用体系，却又不冒社会动乱的风险。

在尚待发明的一种政治制度里，人人能参与决策，选民需要证明自己知情、能干、有道德修养。这可以用数据分析来评估。参与决策的方式将根据公民能力的水平来分配。这已经在以非正规的方式实施，理论上公民的学养和地位可以保证其在任何情况下的觉悟程度。

比如，在基于通用人工智能（AGI）的政治制度里，成熟的共生自主系统环境（地方的或全球的）必须在全系统里实时效仿每个人对生存的警觉和机会意识。那就意味着，人不能推荐长远看可能会损害环境的决策，而是要识别和展示有助于社会和个人改善的机会。在堪比数字孪生体概念并与之关联的格式中，一切相关因素的语境分析都要知会有意参与决策的任何人。所有参与者的集会构成类似古雅典公民会议的电子议会，为所有公民谋福利。一切公共行为的透明性将保持参与者、领袖和被领导者的诚实。

吊诡的是，共生自主系统是对当前数字化转型和中国式数据统治技术的回应。共生自主系统有助于使数据统治可以被接受，这是有可能的。实际上，通用人工智能操作的数据分析包括情绪和情感的分析，重点是放在社群上，而不是放在个人或程序上；数据分析要实时考虑所有的综合环境因素。不同措施的自动决策、规定和执行将确保更好的社会福利，达成社群内更高程度的共识。在共生自主系统的发展过程中，不应该一直考虑其对人和环境的影响吗？每一种革新实施之前，难道不应该进行大尺度的预测分析吗？算法和人工智能率先引进人与环境泛化的共生关系，难道不应该有意识地在它们的程序里包括一个伦理的维度吗？很可能，这将发生在东方，而且远远早在西方充分意识到它之前。

参考文献

数字孪生体（Digital Twins）

[1] John Blicq, *Digital Twins, the Next Human Revolution: that Will Disrupt The Financial Services Industry*, Saint Paul: Accelerated Innovation, 2021

[2] Shyam Varan Nath, Pieter van Schalkwyk, *Building Industrial Digital Twins: Design, Develop, and Deploy Digital Twin Solutions for Real-World Industries Using Azure Digital Twins*, Birmingham: Packt Publishing, 2021

[3] Tao Fei, Zhang Meng, Nee A. Y. C., *Digital Twin Driven Smart Manufacturing*, London: Academic Press, 2019

[4] Rohit Talwar, et al., *Fast Future: Aftershocks and Opportunities: Scenarios for a Post-Pandemic Future*, London: Fast Future Publishing Ltd, 2020

[5] Roberto Saracco, "Personal Digital Twins and their role in Epidemic Control", March 17, 2020, https://cmte.ieee.org/futuredirections/2020/03/17/personal-digital-twins-role-in-epidemics-control/

[6] Roberto Saracco, "APPlying Cognitive Digital Twins to Professional Education", September, 2019, https://digitalreality.ieee.org/images/files/pdf/AP PlyingCognitiveDigitalTwinstoProfessionalEducationFINAL.pdf

[7] Roberto Saracco, "The Future of Digital Twins", 2021, https://digitalreality.ieee.org/images/files/pdf/Future_Digital_Twins-FINAL2.pdf

[8] Roberto Saracco, "Personal Digital Twins", October 15, 2022, https://cmte.ieee.org/futuredirections/tag/digital-twins/

［9］ Adam Drobot, et al., *The Digital Twin: Technology, Biz Models, Operations and APPlication Domains, Minerva, Roberto*, 2023

［10］ Mari K. Swingle, *I-Minds: How Cell Phones, Computers, Gaming, and Social Media are Changing our Brains, our Behavior, and the Evolution of our Species*, Gabriola: New Society Publishers, 2016

［11］ Stefan Selke, ed., *Lifelogging: Digital Self-tracking and Lifelogging—Between Disruptive Technology and Cultural Transformation*, Berlin: Springer, 2016

［12］ Max Tegmark, *Life 3.0: Being Human in the Age of Artificial Intelligence*, New York: Alfred A. Knopf, 2017

数字化转型（Digital Transformation）

［1］ Tom Siebel, *Digital Transformation: Survive and Thrive in an Era of Mass Extinction*, New York: Rosetta Books, 2019

［2］ Isaac Sacolick, *Driving Digital: the Leader's Guide to Business Transformation Through Technology*, New York: Amacom Books, 2022

［3］ Bill Schmarzo, Kirk Borne, *The Economics of Data, Analytics and Digital Transformation*, Birmingham: Packt Publishing, 2020

［4］ George Westerman et al., *Leading Digital: Turning Technology into Business Transformation*, Brighton: Harvard Business Review Press, 2014

［5］ IEEE Digital Reality, "Digital Transformation: An IEEE Digital Reality Initiative White Paper", March 2019, https://digitalreality.ieee.org/publications/digital-transformation

［6］ IEEE Digital Reality, "Digital Transformation: An IEEE Digital Reality Initiative White Paper", November 2020, https://digitalreality.ieee.org/images/files/pdf/DRI_White_Paper_-_Digital_Transformation_-_Final_11Nov.pdf

［7］ Roberto Saracco, "Digital Transformation in Healthcare", September 26, 2019, https://cmte.ieee.org/futuredirections/2019/09/26/digital-transformation-in-healthcare/

［8］ Lev Manovich, *Software Takes Command*, London: Bloomsbury, 2013

[9] Cosimo Accoto, *In Data, Time and Tide*, Milano: EGEA / Bocconi University Press, 2018

[10] Jussi Parikka, ed., *Geology of Media*, Minneapolis: University of Minnesota Press, 2015

[11] Lauren Rabinovitz, Abraham Geil ed., *Memory Bytes: History, Technology, and Digital Culture*, Durham: Duke University Press, 2004

[12] Vivian Sobchak,*Nostalgia for a Digital Object: Regrets on the Quickening of QuickTime*, Durham: Duke University Press, 2004

共生自主系统（Symbiotic Autonomous Systems）

[1] IEEE Digital Reality, "Augmented Machines and Augmented Humans Converging on Transhumanism", June 2019, https://digitalreality.ieee.org/images/files/pdf/augmentedMachinesAndHumansFinal.pdf

[2] IEEE Digital Reality, "Symbiotic Autonomous Systems White Paper II, 2018, https://symbiotic-autonomous-systems.ieee.org/white-paper/white-paper-ii

[3] IEEE Digital Reality, "Symbiotic Autonomous Systems White Paper III, November 2019, https://digitalreality.ieee.org/images/files/pdf/1SAS_WP3_Nov2019.pdf

技术演进（Technology Evolution）

[1] Looking at the Future one day at a time. Vol.1 to Vol 6b, Saracco, Roberto, IEEE FDC APPle Store-eBook Series（2021）

[2] Roberto Saracco, "Post Pandemic Megatrends", August 15, 2021, https://cmte.ieee.org/futuredirections/2021/08/15/post-pandemic-megatrends-ebook/

[3] Roberto Saracco, "Megatrends for 2021-2030", 2021, https://digitalreality.ieee.org/images/files/pdf/Megatrends1-18-2021.pdf

比较书写系统（Comparing Writing Systems）

[1] Robert K. Logan, "Figure/Ground: Cracking the McLuhan Code", January 2011, https://www.researchgate.net/publication/267037993_Figureground_Cracking_the_McLuhan_Code

[2] Hye K. Pae, *Script Effects as the Hidden Drive of the Mind, Cognition, and Culture*, Berlin: Springer, 2020

[3] Eric A. Havelock, *A Preface to Plato*, Cambridge: Harvard University Press, 1982

[4] Derrick de Kerckhove, *Brainframes, Technology, Business and Culture*, BSO, 1991

[5] Douglas R. Hofstadter, Daniel C. Dennett ed., *The Mind's I: Fantasies and Reflections on Self and Soul*, New York: Bantam Books, 1982

[6] Francisco J. Varela, Eleanor Rosch, Evan Thompson, *The Embodied Mind: Cognitive Science and Human Experience*, Cambridge: MIT Press, 1991

[7] Jia Yuxin Jia and Jia Xuerui, "Chinese Characters, Chinese Culture and Chinese Mind", Intercultural Communication Studies XIV: 1, 2005, https://web.uri.edu/iaics/files/12-Yuxin-Jia-Xuerui-Jia.pdf

[8] Script effects as the hidden drive of the mind, cognition, and culture, Pae, Hye. Springer, Berlin, (2020)

[9] Derrick de Kerckhove, Charles Lumsden, *The Alphabet and the Brain: The Lateralization of Writing*, Berlin: Springer Verlag, 1988

[10] Robert K. Logan, *The Alphabet Effect, the Impact of the Phonetic Alphabet on Development of Western Civilization*, New York: St Martin's Press, 1986

[11] Kenneth J. Hsü, (1999) "Why Isaac Newton was not a Chinese", June 24, 1994, https://www.searchanddiscovery.com/documents/Hsu/newton.htm

[12] H. J. Hufschmidt, "Orientation of Art, Orientation of Writing and Visual Field Dominance. An Experimental and Cultural Historical Study", European Archives of Psychiatry and Clinical Neuroscience, 1985

[13] Iain McGilchrist, *The Master and His Emissary. The Divided Brain and the*

Making of the Western World, New Haven: Yale University Press, 2012

[14] Susanna Rizzo, Greg Melleuish, "In Search of the Origins of the Western Mind: McGilchrist and the Axial Age", *Histories* 2021, 1(1), 24-41; https://doi.org/10.3390/histories1010007

[15] Li Jiehong, "Language, Culture, and Science-technology Development", Harbin Institute of Technology, *Intercultural Communication Studies* IV: 2, 2005

[16] Language, Culture and Science, Li Jiehong, Harbin Institute of Technology, Intercultural Communication Studies (2011)

[17] Cognitive Linguistic Perspectives on the Chinese Language in New Mathematics and Natural Computation, Yingxu Wang (2013)

[18] Jacques Lacan, *Le Stade du miroir comme formateur de la fonction du Je: telle qu'elle nous est révélée dans l'expérience psychanalytique*, Paris : Presses universitaires de France, 1949

[19] Alberto Manguel, A History of Reading, New York: Penguin Books, 1996

中国社会信用体系研究（On the Chinese Social Credit System）

[1] G.W.Leibniz, C. I. Gerhardt ed., "Explanation of Binary Arithmetic, Which Uses Only the Characters 0 and 1, with Some Remarks on Its Usefulness, and on the Light It Throws on the Ancient Chinese Figures of Fuxi", *Die mathematische schriften von Gottfried Wilhelm Leibniz*, vol. VII, 1703, http://www.leibniz-translations.com/binary.htm

[2] G.W.Leibniz, Jan Krikke, ed., 'The Chinese Invented the First Binary Code", 2018

[3] Sigfried Giedion, *Mechanization Takes Command: A Contribution to Anonymous History*, Minneapolis: University Of Minnesota Press, 1948

[4] André Leroi-Gourhan, Le geste et la parole, trans., *Gesture and Speech*, Cambridge: MIT Press, 1964, 1993

[5] Janna Anderson, Lee Rainie, Alex Luchshinger, "Artificial Intelligence and the Future of Humans", Pew Research Centre, Internet and Technology, December

10, 2018, http://tony-silva.com/eslefl/miscstudent/downloadpagearticles/
AIhumanfuture-pew.pdf

[6] Anzilotti, Eillie, "This Plan for an AI-Based Direct Democracy Outsources
Votes to a Predictive Algorithm", December 4, 2018, https://www.fastcompany.
com/40557688/this-plan-for-an-ai-based-direct-democracy-outsources-votes-to-
a-predictive-algorithm

[7] Shoshana Zuboff, *The Age of Surveillance Capitalism: The Fight for a Human
Future at the New Frontier of Power*, New York: Public Affairs, 2019

[8] Drew Donnelly, "China Social Credit System Explained – What is it & How
Does it Work?" September 22, 2022, https://nhglobalpartners.com/china-social-
credit-system-explained/

[9] Rogier Creemers, "China's Social Credit System: A Closer Look on A highly
Contested Topic", 2020

[10] Manya Koetse, "Five Things We Misunderstood about China's Social Credit
System", July 26, 2021, https://www.chinatalk.nl/five-misconceptions-about-
chinas-social-credit-system/

[11] Hudson Institute Publication, Vice President Mike Pence's Remarks on the
Administration Policy Towards China, October 4, 2018

[12] Zac Gershberg, Sean Illing, *The Paradox of Democracy: Free Speech, Open
Media, and Perilous Persuasion*, Chicago: The University of Chicago Press,
2022

英汉术语对照表

本书大幅度跨界，新思想、新知识密集，未来感强烈，术语繁难、令人目眩。我们择要整理，帮助读者循迹探索。

additive manufacturing　增材制造

aggregation roots　聚合根

animation　活化机制

APPlication Program Interfaces
（APIs）应用程序接口

Artificial General Intelligence（AGI）通用人工智能

automation　自动化

autonomation　自启动机制

autonomous agent　自主体

autonomous interaction　自主交互

autonomy　自主性

bicameral mind　二分心智／两院制大脑

bio-informatics　生物信息学

blockchain　区块链

brain　脑

　artificial brain　仿真脑

　brain to computer interfaces/BCI　脑机接口

　computational brain hypothesis　计算脑假设

　quantum brain hypothesis　量子脑假设

Chinese Room argument　中文房间实验

cloud computing　云计算

cognitive　认知

　cognitive envelope　认知包络

　cognitive machines　认知机器

　cognitive mini-tribe　迷你认知部落

　cognitive simulations　认知模拟

　cognitive technologies　认知技术

community 社群，社群主义

computer 计算机

    horizon quantum computer 视界量子计算机

    molecular computer 分子计算机

    spintronics computer 自旋电子计算机

    computer aided design（CAD） 计算机辅助设计

computational brain hypothesis 计算脑假设

computational photography 计算摄影

Computational Theory of Mind 心灵的计算理论

consciousness

    hyper consciousness 超级意识

context 语境

    context awareness 语境知觉

    context aware computing 语境知觉计算

    virtual models of the context 语境的虚拟模型

contrastive cognitive principles 对比认知原理

cultural monopolies 文化垄断

culture 文化

    guilt culture 罪感文化

    shame culture 羞耻文化

dark web 暗网

data mining 数据挖矿

datacracy 数据统治

deconstruction 解构

Deep State 深层政府

Destination Earth "地球目的地"倡议（欧盟）

Destination Europe "欧洲目的地"计划（欧盟）

digital 数字，数码

    digital copy 数字副本

    digital me 数字我

    digital mirror 数字镜像

    digital model 数字模型

    digital phenotype 数字表现型

    digital shadow 数字影子

    digital therapeutics 数字医疗

    digital thread 数字线索

    digital transformation（DX） 数字化转型

digitalization 数字化转型，数字化升级

digitization 数字化

distributed autonomous organization（DAO） 分布式自主组织

distributed cognitive space 分布式认知空间

edge computing 边缘计算

education 教育

    continuous education 持续教育

customized education　定制教育

just-in-time education　及时教育

in-product education　产品教育

spot education　对点教育

education silo　教育筒仓

symbiotic shared education　共生共享
教育

electronic health record（HER）电子健
康档案

epistemological crisis　认识论危机

European Data ACT　《数据治理法案》
（欧盟）

extended Phenotype　延伸的表现型

Gaia-X initiative　《云基础设施倡议》
（欧盟）

Graphics Neural Network（GNN）图形
神经网络

General Data Protection Regulation
（GDPR）《通用数据保护条例》
（欧盟）

genomics　基因组学

generative design　生成式设计

Generative Adversarial Networks
（GAN）生成式对抗网络

Generative Pre-trained Transformer
（GPT）生成式预训练系统

Ground-Principles-Figures-Fields
（GPFF）背景－原理－外形－场域

growth drivers　驱动因素

Human-In-The-Loop（HITL）人机回圈

Humans Out of The Loop（HOTL）人
在圈外

human- machine convergence　人机融合

human-machine interface　人机界面

human machine partnership　人机伙伴
关系

humanhood　人性

human selfhood　人的自我

image　图像

　image detector　图像探测器

　image processing　图像处理

infodemia　信息流行病

infrastructures　基础设施

　digital infrastructure　数字基础设施

　physical infrastructures　物理基础
　设施

integrated information theory　集成信
息论

intelligence　智能

　ambient intelligence　环境智能

　artificial intelligence　人工智能

　augemented intelligence　增强智能

　Artificial General Intelligence
　（AGI）通用人工智能

　Artificial Super Intelligence（ASI）超
　级人工智能

　brain intelligence　大脑智能

　context intelligence　语境智能

digital intelligence　数字智能

distributed intelligence　分布式智能

human intelligence　人的智能

machine intelligence　机器智能

social intelligence　社交智能

swarm intelligence　集群智能

intelligence augmentation　智能增强

intelligent function　智能功能

intelligent hub　智能集成器

interface　接口，界面

Application Program Interfaces
（APIs）应用编程接口

Brain to Computer Interfaces
（BCI）脑机接口

visual interface　可视界面

internet　互联网

Internet of Medical Things　医联网

Internet of People（IoP）人的互联网

Internet of Things（IoT）物联网

interiority　内在性

interoperability　互用性，互操作性

intersubjectivity　主体间性

inverse reinforcement　逆强化

knowledge entity　知识实体

knowledge hub　知识中心

knowledge infrastructure　知识基础设施

knowledge doubling curve　知识倍增
曲线

knowledge space　知识空间

knowledge worker　知识工人

symbiotic epigenetic knowledge　共生后
成的知识

lateral thinking　横向思维

linear-minded　线性思维

literacy　书面文化，字母表文化

alphabetic literacy　拼音文字文化

logistic chain　物流链

logograph　语标文字

logography　语标文字文化

logographic writing systems　语标文字
系统

Medical Cyber-Physical Systems
（MCPS）医疗赛博 – 物理系统

mental lexicon　大脑词库

meta-functionality　元功能

meta-knowledge　元知识

meta system　元系统

metaverse　元宇宙

mind　心灵

collective mind　集体心灵

individual mind　个体心灵

oral mind　口语心灵

private mind　私密心灵

private literate mind　私密文字心灵

western mind　西方思想

mirror　镜子

mirror image　镜像

mirror moment　镜像时刻

mirror neuron　镜像神经元

natural language processing（NLP）　自
　然语言处理

neobank　新型银行

neuromorphic neural network　神经形态
　的神经网络

neural network　神经网络

artificial neural network　人工神经网络

recurrent neural network　递归神经网络

niches　小生境，利基

online echo chamber　网络回声室

operational efficiency　运营效率

operational impact　运营影响

organology　器官学

physical entity　物理实体

physical space　物理空间

physical subject　物理主体，物理受
　试者

Physical Twin（PhT）　物理孪生体

polarity detection　极性检测

pre-programmed algorithms　预编程
　算法

radical life extension　极端延寿

reality　现实

augmented reality　增强现实

digital reality　数字现实

Digital Reality Initiative　"数字现实
　倡议"（电气和电子工程师协会）

extended reality（XR）　扩展现实

external reality　外部现实

mixed reality　混合现实

physical reality　物理现实

separate reality　解离现实

virtual reality　虚拟现实

recognition　识别

face recognition　人脸识别

image recognition　图像识别

intention recognition　意向识别

re-engineering of processes　流程再造

re-lateralization　重新偏策化（大脑
　功能）

res cogitans　思维之物

res extensa　广延之物

robot　机器人

collaborative robot（co-bot）　协作机
　器人

Robotic Process Automation
　（RPA）　机器人程序自动化

social robot　社交机器人

script relativity　文本相对性

self　自我

awareness of self　自我知觉

consciouness of self　自我意识

sense of self　自我感觉

cognitive self　认知的自我

extended self　延伸的自我

perceived self　感知的自我

self-coordination　自协调

self-deploying　自部署

self-determination　自决

self-evolution　自进化

self-expression　自我表达

self-healing body　自愈体

self-learning　自学

self-management　自我管理

self-organization　自组织

self-repair　自修复

self-replication　自复制

self-teaching　自教育

sense　感觉

sensing　感知

　sensing capabilities　感知能力

　direct sensing　直接感知

　remote sensing　遥感

　sensing capabilities　感知能力

　indirect sensing　间接感知

sensor　传感器

sentiment analysis　情感分析

separate selfhood　分离自我

smart algorithm　智能算法

smart selling　智能销售

shadow　影子

smart　智慧，智能，聪明

　smart algorithm　智慧市民

　smart citizen　智慧市民

smart city　智慧城市

smartphone　智能手机

smart materials　智能材料

social credits system/initiative　社会信用体系 / 倡议（中国）

surveillance capitalism　监控资本主义

symbiotic autonomous system（SAS）共生自主系统

Symbiotic Autonomous Systems Initiative　"共生自主系统倡议"（电气和电子工程师协会）

symbiotic shared education　共生共享教育

synergetic evolution　协同进化

technological drive　技术驱力

thread　线索

transactive memory network　交互记忆网

tuple　元组

twin　孪生体

　cognitive digital twin　认知数字孪生体

　deep twin　深度孪生体

　digital twin　数字孪生体

　Digital Twin library　数字孪生储藏室（通用电气公司）

　digital twin model, shadow and thread　数字孪生的模型、影子和线索

digital twin of the heart　心脏数字孪生体

digital twin of the whole body　全人体的数字孪生体

digital twin technology　数字孪生技术

digital twinning principle　数字孪生原理

generic digital twin　通用数字孪生体

hybrid cognitive digital twin　混合的认知数字孪生体

intelligent twin　智能孪生体

local digital twin　本地数字孪生体

Owned Personal Digital Twin（OPDT）可穿戴个人数字孪生体

neurotwin　神经孪生体

personal digital twin　个人数字孪生体

robot digital twin　机器人数字孪生体

physical twin　物理孪生体

pseudo-digital twin　准数字孪生体

semantic digital twin　语义数字孪生体

semantic construction digital twin　语义构建数字孪生体

social digital twins　社会数字孪生体

twinning everything　孪生一切

theory　理论

computational theory of mind　心灵的计算理论

integrated information theory　集成信息论

transhumanism　超人类主义

verbal thought　言语思维，语言思维

virtual cloud　虚拟云

virtual copy　虚拟副本

virtual reality　虚拟现实

Virtual You　虚拟你（新加坡项目）

vision　视觉

computer vision　计算机视觉

machine vision　机器视觉

robot vision　机器人视觉

writing system　书写系统

译后记

2022年10月1日，作者的定稿终于抵达。急忙翻阅，却赫然发现：又有大改！绪论和最后两章，修改尤甚。我几个月苦心铸就的很多文字，就要被废掉了，当然会有抱怨，却能谅解。几个月来，在疫情致身体有恙的情况下，作者艰苦努力、反复打磨，终成正果。

然原书编辑确有疏漏、比较粗糙。针对明显的重复、冗余、瑕疵、不足，我们不得不做一些增编和删削。我们扩编详细目录、增编两个附录、完善书名副标题、为作者的序文和绪论设计标题、恢复初稿有而定稿无的一些较好的文字和图表，此为增编；删除了冗余或重复的文字、不必要的注释，此为删削。

（1）原书目录只有骨架，我们充实其血肉，补足所有的章节细目，以便于读者浏览、翻检、总览并捕捉重点。

（2）该书大幅度跨界，新思想、新知识密集，未来感强烈，术语繁难、令人目眩。我们择要整理，成就"英汉术语对照表"，以帮助读者扫除障碍、循迹探索。

（3）为了点明萨拉科序文和德克霍夫绪论的精要，译者为它们设计了标题，分别是"跨国跨界的数字化研究""麦克卢汉的启示，背景、原理、外形与场域"。

这本书的写作和汉译，几乎同步，徒增困难；这种作者和译者合作的模式是难以复制的。最好的模式当然还是常规的模式：先有作者定本，然后才着手翻译。本书译者与作者同步的模式有特殊原因：（1）作者想要尽可能追赶 2022 年技术文化发展的潮流和趋势，并预测未来；（2）译者想让这本书与"媒介环境学译丛"第三辑的其余四本书同时出版。

中国大百科全书出版社的版权经理邹欣女士和责任编辑王廓女士与我一道经历"痛苦与快乐"的过程，特此致谢。

何道宽谨识

于深圳大学文化产业研究院

深圳大学传媒与文化发展研究中心

2022 年 10 月 20 日

译者介绍

何道宽，深圳大学英语及传播学教授授，荣获翻译文化终身成就奖（2023），深圳市政府津贴专家、资深翻译家、《中国新闻传播学年鉴》（2017）学术人物、《国际新闻界》"名家聚焦"人物、《中国新闻传播教育年鉴》（2021）"名师风采"人物。曾任中国跨文化交际学会副会长、广东省外国语学会副会长、中国传播学会副理事长，现任中国传播学会终身荣誉理事、深圳翻译协会高级顾问，从事英语语言文学、文化学、人类学、传播学研究 40 余年，率先引进跨文化传播（交际）学、麦克卢汉媒介理论和媒介环境学。著作和译作逾一百种，著译论文字逾 2000 万。

著作有《夙兴集》《焚膏集》《问麦集》《融媒集》《中华文明撷要》（汉英双语版）《创意导游》（英文版）。电视教学片（及其纸媒版）有《实用英语语音》。

译作逾 100 种，要者有：《文化树：世界文化简史》《理解媒介》《技术垄断》《数字麦克卢汉》《游戏的人》《中世纪的秋天》《17 世纪的荷兰文明》《裸猿》《麦克卢汉传：媒介及信使》《传播的偏向》《帝国与传播》《超越文化》《新新媒介》《媒介环境学》《模仿律》《麦克卢汉精粹》《思维的训练》《思想无羁：技术时代的认识论》《手机：挡不住的呼唤》《真实空间：飞天梦解析》《麦克卢汉书简》《传播与社会影响》《新政治文化》《莱文森精粹》《与社会学同游》《伊拉斯谟传》《口语文化与书面文化》《传播学批判研究：美国的传播、历史和理论》《重新思考文化政策》《交流的无奈：传播思想史》《作为变革动因的印刷机》《无声的语言》《传播学概论》《软利器》《迫害、灭绝与文学》《菊与刀》《理解新媒介：延伸麦克卢汉》《字母表效应》《变化中的时间观念》《文化对话：跨文化传播导论》《媒介、社会与世界：社会理论与数字媒介实践》《群众与暴民：从柏拉图到卡内蒂》《互联网的误读》《中国传奇：美国人眼里的中国》《初闯中国：美国人对华贸易、条约、鸦片和救赎的故事》《驱逐：被遗忘的美国排华战争》《乌合之众》《个性动力论》《媒介即是按摩：麦克卢汉媒介效应一览》《媒介与文明》《余韵无穷的麦克卢汉》《指向未来的麦克卢汉：媒介论集》《公共场所的行为：公共场所的行为：聚会的社会组织》《文化科学：故事、亚部落、知识与革新的自然历史》《创意生活》《公共文化、文化认同与文化政策》《被误读的麦克卢汉：如何矫正》《心灵的延伸：语言、心灵和文化的滥觞》《什么是信息：生物域、符号域、技术域和经济域里的组织繁衍》《震惊至死：重温尼尔·波斯曼笔下的美丽新世界》《文化的肌肤：半个世纪的技术变革和文化变迁》《数据时代》《被数字分裂的自我》《持续不懈的创新：艺术、文化与创意产业的发展》《个人数字孪生体：东西方人机融合的社会心理影响》《柏拉图导论》《伟大的发明：从洞穴壁画到人工智能时代的语言演化》《假新闻：活在后真相的世界里》《麦克卢汉如是说：理解我》等。

论文 50 余篇，要者有《介绍一门新兴学科——跨文化的交际》《比较文化之我见》《中国文化深层结构中崇"二"的心理定势》《论美国文化的显著特征》《和而不同息纷争》《多伦多传播学派的双星：伊尼斯与麦克卢汉》《异军突起的第三学派——媒介环境学评论之一》《游戏、文化和文化史：〈游戏的人〉给当代学者的启示》《破解史诗和口头传统之谜》《麦克卢汉：媒介理论的播种者和解放者》《莱文森：数字时代的麦克卢汉，立体型的多面手》《文化政策需要顶层设计》《媒介环境学：从边缘到殿堂》《冒险、冲撞、相识：美中关系史第一个一百年的故事》《泣血的历史：19 世纪美国排华史揭秘》《罗伯特·洛根：麦克卢汉思想圈子硕果仅存的跨学科奇人》《尼尔·波斯曼：媒介环境学派的一代宗师和精神领袖》等。

"媒介环境学译丛"书目

1.《媒介环境学：思想沿革与多维视野》（第二版）［美国］林文刚 编/何道宽 译　118.00 元

2.《什么是信息：生物域、符号域、技术域和经济域里的组织繁衍》［加拿大］罗伯特·K.洛根 著/何道宽 译　59.00 元

3.《心灵的延伸：语言、心灵和文化的滥觞》［加拿大］罗伯特·K.洛根 著/何道宽 译　79.00 元

4.《震惊至死：重温尼尔·波斯曼笔下的美丽新世界》［美国］兰斯·斯特拉特 著/何道宽 译　55.00 元

5.《文化的肌肤：半个世纪的技术变革和文化变迁》（第二版）［加拿大］德里克·德克霍夫 著/何道宽 译　98.00 元

6.《被数字分裂的自我》［意大利］伊沃·夸蒂罗利 著/何道宽 译　69.00 元

7.《数据时代》［意大利］科西莫·亚卡托 著/何道宽 译　55.00 元

8.《帝国与传播》（第三版）［加拿大］哈罗德·伊尼斯 著/何道宽 译　59.00 元

9.《传播的偏向》（第三版）［加拿大］哈罗德·伊尼斯 著/何道宽 译　59.00 元

10.《麦克卢汉精粹》（第二版）［加拿大］埃里克·麦克卢汉、［加拿大］弗兰克·秦格龙 编/何道宽 译　108.00 元

11.《个人数字孪生体：东西方人机融合的社会心理影响》［意大利］罗伯托·萨拉科、［加拿大］德里克·德克霍夫 著 / 何道宽 译　79.00 元

12.《伟大的发明：从洞穴壁画到人工智能时代的语言演化》［意大利］保罗·贝南蒂 著 / 何道宽 译　59.00 元

13.《假新闻：活在后真相的世界里》［意大利］朱塞佩·里瓦 著 / 何道宽 译　59.00 元

14.《麦克卢汉如是说：理解我》（第二版）［加拿大］马歇尔·麦克卢汉 著，［加拿大］斯蒂芬妮·麦克卢汉、［加拿大］戴维·斯坦斯编 / 何道宽 译　79.00 元

15.《柏拉图导论》［英］埃里克·哈弗洛克 著 / 何道宽 译　69.00 元